Dieter Kreutzkamp
Traumzeit Australien

PIPER

Zu diesem Buch

Nahezu 10 000 Kilometer radelte der Abenteurer und Reise-schriftsteller Dieter Kreutzkamp mit seiner Frau Juliana durch die unglaublichen Weiten Australiens und über die ehemalige Sträflingsinsel Tasmanien. Die weitgereisten Globetrotter sind begeistert: »Wir haben das schönste Ende der Welt gefunden ...« Diese Faszination vermitteln sie auch in ihrem Reisebericht und zeichnen ein lebendiges Bild des fünften Kontinents: Sie radeln mit Känguru und Emu um die Wette, paddeln mit dem Kajak durchs Great Barrier Reef, legen bei der Schafschur Hand an und machen sich per Kamel auf zu den Höhlen der Aborigines.
Mit seinen vielen praktischen Tipps und wertvollen Hintergrundinformationen ist dieses Buch die ideale Vorbereitung für alle Abenteuersuchenden.

Dieter Kreutzkamp, geboren 1946, zählt zu den erfahrensten Abenteurern Deutschlands. Seit 40 Jahren bereist er alle Winkel der Welt – per Auto, Motorrad, Kanu und Fahrrad, zu Fuß, mit Schlittenhunden und Pferden. Über seine Reiseerfahrungen schrieb der fundierte Kenner vieler Länder bereits zahlreiche Erfolgstitel, darunter »Mitten durch Deutschland« und »Das Blockhaus am Denali«.
Mehr über den Autor: www.dieter-kreutzkamp.de

Dieter Kreutzkamp

Traumzeit Australien

Mit dem Fahrrad zwischen Outback und Pazifik

Mit 16 Seiten Farbbildteil

Piper München Zürich

Mehr über unsere Autoren und Bücher:
www.piper.de

Mix
Produktgruppe aus vorbildlich bewirtschafteten
Wäldern und anderen kontrollierten Herkünften
www.fsc.org Zert.-Nr. GFA-COC-001223
© 1996 Forest Stewardship Council

Ungekürzte Taschenbuchausgabe
Juli 2011
© 2001 Piper Verlag GmbH, München
Umschlag: semper smile, München
Umschlagabbildung: Robert Harding / Masterfile
Bilder: Dieter Kreutzkamp
Karte: Theiss Heidolph, Kottgeisering
Litho: Lorenz & Zeller, Inning am Ammersee
Satz: Fotosatz Amann, Aichstetten
Gesetzt aus der Quadraat
Papier: Munken Print von Arctic Paper Munkedals AB, Schweden
Druck und Bindung: CPI – Clausen & Bosse, Leck
Printed in Germany   ISBN 978-3-492- 26486-0

Inhalt

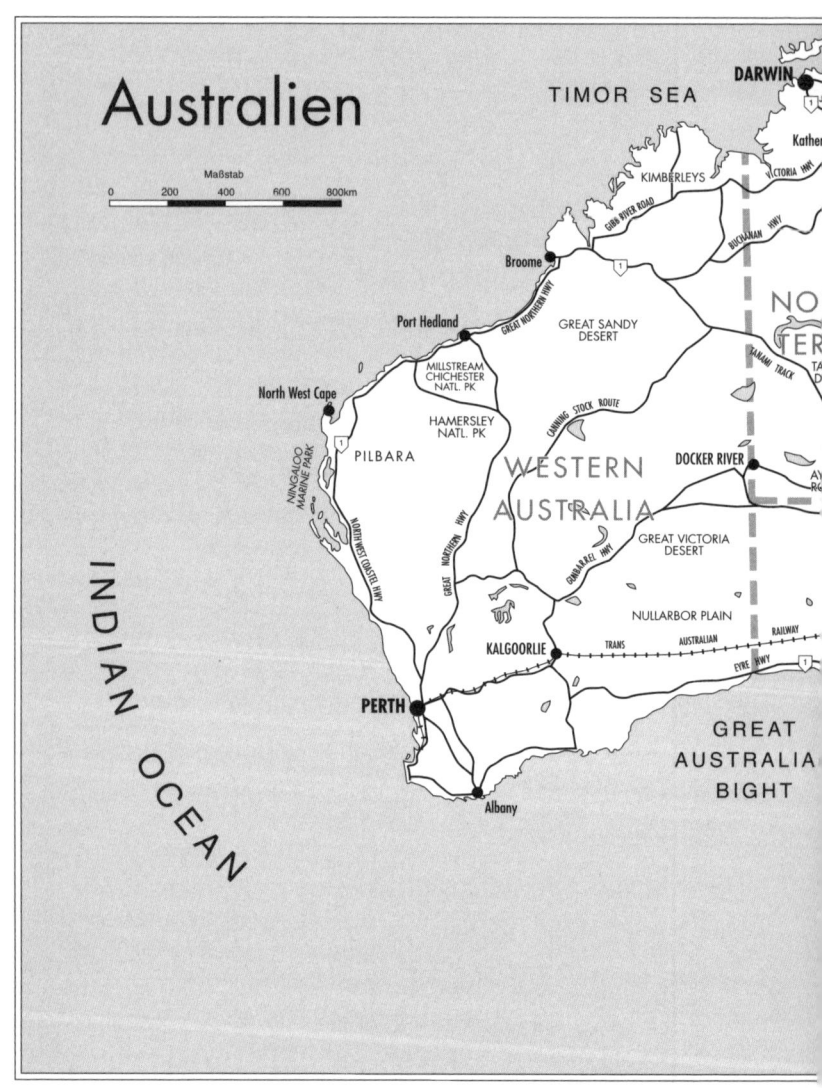

»Waltzing Matilda!« – die berühmte Ballade des fünften Kontinents

Once a jolly swagman camped by a billabong,
Under the shade of a coolabah tree;
And he sang as he watched and waited till his billy boiled
»You'll come a-waltzing Matilda with me!«

Down came a jumbuck to drink at the billabong,
Up jumped the swagman and grabbed him with glee;
And he sang as he shoved that jumbuck in his tucker-bag:
»You'll come a-waltzing Matilda with me!«

Up rode the squatter mounted on this thoroughbred;
Down came the troopers – one, two and three.
»Whose the jolly jumbuck you've got in your tucker-bag?«
»You'll come a-waltzing Matilda with me.«

Up jumped the swagman, sprang into the billabong,
»You'll never catch me alive«, said he.
And his ghost may be heard as you pass by that billabong
»You'll come a-waltzing Matilda with me?«

Refrain:
»Waltzing Matilda, Waltzing Matilda,
You'll come a-waltzing Matilda with me«
And he sang as he watched and waited till his billy boiled
»You'll come a-waltzing Matilda with me«

Vorwort

Ich suchte den Kitzel des Abenteuers und fand ihn im Outback, einer menschenleeren, hitzeflimmernden Weite, wie gemacht für Individualisten. Egal ob man mit dem Camper, zu Pferd, zu Fuß oder mit dem Motorrad kommt ... Wer flink auf den Beinen und schnell mit dem Lasso ist, fängt sich zwischen Alice Springs im Red Centre und Perth im »wilden« Westen sein eigenes Kamel. Dem wohl preisgünstigsten Trip durch *down under* stehen dann allenfalls technische Hindernisse entgegen wie z. B.: »Wie besteige ich eigentlich ein Wüstenschiff?« Kein Problem für die 28-jährige Robyn Davidson. Sie setzt alles auf eine Karte und – gewinnt. 195 Tage lang reitet sie 2700 Kilometer auf dem Kamel durch das Outback Richtung Indischer Ozean. Als Camel Lady wird sie von der Nation gefeiert.

Ein anderer kauft sich einen großen Schubkarren, packt vom Ersatzgebiss bis zum Haushund drauf, was er zu brauchen meint, und schiebt los durch *down under*. Zu Fuß! Verrückte Idee? Er behauptet nein. Als er aufbricht, ist der 60-Jährige krank. Zwei Jahre später, als wir beide zwischen Cairns und Cloncurry im Schatten eines Spinnifexbusches sitzen, durch dessen brüchige Zweige der heiße Mittagswind sein monotones Liedchen lispelt, blitzen seine blauen Augen im sonnengegerbten Gesicht. »Bin gesund und fit wie nie zuvor«, meint er, stochert in dem kleinen Camp-Feuer, aus dem der aromatische Duft von Eukalyptusholz steigt und reicht mir einen Becher mit dünnem Tee. In einem der wenigen Bäume erwacht ein Rosenkakadu. Sein aufgeregtes, schrilles Gezeter fährt uns durch Mark und Bein. Dann legt sich die Stille des Outback wieder wohltuend über uns.

Oder aber man nimmt ein solides Fahrrad, packt reichlich Wasser und Flickzeug ein und strampelt los. So haben wir es gemacht. Daraus wurden sechs schweißtreibende, hitzeflirrende, tolle Monate.

10 000 Kilometer auf dem Sattel eines Fahrrads sind nicht immer nur Honigschlecken. Mit Sicherheit haben wir dabei nicht das gesehen, was der Urlauber im knallhart durchorganisierten Vierwochentrip mit vorgebuchter Jetconnection abhaken kann. Viersternehotels sahen wir nicht von innen. Stattdessen funkelte nachts über uns das Kreuz des Südens.

Unser Transportmittel brachte es mit sich, dass wir uns Australien gemächlich Kilometer für Kilometer erschlossen. Genüsslich wie Weinkenner – nicht selten war allerdings auch ein saurer Schluck darunter ...

Der fünfte Kontinent, der den internationalen Tourismus noch bis vor wenigen Jahrzehnten verschlafen hatte, wurde endlich geweckt. Melbourne reizt seine Besucher mit einem süffigen *downunder*-Cocktail kolonialen Charmes, Sydney mit dem einnehmenden Lächeln eines Adonis. Es heißt, ein Australientrip werde durch den Besuch des Sydney-Opera-House erst schön. Und die Olympiade 2000 brachte Sydney erneut in aller Munde.

Captain Cook nahm 1770 von hier aus den fünften Kontinent für die englische Krone in Besitz. 18 Jahre später landete die erste Sträflingsflotte in der malerischen Botany Bay. Die »weiße« Geschichte Australiens begann. In gesamthistorischer Dimension betrachtet, liegt das kaum mehr als einen Augenblick zurück, denn schon 60 000 Jahre vor den ersten weißen Siedlern durchzogen Aborigines den roten Kontinent.

Sydney im Südosten, Brisbane im Osten, an der Flanke des weltgrößten Korallenriffs, Darwin weit im Norden, das Sprungbrett nach Asien, Perth, die Hauptstadt des Westens, Adelaide und Melbourne im Süden: Das sind lockende Namen, sonnendurchflutete Weltstädte, schön gelegen. Und doch spiegeln sie wenig vom Eigentlichen des Landes wider, vom Outback, dem Herzen Australiens. Die große Stille und Einsamkeit beginnt oft nur wenige Kilometer hinter den Stadtgrenzen, dort wo auf der 22-fachen Fläche der Bundesrepublik Deutschland lächerliche 20 Prozent aller Australier leben. Platz genug also für ein paar Individualisten mehr.

Wären meine Beine schon so lang gewesen, dass sie vom Sattel bis zu den Pedalen gereicht hätten, wäre ich vielleicht früher losgezogen, damals, Anfang der 1960er-Jahre, als ich Heinz Helfgens »Ich radle um die Welt« in die Hand bekam. Ich verschlang diese Bücher. Zuerst Band eins »Von Düsseldorf nach Burma«, später der zweite »Von Indochina bis zur grünen Hölle am Amazonas«. Und ich träumte mit offenen Augen wie viele andere ebenso.

»Das mache ich auch, wenn ich erst mal groß bin«, teilte ich meiner Mutter mit. Sie lächelte und meinte dann: »Erst musst du mal groß werden.« Aber wie das so ist mit dem Reisebazillus …, er wuchs mit jedem Reisebericht, wie auch der Junge größer wurde, der noch viele Jahre beim Lesen der Erlebnisse von Heinz Helfgen träumte.

Ich lernte Juliana kennen. Wir heirateten. Gemeinsam zogen wir durch Teile der Welt, bis eines Tages ein lang gehegter Wunsch Gestalt annahm und in dem Entschluss gipfelte: »Wir machen eine Weltreise!« Eine richtig abgerundete Sache sollte es werden: durch Afrika mit dem VW-Bulli bis nach Kapstadt, dann mit dem Auto aufs Schiff und rüber nach Australien. Höhepunkt und Abschluss sollte die Traumstraße der Welt von Feuerland bis nach Alaska werden.

Ich hängte meinen Beruf als Beamter an den berühmten Nagel, Juliana sagte ihrem Leiterinnenjob im Kindergarten Ade. Wir stellten unseren Hausrat bei Verwandten unter und zogen los.

Manches entwickelte sich im Verlauf der Weltreise anders als geplant, auch die Sache mit Australien. Und das kam so: Es war Ende März, etwa drei Wochen vor der geplanten Verschiffung unseres Autos von Südafrika nach Australien. Die Nacht bei Johannesburg war verführerisch, die Luft mild, der Sternenhimmel glitzerte. Wir saßen am Swimmingpool bei Freunden, tranken Kapwein und freuten uns, dort zu sein und nicht in Deutschland, wo die letzten Ausläufer des nasskalten Winters die Tage bestimmten.

Der Wein funkelte in den Gläsern, wir lagen auf dem Rasen, schmiedeten Pläne und studierten im Schein von Kerzen und Petroleumlampen Karten. Um ein Uhr morgens zog sich Juliana ins Auto zurück. Ich blieb bei den anderen, genoss die Nacht und die Storys aus der weiten Welt, die jeder in der Runde zum Besten gab. Ein großartiges Gefühl von Freiheit kam auf: Egal welche Himmelsrichtung, du kannst fahren, wohin du willst, die Welt gehört dir ...

Es war fast vier Uhr morgens, als ich zum Auto ging. Auf mein Klopfen steckte Juliana verschlafen ihren Kopf aus dem Wagenfenster. Meine Wangen müssen in diesem Moment geglüht haben: »Schatz, was hältst du davon, wenn wir noch mal durch Afrika fahren, hoch bis zum Mittelmeer, dann weiter über die Türkei und uns irgendwie mit dem Auto bis nach Indien durchschlagen. Dort verkaufen wir den Bulli, packen unsere Rucksäcke und fahren mit öffentlichen Verkehrsmitteln weiter nach Thailand und Indonesien. So kommen wir auch nach Australien.«

Ich schaute Juliana erwartungsvoll an. Sie, müde, wie man es morgens um vier nur sein kann, sagte lediglich: »Ja, ja – mach nur.«

Willkommen in Australien!

Das dumpfe Dröhnen dringt wie durch dichten Nebel zu mir, steigert sich, wird klarer. Ein Lichtstrahl streicht über mein Gesicht. Ich öffne die Augen einen Spalt und blinzele in das erste Licht des Tages. Wie goldene Fäden schieben sich die Strahlen der Sonne über die Wolken. Ein Sonnenaufgang an sich ist schon ein großartiges Erlebnis, in 10 000 Metern Höhe über der Timorsee, an der Schnittstelle von Asien zu Australien aber wird er zur leuchtenden Superpanoramashow mit glühenden Wolkenspitzen, unter denen sich die gute alte Erde noch im Grau der Nacht verbirgt.

Juliana neben mir ist schon wach: »Kaum zu fassen, dass unser Flug in letzter Minute doch noch zu Stande gekommen ist.« Sie drückt ihre Nase ans Fenster. »Sonst hätten wir diesen Anblick nicht erlebt.«

48 Stunden vorher war die Airline, bei der wir den Flug nach Melbourne gebucht hatten, Pleite gegangen. Ein Alptraum. Unsere Flüge hatten wir bereits bezahlt, und unsere Planung war auf das Datum fixiert. Ein hektischer Tag mit viel Lauferei durch die malaysische Hauptstadt Kuala Lumpur folgte. Schlange stehen an Schaltern. Verhandeln. Daumen drücken. Dann die erlösende Nachricht: Malaysian Airlines springt für die Gestrandeten ein. Für uns war Kuala Lumpur die letzte Etappe unseres Umwegs, der in der weinseligen, herrlich verrückten Nacht bei Johannesburg begonnen hatte.

Ein Umweg, der ein Jahr gedauert hatte, gut 60 000 Kilometer lang war und ein großes Abenteuer wurde. Wir erlebten live den Sudan, die Wüsten Ägyptens, den Iran, Indien und den Himalaja. So näherten wir uns schließlich Australien. Den Bulli, der uns auf dem ersten

Teil unserer Weltreise über 100 000 Kilometer sowohl ein Stück Heimat wie auch Transportmittel gewesen war, hatten wir in Nepal zurückgelassen.

Wir würden uns nach einem neuen Fahrzeug umsehen müssen. Was für eines es sein würde, das war zu diesem Zeitpunkt völlig offen. Genauso wie die Route.

Ein kleiner Australien-Reiseführer – groß genug für die Hosentasche – war unser einziges Informationsmittel. Was mich nicht störte. Schließlich hatten wir Zeit, waren ungebunden. Kein Boss wartete, ein Rückflugticket nach Zuhause hatten wir nicht. Das gibt die Freiheit, spontan zu sein, neuen Ideen zu folgen und unbekannte Ziele anzusteuern. Eine einengende Planung für das Land hatten wir nicht. Es gab kein Streckensoll, das wir erfüllen mussten. Beste Voraussetzungen für Australien, ein Land der weiten Horizonte.

Die Maschine der Malaysian Airlines braucht noch eine Stunde bis zur Landung in Melbourne. Eine hübsche, freundliche Stewardess – mandeläugig, als sei sie eben einem Buch von Pearl S. Buck entstiegen – beugt sich zu uns: »Do you want breakfast?«

»Zwei Kaffee und Orangensaft«, bestelle ich.

Die beiden Australier in der Reihe vor uns ordern das elfte Bier an diesem Morgen.

Melbourne hat sich geputzt, als wir landen. Die Luft ist kühl und klar, der Himmel blau und wolkenlos wie an einem Vorfrühlingstag in Deutschland. Ein netter Zöllner stempelt den 26. August in unsere Pässe. »Willkommen in Australien!«, ruft er in akzentfreiem Deutsch hinter uns her. Ich gebe Juliana einen Kuss auf die Wange und meine zu ihr: »Eigentlich wollten wir schon vor einem Jahr hier sein.« Sie lacht. Dann bleibt sie bei unseren Rucksäcken, während ich nach der Touristeninformation suche. Leider hat die zur frühen Morgenstunde noch geschlossen. Stattdessen bietet uns eine fröhliche Dame (»Hallo, ich bin die Trudy«), bei der ich mich nach Busverbindungen erkundige, eine Mitfahrgelegenheit Richtung Innenstadt. Wir nehmen an. Und als Trudy uns in der City absetzt, drückt sie mir ihre Visitenkarte in die Hand: »Ihr müsst mich unbedingt besuchen.«

»Bestimmt kommen wir vorbei«, verspreche ich. Wir winken ihr zum Abschied.

Boy, was für eine Rasanz! Kaum im Land und schon die erste Einladung. Bisher kannten wir keine Menschenseele auf dem Kontinent. Nur der Zettel mit einer Kontaktadresse in Sydney steckte irgendwo in unserem Adressbüchlein. Wir hatten sie auf merkwürdige Weise bekommen. Ein Verwandter Julianas kennt jemanden, der hat einen Bekannten, und dessen Freund hat einen *good old fellow* in Australien. Ich wollte diese Adresse eigentlich gar nicht mitnehmen. »Wir kennen die Leute doch gar nicht«, wandte ich ein. Aber Juliana hat einen Sinn fürs Praktische, und mit den Worten: »Bis wir in Sydney sind, ist es noch einige Zeit hin. Wer weiß, wozu die Anschrift gut ist. Überlegen können wir es uns dann immer noch«, hat sie den Zettel kurzerhand eingesteckt.

Melbourne ist eine Millionenstadt, die Einwohnerzahl hat steigende Tendenz, in ihrem Großraum leben etwa 4 Millionen Menschen. Für ein Land mit insgesamt rund 22 Millionen Einwohnern ist das gewaltig. Was auch bezeichnend für die Einwohner- und Siedlungsstruktur Australiens ist. Rund 80 Prozent aller Australier leben in einem schmalen Wohngürtel, der sich wie ein Ring um die Peripherie des fünften Kontinents zieht.

Mein erster Eindruck an diesem Morgen ist Großbritannien am anderen Ende der Welt. Mehrere Ladys stöckeln vorüber, aufgeputzt wie zu einer Gartenparty. Ich beobachte Menschen, die sich in grüne Straßenbahnen mit dem Charme der ersten Hälfte des 20. Jahrhunderts zwängen. Melbourne ist die Hauptstadt von Victoria, dem kleinsten australischen Bundesstaat auf dem Festland (nur der Inselstaat Tasmanien ist kleiner). Hier leben allerdings mehr als ein Viertel aller Aussies. Allein die Bezeichnung Victoria schlägt Brücken nach England, stand doch Queen Victoria bei der Namensgebung Pate.

Die Geschichte Melbournes ist jung. Sie begann, als 1835 ein John Batman, Sohn eines ehemaligen Sträflings, den Yarra River aufwärts segelte, um im Auftrag tasmanischer Interessenten den Ureinwohnern, den Aborigines, ein Riesengebiet im Tausch für einen Haufen billigen Plunder abzuschwatzen. In diesem Gebiet begann sich noch im selben Jahr Melbourne zu entwickeln, während Sydney bereits ein Menschenalter existierte. Melbournes Einwohnerzahl stieg ab 1850 in nur zehn Jahren von 30 000 auf über eine halbe Million – damit wurde Melbourne zur größten Stadt in Australien. Von 1901 bis 1927 war Melbourne sogar Hauptstadt des Landes.

Trotz aller Seitenhiebe, die sonst zwischen den Bewohnern der beiden Metropolen ausgetauscht werden, kann Sydney Melbourne den Ruf nicht streitig machen, die kulinarische Hauptstadt Australiens zu sein. So trägt man es in Melbourne denn auch mit Fassung, dass die Lage am Yarra River zwar reizend, aber das auch schon alles ist.

Doch aus der traditionellen Rivalität beider Städte halte ich mich besser raus. Sie wird immer wieder mit flotten Slogans angeheizt und gipfelt in der Behauptung eingeschworener Sydney-Fans, die behaupten, das Schönste an einem Besuch von Melbourne sei die Heimfahrt nach Sydney. Dazu reicht mir Juliana eine Illustrierte mit Fotos von einem Pferderennen und meint: »Offenbar gibt es doch etwas, um das der Rest Australiens – und sogar Sydney – Melbourne beneidet: den Melbourne Cup!« Man hatte mir gesagt, das bedeutendste Pferderennen des Landes sei den Aussies so heilig, dass während der Veranstaltung die Straßen wie leer gefegt seien, weil die Nation geschlossen vorm Fernseher säße.

Gleich am ersten Tag quartieren wir uns in der Jugendherberge ein. Die Atmosphäre ist freundlich-familiär und international. Nur wenige Gäste sind dort. David und James aus England, drei junge Franzosen aus Paris, Mary und Richard aus Neuseeland. Tina, eine Amerikanerin, die vorübergehend die Youth-Hostel-Leiterin vertritt, hat sich gerade gemeinsam mit ihrem australischen Freund Peter einen uralten VW-Bulli gekauft. »Für knapp 1000 Dollar. Ein Superpreis!«, schwärmen die beiden.

Beim ersten flüchtigen Studium der Zeitungsannoncen war mir aufgefallen, dass Importwagen aus Europa teuer sind, auch die gebrauchten und erst recht, wenn sie einen Stern auf dem Kühler tragen. Preislich günstiger sind die japanischen Marken und das nationale Produkt, der Holden. Überhaupt sind die Preise in Australien für uns, die wir jahrelang das Tiefpreisniveau von Afrika und Asien kannten, gewöhnungsbedürftig, auch wenn sie im Vergleich zu denen in Mitteleuropa noch moderat sind.

In den nächsten Tagen erkunden wir zu Fuß den Innenstadtbereich und machen uns Gedanken darüber, wie wir Australien individuell, möglichst abenteuerlich und doch billig bereisen können. Am dritten Tag unseres Aufenthaltes ändert sich das Wetter. Juliana notiert abends kurz und prägnant ins Tagebuch: »Sauwetter!« Kalter Wind fegt durch die Straßen. Seit langem haben wir erstmals Regenjacken angezogen. Zum schlechten Wetter kommt noch meine Ernüchterung nach dem heutigen Bummel über die Gebrauchtwagenmärkte.

Spontan kommt mir die Idee: »Was hältst du davon, wenn wir ein Motorrad kaufen?« Vielleicht hätte ich zurückhaltender sein sollen, bis der Himmel wieder aufklart.

»Monatelang bei Wind und Wetter nur auf dem Sozius?«, Juliana zieht die Nase kraus.

»Aber Australien gilt als Traumland für Biker. Und wenn wir erst mal in Alice Springs sind, gibt es garantiert Sonne bis zum Abwinken.«

Juliana murmelt etwas wie »unverbesserlicher Optimist« und wird konkret: »Ein halbes Jahr zu zweit eingepfercht zwischen Gepäckbergen auf nur einer Maschine? Wir werden uns auf die Nerven gehen.« Wir geben die Idee noch am selben Tag auf. Mit Wehmut meinerseits, muss ich zugeben. Ich bin ein leidenschaftlicher Biker, und eines meiner schönsten Erlebnisse war, als wir auf einer Harley über die Highways von Amerikas Westen rollten. Nur die Interstate, die bullige Electra Glide und wir beide.

»Australien hat andere Dimensionen«, meint Juliana. »Und denk an die Sand- und Schotterpisten.« Recht hat sie. All das wäre kein Problem, wenn man zwei Enduros hätte. Aber Juliana hat nun mal keinen Motorradführerschein.

So bummeln wir am Ufer des Yarra River entlang. Ein paar Männer kommen uns entgegen, die Kragen zum Schutz gegen den scheußlichen Dauerregen hochgeschlagen, unermüdliche Jogger und Radfahrer ziehen ungeachtet des nasskalten Wetters ihre Bahnen.

Seit ich vor Jahren einen Filmbericht über Neuseeland sah, keimte in mir der Wunsch auf, das Land der Kiwis mit dem Fahrrad zu erkunden. Als ich Juliana an diesem Abend davon vorschwärme, kommt spontan ihr Vorschlag: »Und warum radeln wir dann nicht auch durch Australien?« – Ja, warum eigentlich nicht?

Die Anschaffung von Tourenrädern wäre eine einmalige Investition für die gesamte Zeit, auch für Tasmanien, vielleicht sogar für Neuseeland. Und der Transport von Fahrrädern per Flugzeug dürfte auch problemlos sein.

Später, bei 35 Grad im Schatten, wenn mir die Zunge am Gaumen klebt, wenn ich im Staub des Outback sitze und Reifen flicke, wenn ungezählte Fliegen zu den letzten Tropfen Feuchtigkeit in Augen, Nase und Mund vordringen, wenn mein ausgeschwitztes Körpersalz und die sengenden Strahlen der Sommersonne im Wendekreis des Steinbocks in null Komma nichts faustgroße Löcher in mein T-Shirt brennen – ich gebe es zu, dann habe ich mich gefragt, welcher Teufel uns geritten haben mag, uns ausgerechnet auf dem trockensten, flachsten, giftigsten Kontinent auf den Fahrrädern abzustrampeln. Doch nichts davon an diesem Abend, da wurden Pläne geschmiedet.

»Wo kriegen wir Fahrräder her? Gibt es im Outback überhaupt Ersatzteile, und sei es nur für einen geplatzten Schlauch?« – Solche Fragen beschäftigten uns. Trotzdem – die Idee zur Radtour war geboren.

Als wir in die Little Bourke Street kommen, ist es dunkel. Kenner nennen diese Gegend in Melbourne China Town, denn dort gibt es gute asiatische Restaurants. Deswegen sind wir hier; schließlich gibt es was zu feiern.

Wer nun glaubt, die englische Küche auch in Australien zu finden, irrt. Seit Einwanderer aus aller Herren Länder in den letzten Jahrzehnten nach Melbourne gekommen sind, ist das kulinarische Angebot vielfältig. Mit gut 200 000 griechischen Einwohnern gilt Melbourne hinter Athen und Thessaloniki als drittgrößte griechische Stadt der Welt. Carlton ist der Stadtteil der Italiener, und in der Lygon Street, auch als Little Italy bezeichnet, findet man zahlreiche italienische Spezialitätenrestaurants. Seit Australien teilweise für asiatische Einwanderer offen ist, beleben außerdem chinesische und indonesische Restaurants das Stadtbild. Seine Vielfalt an Spezialitätenrestaurants hat Melbourne das Attribut Gourmet-Hauptstadt Australiens eingebracht.

Am nächsten Morgen beginnen wir mit unseren Vorbereitungen. Da die Entscheidung gefallen ist, kann ich es kaum erwarten, dass wir unsere Radtour starten. Allerdings haben wir die Route noch nicht festgelegt. Nur sollte die jahreszeitlich bedingte Windrichtung stimmen. Am besten wäre es, wenn uns ein leichter Wind von hinten anschieben würde.

Ein Beamter des deutschen Konsulats erklärt sich bereit, unsere Rucksäcke und all die Dinge, die wir während der nächsten Zeit nicht benötigen, für die Dauer der Radtour zu verwahren. Noch am selben Tag überschlagen sich dort die Ereignisse: Frau Dr. Müller, die Vizekonsulin, hat gerade ihr Gespräch mit einer Journalistin der in Australien erscheinenden deutschsprachigen Zeitung »Neue Welt« beendet. Als die Reporterin von unserer Radidee hört, ist sie begeistert. »Das gibt 'ne tolle Story«, sagt sie immer wieder. »Hier ist die Telefonnummer von Walter Schäuble. Ruft ihn an, wie ich Walter kenne, macht der ein Interview mit euch.«

»Wer ist Mister Schäuble?«, frage ich.

»Er moderiert das deutsche Rundfunkprogramm von Radio Ethnic Australia, auch Radio 3 EA genannt«, erklärt sie.

Noch am selben Tag sitzen wir Walter Schäuble gegenüber. Schmunzelnd schiebt er mir seine Visitenkarte zu: »Extra für euch habe ich auf das a von Schäuble zwei Punkte gemacht. Die Aussies können mit den deutschen Umlautpünktchen nichts anfangen.« Walter lässt uns Kaffee bringen, und wir gehen in einen schalldichten Raum, hinter dessen Fenster ein Tontechniker sitzt. Ich gebe zu, dass ich in diesem Moment etwas aufgeregt bin. Für uns ist das eine Rundfunkpremiere, die zudem noch am anderen Ende der Welt stattfindet.

Das Interview dauert 20 Minuten; das Lampenfieber hat sich im Handumdrehen gelegt. Walter Schäuble interviewt uns an diesem Tag noch einmal, jetzt auf Englisch, fürs englischsprachige Programm.

»Wo wohnt ihr?«, fragt Walter später, während er uns als kleines Honorar einen Scheck ausfüllt.

»Im Youth Hostel«, antworte ich ihm.

»Pah …!« Er macht eine wegwerfende Handbewegung. »Ich besorge euch eine bessere Unterkunft. Kommt morgen Nachmittag wieder vorbei. By the way, habt ihr eigentlich schon Fahrräder?«

»Nein.« Ich schüttele den Kopf. Einen Moment lang legt Walter sein schmales Gesicht in Falten und fährt nachdenklich mit dem Finger über die Nase.

»Ich lebe nun schon seit ein paar Jahrzehnten hier und habe eine Menge Bekannte. Es müsste mit dem Teufel zugehen, wenn ich nicht einen Sponsor für euren Trip finde.«

An das Wetter hier können wir uns nur schwer gewöhnen. Experten behaupten zwar, gemessen an der Zahl der Sonnentage stehe Melbourne Sydney kaum nach, nur das Beständigste am Wetter von Melbourne sei seine Unbeständigkeit. Ein Scheich aus dem heißen Saudi-Arabien hatte sich einst beim Hotelportier über das miserable Wetter beschwert. Woraufhin dieser konterte: »Sir, wenn Ihnen das Wetter nicht gefällt, warten Sie bitte eine Minute.«

»Melbourne«, bestätigt auch Walter Schäuble, »hat vier Jahreszeiten – und die an einem einzigen Tag.«

Als wir anderntags bei Radio 3 EA ankommen, begegnen wir dort einem Mittdreißiger. »Hallo, ich bin Nik von der deutschen Zeitung ›Die Woche‹ in Australien.« Der Mann mit dem leicht österreichischen Akzent streckt uns die Hand entgegen. Gestern habe er durch Walter Schäuble von uns gehört. »Da meine Zweitwohnung sowieso zurzeit frei ist, könnt ihr gern darin wohnen.«

Mit Walter Schäuble und Nik ziehen wir nach einem weiteren Interview in ein Pub, eine Kneipe an der Ecke, und spendieren eine Runde Bier. Klar, dass es dabei nicht bleibt. »Australien ist ein trockenes Land …«, meint Walter Schäuble und hebt das Glas.

Am nächsten Tag ziehen wir bei Nik ein. Eine kleine Wohnung ganz für uns allein, das hatten wir lange nicht. »Da steht Wein aus dem Barossa Valley im Kühlschrank. Und ein Kilo Steaks habe ich auch für euch reingelegt.« Ich bin perplex über diese selbstverständliche Gastfreundschaft. »Hier ist mein Hausschlüssel. Fühlt euch wohl.« Und schon ist Nik draußen.

Vielleicht muss man die Nase erst einmal in andere Länder gesteckt, die Unsicherheiten und Unwägbarkeiten eines Neuanfangs am eigenen Leib erfahren haben, um Gastlichkeit und Hilfe mit solch einer Selbstverständlichkeit gewähren zu können.

Die nächsten beiden Tage stromern wir auf der Suche nach Fahrrädern durch Melbourne, gelegentlich mit der Straßenbahn, meist aber zu Fuß. So sparen wir eine Menge Geld. An manchen Tagen sind es mehr als 20 Kilometer, die wir ablaufen. Auf diese Weise lernen wir die Stadt in- und auswendig kennen. Sie bietet eine eigentümliche Mischung aus Alt und Neu. Hier ein alter Kirchturm, unmittelbar daneben riesige Hochhäuser.

Ein Weg führt uns nach Fitzroy Gardens. »Ihr müsst unbedingt Cooks Cottage einen Besuch abstatten«, hatte man uns empfohlen. Also gehen wir in das kleine Haus des großen Entdeckers von Australien, der natürlich nie hier gewohnt hat. Captain Cook war zwar nicht der Erste, der Australien sichtete, er kann aber mit Recht als der erste weiße Aussie gelten, denn er nahm den fünften Kontinent für die englische Krone in Besitz. In den 30er-Jahren des letzten Jahrhunderts wurde das Wohnhaus des Weltumseglers Stein für Stein in Yorkshire, England abgetragen, auf Schiffe verladen, knapp 30 000 Kilometer über die Weltmeere verschifft und hier in Melbourne wieder aufgebaut.

Die Welt steht Kopf. Es ist Anfang September, aber Frühlingssträucher und -blumen blühen in voller Pracht. Schwer liegt ihr Duft in der Luft. Ein vor Jahrzehnten aus Österreich eingewandertes Ehepaar hatte uns im Rundfunk gehört und uns spontan eingeladen. In einem Eisenbahnabteil mit dekorativen Hängelampen und Metallschnörkeln an der Decke, das bereits vor einem halben Jahrhundert Passagiere durch Melbourne geschaukelt hat, rollen wir nach St. Alban, vorbei an Vorgärten mit blühenden Mandelbäumchen und Flieder. Am dortigen Bahnhof werden wir von den Küsters wie alte Freunde in Empfang genommen.

Die liebenswürdigen, einfachen Leute, die nach dem Zweiten Weltkrieg aus Österreich nach Australien gekommen sind, erzählen uns haarsträubende Geschichten von ihren ersten Begegnungen mit dem fünften Kontinent. Wir haben es uns in der kleinen über und über mit Erinnerungen aus der alten Heimat dekorierten guten Stube bequem gemacht. Schwarzweißfotos in ovalen und rechteckigen Eichenrahmen hängen an den Wänden auf einer farbigen Tapete, die den kleinen Raum noch kleiner wirken lässt. Eine Kronleuchterimitation – vermutlich made in China – baumelt von der Decke.

»Das Einwanderungsschiff, das uns hierher ans Ende der Welt brachte, war ein alter, fast abgewrackter italienischer Kasten«, sagt Hermann Küster, während er Sekt einschenkt. »Durch die Planken mancher Rettungsboote konntest du die Hände schieben.« Wir prosten uns zu.

Martha Küster hat ein schmales, feines Gesicht, in das ein wechselhaftes Leben Falten gezogen hat. »Nach unserer Ankunft kamen wir in ein Auffanglager. Es war eine schwere Zeit, weil man immer damit rechnen musste, dass der Mann in ein anderes Arbeitscamp geschickt werden könnte. Wir hatten Glück – uns ließ man zusammen. Schon nach sechs Monaten hatten wir so viel Geld beiseite gelegt, dass wir uns ein winziges, bescheidenes Häuschen kaufen konnten.«

Martha Küster lächelt. Ihre uralte Mutter nickt. Sie kam später nach, lebt nun schon seit Jahrzehnten in Australien, spricht aber kein Wort Englisch. Und immer wieder sagen die Küsters: »In Österreich hätten wir all das nicht erreicht!«

»Habt ihr nicht mal Interesse, über den großen Teich zurück in die alte Heimat zu gucken«, will Juliana wissen.

»O ja, das möchten wir schon, aber dafür reicht das Geld nicht. Erst muss noch eine Veranda ans Haus gebaut werden, dann ein Anbau für den jüngsten noch bei der Familie wohnenden Sohn, und dann ...«

Das Abendessen ist einer der Höhepunkte unseres Melbourne-Aufenthalts: Schweinebraten mit Blumenkohl und Bratkartoffeln. Zum Nachtisch gibt es Kaffee und Buttercremetorte. Dafür hätte ich das exotischste Gericht in einem Fünfsternehotel stehen lassen.

Während der nächsten Tage konkretisieren sich unsere Reisepläne: Wir wollen an der Ostküste entlang nach Norden radeln. Von dort ins Landesinnere nach Alice Springs, dann durchs rote Herz über den Stuart Highway zurück nach Adelaide und anschließend mit dem Flugzeug nach Tasmanien. Die Aussagen der Airlines, den Transport der Räder betreffend, sind ermunternd. Wir haben beschlossen, uns stabile Sporttourenräder zuzulegen. Langsam werde ich ungeduldig, ich will endlich los.

Als wir am 10. September für eine weitere Rundfunkaufnahme zu Walter Schäuble kommen, gibt er die Überraschung preis: Er hat einen Sponsor. Nino, ein alter Italiener mit jungem Herzen, der in Carlton ein Sportgeschäft betreibt, will uns Topräder zur Verfügung stellen. Dafür müssen wir ein bisschen fürs Fernsehen radeln und ihm ein paar gute Fotos für Werbezwecke überlassen. Diese Nachricht ist uns eine Flasche Sekt wert.

Es geht los ...

»Im australischen Outback sind Radfahrer seltener als Kängurus an deutschen Autobahnen«, gibt uns Nino, der Fahrradhändler in Melbourne, mit auf den Weg.

Trotz der Hektik des Endspurts vor dem Start finden wir noch Zeit, in Melbourne für uns Neues zu entdecken. Nicht allein viktorianische Herrenhäuser oder die weithin sichtbare Kuppel des Exhibition Building der Expo von 1980 bestimmen das Bild. Zunehmend dominieren klotzige Wolkenkratzer die Skyline. Doch finden wir noch in vielen Details kolonialen Charme. Beeindruckend ist der quirlige Bahnhof Flinders Street Station, den wir fast täglich passieren. Wir bummeln durch die Royal Botanical Gardens, die zu den schönsten Parkanlagen Australiens zählen, und genießen vom Kriegerdenkmal, dem Shrine of Remembrance, den Blick auf die Stadt. Es wurde 1934 vor 300 000 Gästen eingeweiht. Und irgendwann stehen wir am City Square, Auge in Auge mit Burke und Wills. »Die wollten auch Australien durchqueren ...«, denke ich laut. Juliana blickt mich forschend an. Dann schaut sie zu den Statuen der beiden Männer, die einst das Outback erforschen wollten: kantige Gesichter, mit entschlossenem Blick, der einer imaginären Route nordwärts durch den damals noch unerforschten fünften Kontinent folgt.

»Als Burke und Wills aufbrachen, wurden sie umjubelt und als Helden gefeiert. Als man sie von der Reise zurückbrachte, waren sie tot ...«, erzähle ich. Juliana lächelt ein wenig gequält: »In drei Tagen geht es bei uns los.«

Ich nehme mir vor, noch heute in der öffentlichen Bücherei, in der

Aufbruch in Melbourne

wir uns mit Reisebüchern und Bildbänden auf unser Abenteuer vorbereiten, etwas über Burke und Wills nachzulesen.

Unterdessen streiken die Eisenbahn-, Straßenbahn- und Busfahrer zwei Tage lang. Der gesamte öffentliche Verkehr liegt lahm. »No worries – das passiert hier öfter«, sagt ein Bursche, der am Straßenrand seinen Daumen vorbeifahrenden Autos entgegenstreckt. Wir können an diesen beiden Tagen unseren bisherigen Streckenrekord per pedes durch Melbourne sogar noch steigern.

Öffentliche Bibliotheken sind nicht nur ein Ort der geistigen Exkursionen und Muße, sondern beim Reisen ein Quell unschätzbarer Informationen. Berge von Büchern stapeln sich bald auf dem langen Tresen vor uns.

»Schade, dass wir sie uns nicht ausleihen können«, meine ich, aber eigentlich macht das nichts, ich lese schnell. Als wir abends unter einem Himmel, über den weiße Wolken wie kleine Schiffchen treiben, auf einer Bank in den Fitzroy Gardens sitzen, denke ich: Als Captain Cook Australien entdeckte, schrieb Mozart seine erste Oper, und Goethe gingen vielleicht schon die ersten Akte des »Götz von Berlichingen« durch den Kopf. An die Existenz Melbournes dachte damals niemand.

»Was wohl aus Melbourne geworden wäre ohne das Gold Victorias«, wende ich mich an Juliana, in deren Augen die Sterne funkeln. »Ab 1851 wirkte es wie ein Magnet für die Glücksritter zwischen Dublin und Schanghai.«

An diesem Abend beschließen wir, am nächsten Tag den Wurzeln Melbournes nachzuspüren und den Bus nach Ballarat zu nehmen, wo der Goldrausch begann. Die *golden days* werden hier heute noch in großartigen viktorianischen Gebäuden eindrucksvoll zur Schau gestellt. Vor allem in Sovereign Hill, dem Replikat jener *boom town*.

Als wir ankommen, hämmern Pianos in stilechten Saloons, das

United States Hotel wirbt wie anno 1860 um Kunden, in Stores bedienen *old fashioned ladies*, Dampfmaschinen fauchen. Bis zum Schließen der letzten Mine Ballarats 1918 war eine Goldmenge gescheffelt worden, die einen Konvoi von 63 Zehntonnertrucks randvoll gefüllt hätte. Das waren die Schätze, die Melbournes Einwohner reich gemacht hatten und jenen Entdeckergeist beflügelten, auf dessen Höhepunkt die Expedition von Burke und Wills stand.

»Was sich da am 20. August 1860 in Melbournes Royal Park versammelt hat, wirkt ja auf den ersten Blick wie ein Zirkus.« Ich beuge mich über den Stich von 1860 im Museum von Sovereign Hill.

»25 Kamele, 23 Pferde und Planwagen«, zähle ich. »Bepackt mit 21 Tonnen Ausrüstung«, ergänzt Juliana. Jener 20. August 1860 war ein denkwürdiger Tag für Melbourne. Hurrarufe erklangen, als Robert O'Hara Burke sich mit seinem Pferd Billy an die Spitze der aufwendigsten, teuersten und meistbeachteten australischen Expedition aller Zeiten setzte.

»Wenn es auf unserem Kontinent eine Sahara gibt, so wollen wir das wissen. Wenn da große Seen sind, an deren Ufern unsere Rinder grasen können, dann veranlasst die Menschen, dort Städte zu bauen. Lasst uns wissen, was uns dieses Land verheißt«, schmetterte ein Redner Burke und Wills hinterher.

Als wir von Ballarat nach Melbourne zurückkehren, gehen mir die Bilder von Burke und Wills nicht mehr aus dem Kopf. Ich sitze anderntags lange in der Public Library und schmökere in Bergen von Büchern. Die tragischen Hauptfiguren des Expansionsdrangs der jungen Kolonie Victoria werden mir dabei so vertraut, als würde ich sie schon lange persönlich kennen. Und während ich lese und mir Notizen mache, stoße ich plötzlich auf einen anderen Namen: Ludwig Leichhardt. Und was ich mit den Augen verschlinge, elektrisiert mich: Leichhardt, einem Deutschen, gelang die erste Durchquerung Australiens.

Doch die Ereignisse des nächsten Tages verdrängen alle historischen Fakten. Unsere neuen Fahrräder sind da – wahre Schmuckstücke. Julianas ist goldfarben, meines silberfarben. Natürlich sind es italienische Markenräder, schließlich ist Nino einmal italienischer Radrennmeister gewesen. Und das verpflichtet.

Als am Abend des 14. September ein verschwenderischer Sonnenuntergang Melbourne in brennendem Glutrot versinken lässt, sind unsere Vorbereitungen fast abgeschlossen. Wir haben Packtaschen, Reservereifen, Ersatzteile und all das, was wir vermutlich an Ausrüstung unterwegs benötigen werden. Nach einer Testfahrt fliege ich förmlich die St. Kilda Road zurück zu Juliana. Das gilt für mein Gefühl wie für mein Rad. Die Tachonadel zeigt 45 Stundenkilometer an.

In Niks Wohnung empfängt mich Juliana inmitten eines Chaos von Packtaschen, Plastikbeuteln, Ausrüstungsgegenständen, Lebensmitteln und hunderterlei Kleinkram. Mir ist rätselhaft, wie sie all das Zeug in die Taschen reinbekommen will. Aber sie bewältigt es mit der Akribie und Routine eines Buchhalters. Sie füllt Zucker, Salz, Backpulver und Gewürze in kleine Beutel und Behälter, findet einen sicheren Platz für meine Journale von Burke und Wills sowie Leichhardt, sortiert aus, welche Sachen wir in Melbourne deponieren, und bestimmt, welche Kleidung wir für unterwegs mitnehmen. Einen Kerosinkocher haben wir auch gekauft – für alle Fälle –, obwohl wir vorhaben, meistens auf offenem Feuer zu kochen. Ein Gitterrost aus einem Backofen muss auch auf einem der Fahrräder Platz finden.

Ich bin gern unabhängig, ganz besonders auf Reisen, vor allem, wenn die Reise lang ist. Über Monate nur von Tütensuppen und kleinen Imbissen zu leben, ist mir ein Graus. Das Backen und Brutzeln, Improvisieren am Lagerfeuer, aus ganz wenig etwas Leckeres machen, ist für mich ein Stück Lebensqualität. Doch eine umfassende Ausrüstung hat Gewicht und beansprucht Platz. Mein Glück ist, dass Juliana beim Packen nicht aus der Ruhe zu bringen ist. Jetzt ist es an mir zu sagen: »Ja, ja – mach nur.« Abends kommt Nik und bringt uns einen kleinen Bumerang: »Damit ihr zurückkommt.«

Die Bewegung selbst nehme ich nicht wahr, sehe nur aus den Augenwinkeln einen Schatten, der sich auflöst, länger wird, auf mich zufließt. Die dolchähnlich gebogenen spitzen Zähne im aufgerissenen Schlangenrachen sehe ich erst, als der Kopf mir wie ein Pfeil entgegenfliegt. Instinktiv werfe ich mich zur Seite – auf Juliana zu, die erschreckt die Augen aufreißt.

Mit flatternden Händen knipse ich die neben dem Bett stehende Taschenlampe an. Keine Schlange, alles unverändert in Niks kleiner Stadtwohnung wie die Wochen zuvor. Die gepackten Räder stehen vor dem Kleiderschrank, daneben stapelt sich das Zeug, bei dem wir noch entscheiden müssen, ob wir es wirklich brauchen.

Mein Mund ist trocken. Ich stehe auf und gehe in die Küche, lauwarmes Leitungswasser plätschert ins Glas. Dann setze ich mich zu Juliana auf die Bettkante und meine: »Ich muss wohl schlecht geträumt haben. Wir waren irgendwo im Outback, als ich eine Schlange bei uns im Zelt entdeckte.«

Nicht, dass mir Zweifel an unserer geplanten Unternehmung gekommen wären, aber so kurz vor dem Start sind meine Nerven doch gereizt. Beide sind wir fit, durchtrainiert, beide lieben wir die Abwechslung und das Abenteuer. Aber würde ich, der ich am liebsten täglich ein Dutzend neuer Projekte anpacke, mit der Monotonie einer Landschaft fertig werden, die – sich Tag für Tag wiederholend – wie im Zeitlupentempo an einem Radfahrer vorbeizieht? Wird sich da bei mir nicht bald der Ich-habe-die-Schnauzevoll-Moment einstellen? Werde ich es psychisch wegstecken können, wenn Tag für Tag mein Blick nur auf ein paar Quadratmeter Asphalt-, Schotteroder Staubstraße vor dem Vorderrad gerichtet ist?

»Denk doch auch an die Weite, die du so liebst, an die Vögel, die Kängurus«, versucht Juliana meine Bedenken – Nachwirkungen des Albtraums – zu zerstreuen. Und schließlich kehrt mein Optimismus wieder zurück. Den Rest der Nacht diskutieren wir, planen und träumen von dem, was vor uns liegt.

Selten war bei den meisten meiner Unternehmungen der Moment des Abenteuers selbst voller Euphorie. So geht es vielen. Ich erinnere mich an das Buch »In eisigen Höhen« von Jon Krakauer, ein Bericht über haarsträubende Strapazen in feindlichen Höhen von 8000 Metern. Würde wirklich jemand bei klarem Verstand eine solche Tortur wie die Besteigung des Mount Everest freiwillig auf sich nehmen? Wo die Chance hoch ist, umzukommen oder zumindest mit schweren Erfrierungen heimzukehren. Und doch tun Menschen so etwas immer wieder. Auch ich würde es tun.

Ich weiß noch, wie ich den Gipfel des Kilimandscharo bestieg. Langsam, Schritt für Schritt. Juliana war bei der Kibo Hut, der letzten Hütte, zurückgeblieben. Wir hatten es anders nicht verantworten können. Und während ich schwer atmend allein in der Dunkelheit eines bitterkalten Morgens zu einer Zeit, zu der mich zu Hause nicht mal die schönste Versprechung aus dem Bett locken könnte, behutsam Fuß vor Fuß setzend, zum großen Gipfelfinale ansetzte, hatte ich alles andere als großartige, erhebende Gefühle.

»Und warum tust du es dann?«, fragt Juliana, zieht die Augenbrauen hoch und sieht mir tief in die Augen. »Wir hätten doch auch nach Mallorca fliegen können!« Und die Sommersprossen um ihre Nase herum, die während unserer Reise durch die Tropen geradezu aufgeblüht waren, unterstreichen ihr spitzbübisches Lächeln noch.

»Ich werde nie den Moment vergessen, als ich in 5895 Metern Höhe auf dem Uhuru Peak des Kilimandscharo ankam. Ich hockte mich auf einen eiskalten Felsen. Es war noch dunkel, aber man sah schon das erste Schimmern des aufziehenden Morgens.

In dieser Götterdämmerung schien ich der einzige Mensch auf der Welt zu sein. Kein Geräusch war zu hören, kein Tier, keine Vogelstimme. Und wäre etwas da gewesen, hätte es der dichte Morgennebel unter mir gedämpft. Und während ich auf den Durchbruch der Sonne wartete, dachte ich: Wie schön ist die Welt, wie schön ist das Leben. Vielleicht muss man einen Abstand zur Welt und sich selbst haben, um so zu empfinden. Den Pfad der Strapazen gegangen sein, um die Sinne zu schärfen für das Ziel. Das macht für mich Reisen aus.

Die Sonne warf an diesem eisigen Morgen einen rosa Schimmer gegen die Unterseite des Nebels tief unter mir. Kurz darauf schien er zu brennen. Dann zerriss der rosafarbene Schleier, und die Strahlen tasteten sich hinter Gletschern, Felsspalten und Gesteinsbrocken hervor, bis sie mich erreicht hatten. Ich hatte ein Stück Schöpfungsgeschichte erlebt.«

Mein Hals ist vom Erzählen trocken geworden. Noch einmal rinnt Melbourne-Wasser in mein Glas. Ich trinke und fahre fort:

»Das wird wohl der Grund sein, weshalb ich die Begegnung mit der Natur suche – auch wenn sie Strapazen mit sich bringt. Aber so genau weiß ich das selbst nicht. Vielleicht muss ich, um die Antwort zu finden, weiter suchen.«

»Und das Abenteuer suchen«, wirft Juliana ein.

»Ich glaube nicht, dass ich unbedingt auf Abenteuer aus bin. Vermutlich sind Abenteuer und Gefahren eine unvermeidliche Begleiterscheinung auf dem Grenzweg zu den Zielen, die ich suche.« Dass ich dabei dem Abenteuer nicht aus dem Weg gehe, weiß Juliana so gut wie ich. Doch Abenteuer ist für mich nicht Selbstzweck. Aber – kann man das wirklich so bestimmt von sich sagen?!

Für solche Momente wie der auf dem Gipfel des Kilimandscharo lebe ich. Andere quälen sich dafür unter Lebensgefahr auf den Mount Everest oder stapfen zum Süd- oder Nordpol. Ich habe viele solcher

Augenblicke erlebt, bei extremen Kanuabenteuern, bei der Durchquerung Alaskas mit Schlittenhunden in eisiger Kälte, oder als ich die großen Wüsten der Welt durchstreifte. Manchmal war der Weg das Ziel. Manchmal auch das Ziel die Belohnung für den mühsamen Weg. Wie es wohl bei der Durchquerung Australiens sein wird?

Es ist ein Sonntag, an dem wir aufbrechen. Es ist kühl und der Verkehr frühmorgens gering. Kilometer um Kilometer radeln wir durch Melbourne nach Süden. Die Stadt – ihre Vororte hinzugerechnet – scheint für einen Radfahrer kein Ende zu nehmen. Endlos kommen mir die Zeilen gleichförmiger kleiner Einfamilienhäuser vor. Am späten Vormittag haben wir endlich das Ende des Stadtgebiets erreicht, als etwas an Julianas Rad hässlich kracht. »Verflixt, Kette abgesprungen!«, flucht sie.

»Und ich hatte gedacht, mit brandneuen Bianchi-Rädern alle technischen Sorgen los zu sein«, seufze ich. Mit ein paar passenden Sprüchen befördere ich die Kette zurück aufs Zahnrad.

Gegen Mittag habe ich den Eindruck, drei Millionen Melbourner rollen gleichzeitig auf der Straße Richtung Meer. Ich bin sauer über den Lärm und Gestank. Juliana versucht mich zu beruhigen: »Die fahren heute Abend doch alle wieder zurück in die Stadt.«

»Und stinken dann noch mal an uns vorbei«, maule ich. Mir dröhnt der Schädel von den Fahrgeräuschen. Australische Straßen sind bei weitem nicht so glatt und eben wie deutsche, und das Abrollgeräusch der Reifen auf grobem Belag liegt als aufdringliches Sirren in der Luft. Ich werde kribbelig, reagiere überempfindlich und schimpfe darüber, dass alles Land rechts und links des Highways in Privatbesitz zu sein scheint... keine offenen Felder wie bei uns und keine Feldwege, auf die man vor dem Straßenlärm flüchten könnte. So hatte ich mir die australische Freiheit eigentlich nicht vorgestellt.

Juliana meint: »Im Outback kann es nur besser werden. Vor allem aber einsamer.« Ich widerspreche Juliana nicht. Wir folgen dem Bass Highway Richtung Süden. Doch Phillip Island, unser anvisiertes Tagesziel, erreichen wir nicht mehr.

Juliana ist abgestiegen: »Ich glaube, an meinem Fahrrad blockiert was.«

Ich lehne mein Rad an einen Weidezaun und stelle nach kurzem Nachsehen fest: »Die hinteren Bremsbacken liegen an. Einige Speichen haben zu wenig Spannung.« Momente später habe ich mit meinem Speichenspanner den Schaden behoben. Auch bei meinem Rad, an dem ich das gleiche Problem feststellte. Vermutlich liegt es daran, dass Nino die serienmäßigen Felgen gegen hochwertige und extrem belastbare ausgetauscht hatte.

»Ich finde, wir haben genug getan für den Anfang. Ganz Melbourne fährt zum Picknick, nur wir beide strampeln wie die Weltmeister durch die Gegend. Was hältst du von einer Beachparty?«, schlägt Juliana vor. Keine Einwände. Die späte Nachmittagssonne scheint warm und taucht das Land in ein goldenes Licht. Wir verlassen den Bass Highway und rollen auf einem schmalen Seitenweg Richtung Meer. Nur drei Besucher sind am Strand. Ein Mann mit freiem Oberkörper und strammem Bierbauch kommt mit zwei Dosen kaltem Bier auf uns zu: »Welcome, mates. You must be from Germany.« Er hat das selbst gemalte D-Schildchen und die plastiküberzogenen schwarz-rot-goldenen Embleme auf der Packtasche entdeckt, die ich angebracht hatte, um den einen oder anderen Aussie neugierig zu machen und so schneller Kontakt zu bekommen. Ich bin kein Stadtmensch, der sich zwischen Hochhäusern und in Menschenmassen wohl fühlt, mehr der Countryboy, der am liebsten für Wochen oder Monate im Busch verschwindet. Doch sind menschliche Kontakte für mich das Salz in der Suppe des Reisens.

An diesem frühen Sonntagabend südöstlich von Melbourne, als uns erste Mücken umtänzeln, schwatzen wir angeregt und lange mit den dreien. Der Bierbauch erzählt, dass er ein Jahr in Deutschland gearbeitet hat. Es habe ihm da drüben gut gefallen, aber alles sei so »bloody teuer«.

Aussies lieben nun mal ihr Land, und so verüble ich es ihm nicht, als er mit einem Augenzwinkern sagt: »Australia is the best place in the world ... Und hier ist alles erlaubt!« Dann lacht er: »Wenn es dir im bloody Outback beim Autofahren langweilig wird, kannst du mit bloody Bierdosen – nur so zum Spaß – nach anderen bloody Autos werfen. Mach das mal auf der bloody Autobahn Hamburg – München!«

Bevor die drei nach Melbourne zurückfahren, laden sie die Reste ihres Picknicks bei uns ab: zehn Bratwürste, Fleisch, ein Karton Milch und eine Hand voll Obst. Als sich der gesprächige Bierbauch hinter das Steuer seines Wagens quetscht, wischt er mit der Hand durch die Luft zur Bucht hin. »Da drüben liegt French Island, eine Gefangeneninsel. No worry, ihr beiden, ihr seid sicher. Von da flieht keiner. Das Meer ist mit bloody Haien verseucht. Good-bye.« Er winkt. Wir winken zurück.

Um von der Straße wegzukommen, schieben wir unsere Räder dichter ans Wasser. Ich baue das Zelt auf und sammle Holz für ein kleines Lagerfeuer. Juliana trifft Vorbereitungen fürs Abendessen. Ein wunderbarer Platz. Nur einen kleinen Schönheitsfehler entdecke ich, als ich einen Strandbummel unternehme. 200 Meter von uns liegt der aufgedunsene Kadaver einer verwesenden Kuh.

Nach dem Sonnenuntergang schiebt sich der Mond über den Horizont und klettert schnell höher. Fahles, weißliches Licht fließt über einen der südlichsten Zipfel des australischen Festlands. Aus der Ferne dringen Lichter zu uns, wie ein buntes Flimmern liegen sie über dem Wasser. Zufrieden brutzeln wir unsere Steaks und essen. Das war ein guter Reiseauftakt, vor allem im Zwischenmenschlichen.

Lange noch steht der Mond über dem Land. Wir schweigen, starren ins Feuer. Meine Gedanken eilen weit voraus ins rote Herz des fünften Kontinents. Was Einsamkeit und Natur pur anbelangt, sollten wir dort auf unsere Kosten kommen. Vermutlich aber auch in puncto Hitze, Trockenheit und Durst. Der australische Hochsommer steht bevor.

Das Feuer knistert, leicht klatschen die Wellen ans Ufer. Irgendwo vor uns im Dunkel, nicht weit entfernt, liegt die Gefangeneninsel, eine moderne Querverbindung zu den ersten Anfängen der australischen Geschichte.

»Kürzlich las ich im Journal der National Geographic Society die Geschichte eines jungen Sträflings«, erzählt Juliana. Sie legt sich ins Gras, verschränkt die Hände im Nacken, blinzelt in die Sterne. »In den handgeschriebenen Dokumenten im Gericht Old Bailey kannst du heute noch über seine Verbrechen lesen: Diebstahl von zwei Gesetzbüchern. Als man den 15-jährigen Matthew Everingham auf eines von elf Schiffen verfrachtete, ahnte er nicht, dass er mit 775 anderen Sträflingen am 13. Mai 1787 eine Reise um die Welt antreten würde, die knapp ein Jahr darauf dort endete, wo später Sydney entstehen sollte.«

»Und was war seine Strafe für den Bücherdiebstahl?«, will ich wissen.

»Sieben Jahre Zwangsarbeit!«

Vielleicht wäre die junge Geschichte Australiens anders verlaufen, wenn der amerikanische Unabhängigkeitskampf nicht zum Erfolg geführt, wenn das große Amerika weiterhin als Verbannungsort für jene, die man als Verbrecher abstempelte, sowie für politisch Unerwünschte zur Verfügung gestanden hätte. 17 Jahre nachdem Captain Cook 1770 das australische Inkognito gelüftet hatte und statt der Bezeichnung Terra australis incognita die Konturen des fünften Kontinents auf den Weltkarten erschienen, lief die erste Sträflingsflotte von England nach Australien aus – mit Everingham als unfreiwilligem Teilnehmer dieser First Fleet.

Zusammengepfercht mit Mördern und Zuhältern, aber auch Menschen, die aus Not nur einen Laib Brot gestohlen hatten, segelte er in die neue Welt. »Bereits zwei Jahre schuftete Everingham hier«, erinnert Juliana sich, »als eine Nachricht die Runde machte: Schiffe kommen.«

Es war die zweite Sträflingsflotte, diesmal mit 739 Menschen, viele davon Frauen, die an Bord schlimmer als Vieh gehalten wurden. »160 von ihnen hatten diese Tortur nicht überlebt – bereits auf See waren ihre Leichen über Bord geworfen worden.«

Dem jungen Everingham brachte die Second Fleet etwas, das sein weiteres Leben bestimmen sollte: die 17-jährige Elisabeth Rimes. Ihr Verbrechen war Diebstahl eines Bettbezugs und einer Decke. Die Romanze in Ketten endete mit Verbüßung ihrer Haft. Statt der Rückkehr nach England wählten die beiden Australien als neue Heimat. Als freie Siedler bekamen sie in Parramatta ein 200 000 Quadratmeter großes Stück Land. Es war der zwölfte jemals in Australien ausgeschriebene Landbesitz. Doch ein Überleben auf diesem unergiebigen Boden war ihnen nicht möglich. Matthew und Elisabeth zogen in die fruchtbare Region des Hawkesbury River.

Juliana lächelt zum Mond hinauf. »Fruchtbar waren auch die beiden. Neun Kinder hatten sie. Heute verdanken einige hundert Everinghams in Australien den barbarischen Winkelzügen der Geschichte ihre Existenz – und dem Umstand, dass zwei junge Leute in Old England Bücher und Bettdecken klauten.«

Als ich morgens aus unserem kleinen Zelt krieche, ist es windig und kühl. Scharfer Geruch von brackigem Wasser liegt schwer über dem Camp. Ich hocke mich ins Gras und lasse den Wind mit meinen Haaren spielen. Juliana, morgens viel flotter als ich, packt bereits. Bis all der Kleinkram seinen Platz gefunden hat, wird noch geraume Zeit vergehen, irgendwann aber werden wir auch darin Routine haben. Fast wie zu Hause. Ich muss bei dem Gedanken lächeln: »Je länger man reist, umso selbstverständlicher wird der Reisealltag, und eines Tages, wenn du lange genug unterwegs bist, wird Reisen Leben, ganz normaler Alltag, so, als ob du morgens ins Büro gehst.«

Ich hatte schon oft mit anderen Reisenden darüber gesprochen. Viele hatten ähnliche Empfindungen, wenngleich wir noch niemanden getroffen haben, der so lange unterwegs gewesen ist wie wir. Ich rekele mich im Gras: »Mit einem wesentlichen Unterschied allerdings: Nach einer Radtour durch Australien wirst du dich hinterher an jeden Tag erinnern. Jede Episode, gut oder weniger gut, wird eine Bereicherung deiner Erinnerung sein. Und früher am Schreibtisch? Die Tage sind in der Anonymität des Alltäglichen versunken!«

»Frühstück ist fertig!«, ruft Juliana. Sie hat auf einer kleinen, mit Gitterrost belegten Metallplatte goldgelbes Brot getoastet. Ich liebe es, draußen in der Natur zu sitzen, die Hände um den heißen Becher zu legen, mir den Wind übers Gesicht streichen zu lassen und dabei dem Ruf der Vögel zu lauschen. Jäh wird unser Idyll gestört: Ein mächtiger Traktor dröhnt genau auf uns zu. Vorn, auf der hoch gestellten Schaufel, liegt eine tote Kuh. Daneben eine tote Ziege, deren Kopf über den Rand der Schaufel so weit hinaushängt, dass ich befürchte, das tote Vieh könnte mir auf den Toast fallen.

Der Traktor stoppt. Eine blonde junge Frau, breitkrempiger Hut auf dem Kopf, von Sonnenfalten durchzogenes Gesicht, steckt den Kopf aus der Fahrerkabine, schnauzt zu uns rüber:

»You know, this is private property.«

Verflixt noch mal, schon wieder Privatbesitz, das vergällt mir gründlich den Morgen, nachdem ich die endlosen Weidezäune von gestern schon verdrängt hatte.

Die Frau drückt aufs Gas, fährt knapp 200 Meter weiter, senkt die Schaufel ihres Traktors, lässt die beiden Kadaver in das Gebüsch direkt am Meer plumpsen und braust davon. So kann man Haie ködern und sie sich wie Haustiere in der Bucht halten.

Kein Wunder, dass sich der Bierbauch so sicher war, dass kein Sträfling von der Sträflingsinsel fliehen würde.

Das bei Natur- und Tierfreunden beliebte Phillip Island liegt wie ein Riegel als Wind- und Wellenbrecher vor der großen Western Port Bay. Der Weg dorthin führt über zahllose Hügel. Als Radler spürt man das besonders intensiv, erlebt bewusst jede Nuance der Straße, vor allem wenn das Rad schwer beladen ist. Ich bin froh, als gegen Mittag ein leichter, kühlender Wind aufkommt. Als wir bei Anderson vom Bass Highway nach Westen abzweigen, um Phillip Island anzusteuern, hat sich der Wind zum Sturm gesteigert und peitscht frontal von vorn. Ich schleudere neidische Blicke auf vorbeihuschende Autos. Unsere Gespräche reduzieren wir jetzt auf Handzeichen. Meist stehen wir in den Pedalen, beißen uns Meter für Meter gegen den Wind Richtung San Remo durch – San Remo in Australien wohlgemerkt.

Der fünfte Kontinent ist voll klingender exotischer Ortsnamen. Teilweise aus der Sprache der Aborigines wie Warracknabeal, Kununurra, Wagga Wagga, Meekatharra oder Quambatook, bei denen der Untrainierte beim Aussprechen schon mal einen Knoten in die Zunge bekommt, aber auch solche, die unseren Ohren durchaus geläufig sind: z. B. Dunkeld.

San Remo liegt an einer großen Brücke, die die Western Port Bay vom Festland bis nach Phillip Island überspannt. Walter Schäuble hatte uns die kleine Insel als unbedingtes Muss für Tierfreunde ans Herz gelegt. »Der beste Einstieg für Australien«, hatte er geschwärmt und von putzigen Pinguinen, kuscheligen Koalas und Vögeln gesprochen, die zu den Langstreckenweltmeistern auf Erden zählen. »Jeden Abend kurz nach Sonnenuntergang steigen Pinguine aus dem Wasser und wackeln im Gänsemarsch zu ihren Höhlen.«

Das hatte uns neugierig gemacht.

Unser Weg zu diesem Naturschauspiel ist allerdings mit Hindernissen gepflastert. Im heulenden Sturm springt Julianas Tretkette krachend ab. Zwei Touristenbusse rollen an uns vorbei, als ich das lausige Ding mit klammen, öligen Fingern justiere. Aus den Augenwinkeln registriere ich schick angezogene Urlauber, die im Vorbeifahren auf mich herabblicken. Jemand hebt seine Kamera. »Die werden in einer halben Stunde da sein, wo wir heute Abend hoffentlich auch mal ankommen werden«, knurre ich.

Ich werde mich wohl daran gewöhnen müssen, dass man als Radler in Besucherzentren ein wenig anders wirkt als die Touristen – abgewetzt. Andererseits ist das nicht ohne Charme, denn diese Art des Reisens erschließt einem mehr Möglichkeiten – auch im Menschlichen.

Kaum am Summerland Beach, dem Pinguin-Strand, angekommen, spricht uns ein Holländer an. Wie viele seiner Landsleute ist er begeisterter Radfahrer. Als er von unseren Australienplänen hört, glänzen seine Augen: »In sechs Monaten auf Fahrrädern werdet ihr mehr vom Land sehen, als die meisten Aussies ihr Leben lang. Nur wenige von denen, die in den Küstenstädten leben, zieht es je ins Landesinnere.« Während wir plaudern, füllt sich der Parkplatz vor uns mit Touristenbussen und Ausflüglern.

Die kleine Landzunge am Westzipfel von Phillip Island ist für viele Besucher das Highlight einer Reise durch den Süden Victorias.

»Little fairy penguins ist die einzige Pinguinart von insgesamt 17 weltweit, die auf dem australischen Festland vorkommt«, schwärmt Bob Sinclair vom Department of Conservation, während wir voll Spannung auf den großen Moment vor dem Besucherzentrum sitzen. Bob, Mitte 30, mit einem Diplom für Biologie, genießt es sichtlich, der Hand voll Interessierter von seinen putzigen Freunden berichten zu können.

Etwas abseits der Zuschauerbänke sitzen wir im Sand. Gut, dass wir die warmen Jacken aus den Packtaschen mitgenommen haben. Nur meine kurz behosten Beine sind eiskalt. Bob schlägt den Kragen seiner Oilskinjacke höher, zieht den breitkrempigen Hut tiefer ins Gesicht. Der Sturm ist zur Abendbrise abgeflaut, die nur noch feine Sandkörnchen über den Boden fächelt, aber kalt ist sie. Das fahle Blaugrau des aufziehenden Nachthimmels verwebt sich mit dem Licht starker Scheinwerfer, die der Szenerie etwas Unwirkliches geben.

»Spot on für einen großen Moment«, kommentiert Bob grinsend. »Little fairy penguins kommen zwar zwischen Queensland und Shark Bay in Westaustralien vor, aber nirgendwo könnt ihr sie aus nächster Nähe erleben wie hier.«

Und dann – wie auf Bestellung – geschieht das allabendliche Pinguin-Wunder. Erst vereinzelt, dann in kleinen Gruppen, heben sich Köpfe aus dem Wasser, possierliche Körper wackeln durch die Brandung, schütteln und tummeln sich wie Kinder. Dann watscheln sie gemächlich, ohne hunderte menschlicher Augenpaare um sie herum auch nur eines Blickes zu würdigen, zu ihren kleinen Höhlen.

»Bis zu 33 Zentimeter werden unsere Pinguine groß«, erklärt Bob, während ein Dutzend befrackter Gesellen mit den Slapstickbewegungen eines Charlie Chaplin an uns vorbeistolziert.

»Lasst euch Zeit für Phillip Island«, legt Bob uns ans Herz, während er uns nach der Pinguin-Parade zu unseren Rädern begleitet, die wir in seinem Office unterstellen durften. »Hört einmal.« Witternd dreht er den Kopf. Nicht weit entfernt am Südwestzipfel der Insel dröhnt Brandung gegen die Felsen der Nobbies. »Zwischen November und Dezember kann man von hier mit einem Fernglas 5000 bis 6000 Seehunde sehen.«

Auch der Schutz der Koalas hat auf Phillip Island seit 1898 Tradition. Um sie in freier Natur zu erleben, muss man allerdings eine gehörige Portion Geduld mitbringen und viel Glück haben – ganz anders bei den Sturmtauchern, den *muttonbirds*, die großen Globetrotter unserer Erde. »Pünktlich Ende September fallen hier rund eine Million zum Brüten ein«, erzählt uns Bob. »Hinter ihnen liegt eine Flugstrecke von 14 000 Kilometern – ihre Heimat ist Alaska.«

Leider bekommen wir auf Phillip Island keine Koalas zu Gesicht, obwohl sie hier heimisch sind und wir unser Zelt in einem kleinen Gehölz unweit des Pinguin-Strandes aufschlagen. Der Wind rüttelt über Nacht an den Zeltwänden, er bläst auch noch am nächsten Morgen. Unsere Weiterfahrt durch das südliche Gippsland, das Land der großen Wälder und einsamen Strände, erfolgt auf dem South Gippsland Highway, der später bei Sale auf den stark frequentierten Princess Highway trifft.

Die Orte hier sind klein, gepflegt, fast so, als hätte man sie jüngst erbaut. In Koonwarra kaufen wir Kuchen in einem Laden mit der stolzen Aufschrift »Store – 1892« und stärken uns. Danach geht es bergauf, entlang saftiger Weiden, auf denen der Stolz Australiens grast: Kühe und Schafe. Ein hölzerner Bahndamm wirkt wie ein Bild auf der Breitleinwand eines Hollywood-Western, doch Sekunden später donnert ein Zug darüber.

Gegen Abend finden wir in einem Wäldchen einen sichtgeschützten Platz fürs Nachtlager.

»Was hältst du davon, heute Abend Steaks zu brutzeln?«, schlägt Juliana vor.

»Schau mal im Kühlschrank nach, ob wir noch welche haben.«

»Ha, ha, Witzbold. Ich fahre zurück in den letzten Ort und kaufe rasch welche. Bau du das Lager auf, und sorg für gute Glut zum Grillen.«

Eine halbe Stunde später ist Juliana zurück. Leider ohne Steaks, die Geschäfte hatten bereits um 17 Uhr geschlossen. Stattdessen hatte ihr ein freundlicher Bauer eine Hand voll Eier verkauft. Es wird auch so ein gemütlicher Abend mit lautstarkem Vogelkonzert, das bis tief in die Nacht andauert. Irgendwas knackt und raschelt im Gebüsch. Vielleicht ein Koala auf seinem Streifzug? Langsam beginne ich Australien richtig zu genießen.

Ruf der Wildnis – zwischen Kängurus und Kakadus

Gegen sechs Uhr morgens weckt mich lautstarkes Vogelgekreische und -gezwitscher, ein melodisches Frühlingskonzert wie in »Let the Birds Sing«, jenem einschmeichelnden Musikstück mit frühlingshaftem Vogeltirilieren.

Ein schwarzweißer Schwarzrückenflötenvogel balanciert auf einem Ast wie ein Artist, virtuos ist er auch in anderer Hinsicht. Wie kaum einem gelingt es ihm, Geräusche und Stimmen anderer Vögel zu imitieren. Mal klingt es wie das Schlagen einer Nachtigall, dann wie das Plätschern eines Gebirgsbaches, mit spitzen Tönen durchsetzt, als wenn Wasserblasen zerplatzen. Sein melodiöser Gesang ist unverkennbar, unauslöschlich die Erinnerung, die an ihn bleibt. Für viele ist das Lied des hier als *magpie* bekannten Vogels das Lied des australischen Buschs schlechthin. Womit dieser Sänger wohl auch mit dem Vorurteil aufgeräumt haben dürfte, Australiens Vogelwelt sei schön, aber untalentiert. Letzteres bezieht sich auf deren Sangeskunst. An dem Urteil mag beim ersten Hinhören etwas dran sein. Spätestens beim hysterischen trommelfellmarternden Gekreisch eines aufsteigenden Kakaduschwarms wird man gern die Kritiker bestätigen. Doch damit sei Schluss gemacht, schließlich flippen Ornithologen in Australien vor Begeisterung aus. Kaum ein anderer Kontinent kann sich einer größeren Vogelvielfalt rühmen, und australische Papageien gehören zu den am lebhaftesten Bunten in den Lüften. Regenbogenpapageien sieht man sogar in den Vorgärten von Sydney. Gelbhaubenkakadus in Haus und Hof zählen über Jahrzehnte zum festen Freundeskreis der Familie. Und wer je im Outback Rosenkakadus im glühend roten Sonnenuntergang auf einem

Ast lautstark schwadronieren hörte, wird diesen Ruf der Wildnis nie vergessen.

Deswegen bin ich so gern mit dem Zelt unterwegs, nur durch eine hauchdünne Wand von der Natur getrennt. Man erlebt alles direkt, ungedämpft und ungefiltert. Geschützt vor Spinnen, Schlangen und was sonst reichlich durch Australien kreucht und fleucht, aber trotzdem mittendrin im prallen Leben.

Als wir endlich nach gemächlichem Packen loskommen, brennt die Sonne von einem strahlend blauen Himmel herunter. Eine Unterhaltung kommt an diesem Morgen nur gelegentlich auf, die Puste benötigen wir zum Radeln, meistens stehen wir sogar in den Pedalen oder schieben. Just in dem Moment, als wir einen Pass erreichen, überholt uns ein VW-Golf. Kaum an uns vorbei, leuchten seine Bremslichter auf, und er hält. Die Deutschlandfarben strahlen mich vom Heck an, daneben ein Parteiaufkleber der SPD.

Ein Herr, so Mitte 60, steigt aus, läuft auf uns zu und schüttelt uns wie guten alten Bekannten die Hände. »Seit gut 33 Jahren lebe ich in Victoria. Aber in diesem Jahr habe ich mir erstmals einen lang gehegten Wunsch erfüllt – Deutschland. Eine Reise zurück in die Erinnerung nach einem Drittel Jahrhundert. Ich sage euch, hat sich Deutschland verändert seit damals!«, erzählt er uns. Im Teutoburger Wald hat er sich ein Häuschen gekauft. »Dort will ich meinen Lebensabend verbringen«, erklärt er.

Solche Äußerungen sind uns nicht neu, wir hatten sie schon gelegentlich von anderen älteren Deutschen gehört. So richtig warm geworden ist unser neuer Bekannter wohl nie mit Australien. Und die wenigen Dreh- und Angelpunkte für jene, die den inneren Absprung von der alten Heimat nicht schaffen konnten oder wollten, die Deutschen Clubs, passen ihm auch nicht recht. Er hält kurz inne: »Auch wenn ich fürs Rindfleisch mehr Geld auf den Tisch legen muss, ich freue mich auf den Teutoburger Wald!«

Ich habe es mir verkniffen, ihn daran zu erinnern, dass es dort keine 300 Sonnentage pro Jahr gibt.

Nach dem kurzen Schwatz fliegen wir förmlich bergab, ohne zu treten, rasen mit 55 Stundenkilometern gen Tal. Ein kribbeliges Gefühl auf einem schwer beladenen Fahrrad. An das Fahren auf der linken Straßenseite haben wir uns beide sehr schnell gewöhnt. Schon nach drei Tagen kommt es mir vor, als wäre ich immer so gefahren.

Als wir durch ein kleines Dorf radeln, fällt mir neben den üblichen Holzhäusern ein stattliches, solide gemauertes Gebäude auf, eine Art Herrenhaus, das sich bei genauem Hinsehen als Pub entpuppt. »Schon witzig, von außen sehen die Kneipen aus wie Gutshäuser, und von innen haben manche das Ambiente einer gefliesten Bahnhofstoilette«, meint Juliana.

»Lass das bloß keinen Aussie hören«, warne ich sie im Scherz. Ich muss zwar über den Vergleich lachen, kann aber Juliana nicht widersprechen. Australiens Kneipen, vor allem im Staat Victoria, sind zum Teil kuriose Studienobjekte für den, der gewohnt ist, sein Bierchen in enger Stammkneipengemütlichkeit zu schlürfen. Das hat seinen Grund. Ende des Ersten Weltkriegs sagte man sich, dass in schweren Zeiten die Nation klare Köpfe brauche. Also erging das Gebot, alle Kneipen um 18 Uhr zu schließen. Was verständlicherweise die sowieso mächtig durstigen Aussies nicht bremste. Die hatten, wenn sie von der Arbeit kamen, verstaubt und schmutzig vom Schafescheren, Rinderbrennen, einen mächtigen Brand. Was blieb ihnen anderes übrig, als in kurzer Zeit die Mengen zu kippen, die sie sonst über den ganzen Abend verteilt hatten. Die Wirkung blieb nicht aus. Als die Pubs um 18 Uhr schlossen, waren die Burschen so blau wie sonst um Mitternacht.

Dieses noch heute bewitzelte *six o'clock draught* oder *six o'clock swill* – zu Deutsch Sechs-Uhr-Besäufnis – hielt sich bis in die 1950er-Jahre. Im konservativen Victoria natürlich noch länger. Aus dieser

Kuriosität erklärt sich die unterkühlte Atmosphäre vieler Pubs: Wer hastig, mit Blick auf den erbarmungslos sich weiterdrehenden Uhrzeiger, seine Biere im Stehen in sich reinkippt, legt kaum Wert auf Gemütlichkeit. Für all jene, die es noch nicht wissen: Die Aussies halten weltweit den dritten Platz in Sachen Bierkonsum. Doch sie kämpfen sich mannhaft nach vorn. Insider vermuten, dass es nur noch eine Frage der Zeit ist, bis die trinkfesten australischen Blokes die derzeitige Nummer eins, uns Deutsche, überholt haben.

Dschungelmelodie

South Gippsland ist ein friedliches Vogelparadies. Doch die elstern-großen Magpies haben es an diesem Tag auf uns abgesehen; mehrfach gehen sie im Sturzflug auf uns nieder, erst im allerletzten Moment, unmittelbar vor uns, drehen sie ab. Einige Hunde, die uns schon von weitem ausgemacht haben, rasen wild kläffend neben uns her. »Haut ab, ihr Köter, habt wohl noch nie 'nen Radler gesehen!«, herrsche ich die Hunde wütend an.

Acht tote Schlangen zähle ich auf wenigen Kilometern neben der Straße, was muss dann erst im Unterholz los sein. Etwa 70 Giftschlangenarten gibt es im Land. Eine davon, die klein geschuppte Taipan, ist das giftigste Reptil der Erde. Experten sagen, dass ein Biss der kleinen Schlange ausreiche, um 250 000 Mäuse zu töten. Die Schlange mit dem absoluten Overkill!

Zwischen hohen Farngräsern baue ich abends unter Eukalyptusbäumen unser Zelt auf. Juliana sorgt dafür, dass schon bald köstlicher Steakduft den Wald erfüllt. Gegen einen Baum gelehnt, halte ich im Tagebuch die Eindrücke der letzten Stunden fest.

Das Gezwitscher der Vögel ist geradezu paradiesisch. Als es dunkel wird, lacht der Kookaburra. In der Schule, vor vielen Jahren, hatte ich den entlang der Süd- und Ostküste vorkommenden Eisvogel als Lachender Hans kennen gelernt, hier sagt man Laughing Jack. An diesem Abend liegt sein spitzes, krächzendes, gespenstisch-schrilles Keckern, das manchmal wie unheimliches Lachen wirkt, wie eine Dschungelmelodie über dem Wald. Sein unverwechselbarer Lachanfall ist so beliebt, dass Rundfunkstationen ihn als Erkennungszeichen senden.

Die erste Begegnung mit einem Känguru in Australien findet hinter Yarram statt. Allerdings anders, als ich sie mir vorgestellt hatte: Das Tier liegt tot am Straßenrand.

Verkehrsunfälle mit Kängurus sind keine Seltenheit – leider! Oft mit fatalen Folgen für beide Seiten. Doch anders als die Tiere haben sich die australischen Autofahrer gewappnet. Fast alle Autos – vom kleinen Personenkraftwagen bis zum bulligen Roadtrain – haben an der vorderen Stoßstange schützende Rammaufbauten. Gestelle aus verschweißten Rohren, die auch schon mal einem kräftigeren Zusammenstoß, sei es mit einem springenden Känguru oder einem Bullen, standhalten. Die Aussies nennen sie Bull- oder Roo-Bar. Die Begegnung mit ihnen endet für die Tiere meist tödlich. Auch zehn tote Flötenvögel liegen an diesem Tag auf der Fahrbahn. Und trotzdem ist Süd-Gippsland ein echtes Naturund Tierdorado. Unterhalb der Strzelecki Range liegt mit Tarra Valley und Bulga Gully ein winziger Nationalpark, der getrost ein kleines Wunder genannt werden darf. Er widerstand Siedleräxten und Buschfeuern. Heute kann man dort durch Urwälder spazieren, zwischen fünf verschiedenen Baumfarnarten und im Schatten von bis zu 60 Meter hohen Mountain Ashes. Ein Refugium für Leierschwänze, Wombats und Opossums. Ein weiteres Highlight sind die 60 Meter tief stürzenden Agnes Falls.

Oder man macht bei Foster einen Abstecher nach Tidal River, dem Ausgangspunkt für den von gut 700 Meter hohen Bergen überragten Wilsons Promontory National Park, den hier alle schlichtweg The Prom nennen. Kängurus und Wallabies sind dort so alltäglich wie bunte Loris und Rosellas, die sich in Erwartung guter Happen in Schwärmen auf die Besucher stürzen.

Über unseren Köpfen kreischen große, weiße Kakadus. Kleine, leuchtende Papageien lärmen zu hunderten in den Baumen. Kurz danach passieren wir ein sumpfiges Vogelschutzgebiet mit Schwänen, Reihern, Ibissen und Teichhühnern.

Ich drehe mich zu Juliana um, die hinter mir fährt: »Auch wenn der Vergleich vielleicht etwas hinkt, aber in diesem Moment muss ich an die Naturreservate Afrikas denken.« Einen Hauch davon hat auch Australien für uns. Auf seine Art ist es eines der letzten großen Tierparadiese dieser Erde.

Der Himmel verdunkelt sich, bis er schließlich pechschwarz ist. Regen prasselt auf uns nieder. Eine Weiterfahrt wäre sinnlos, also baue ich auf einem durch Büsche sichtgeschützten Streifen zwischen Straße und Wald unser Zelt auf. Juliana steigt noch einmal aufs Fahrrad, um bei einer Station, die wir zuvor passiert hatten, Trinkwasser zu erbitten. Wenig später ist sie zurück: »Wasser saufen bei uns die Rinder«, hat der Farmer gesagt. Um ja keine Zweifel aufkommen zu lassen, hat er mir einen Liter Milch mitgegeben.

Vorsichtig balanciere ich auf dem unebenen Grund des Zeltes unseren Kerosinkocher aus und toaste Brot. Dazu trinken wir Milch. Der Wind beutelt die Plastikplane, die wir zum Schutz gegen den starken Regen zusätzlich über das Zeltdach gespannt haben. Regen trommelt auf die Planen. Doch trotz Enge ist es drinnen urgemütlich.

Ich liege ausgestreckt auf meinem dünnen Leinenschlafsack und schmökere in den Aufzeichnungen des Australienforschers Ludwig Leichhardt. In Deutschland fast unbekannt, gilt er in Australien als großer Pionier. Schulkinder lernen schon etwas über ihn, im Outback ist er ein Held. Ich hatte mir vorgenommen, die Begegnung mit ihm zu suchen. Mehrfach werden wir auf unserer Reise seinen Spuren begegnen. Ludwig Leichhardt ist weitaus intensiver in unser Leben getreten, als das von mir beabsichtigt war.

»In dem Burschen muss ein Feuer gebrannt haben.« Ich schiebe Juliana eine Kopie meiner Unterlagen zu und beginne zu erzählen:

»1842 betrat er, 29-jährig, mit nur wenig Geld australischen Boden. Aber anstatt nach Reichtümern oder einer großen Karriere zu streben, will er nur die Natur in all ihren Nuancen kosten.«

»Vielleicht war es sein Ziel, als Bushranger im Outback zu leben?« Nun war es beileibe damals in Australien kein Kompliment, als Bushranger bezeichnet zu werden. Das waren oft entflohene oder auch freigelassene Sträflinge – teils gefährliche Kerle, im Busch lebende Einzelgänger. Nicht selten wurde die Reise ins Outback ihretwegen zum unberechenbaren Abenteuer.

»So wie es bei dir die Reiseberichte eines Heinz Helfgen waren, die dich als Junge antörnten, müssen es bei Ludwig Leichhardt die Geschichten aus der blutjungen Kolonie gewesen sein«, meint Juliana. Sie studiert das sepiabraune Foto des Forschers mit dem Blick eines Mannes, der weiß, wo es lang geht. Doch die Kolonie nahm nach Leichhardts Ankunft wenig Kenntnis von dem dürren Mann mit den begierig brennenden Augen. Stattdessen zog er schon bald auf die riesige Viehstation des Farmers Walker Scott. Juliana blättert in den Kopien: »Walker Scott hatte 20 000 Schafe. Für den Jungen aus kleinbäuerlichen Verhältnissen in der Enge der Mark Brandenburg war das eine ungeahnte Dimension.«

Es wird eine lange Nacht. Ich lese, träume. Davon, wie Leichhardt wochenlang durch den Busch streifte, nur mit einem Rucksack auf dem Rücken, der nichts weiter enthielt als getrocknetes Schafsfleisch, einen Kessel, um Wasser zu kochen, und ein Feuerzeug.

»Hör mal ...!« – ich muss die Geschichte mit Juliana teilen –, »... zu Fuß wanderte er 50 Kilometer zum Mount Royal in den Liverpool-Bergen. Dort entdeckte er einen hohlen Baumstamm, in dem er die nächsten Wochen lebte.«

Könnte ich das auch? Ja, ich könnte es, nur allein mit den Stimmen der Natur, dem Funkeln der Sterne am nächtlich leuchtenden Himmel, mit den Tieren des *bush*, Kängurus, Schnabeligeln, Schlangen, Echsen, Koalas und Dingos. Der junge Leichhardt hatte sich schnell mit diesem Land identifiziert. Oder hatte das Land ihn infiziert?

»Je mehr Erfahrungen ich auf meinen Forschungsritten an die Grenze des Unbekannten sammelte, desto stärker wuchs mein Wunsch, die ganz große, die wirkliche Forschungsreise vom Süden der Moreton-Bay bis an die Nordküste Australiens zu unternehmen ...«, schrieb er an Freunde in Europa. Der Brief endete: »Entweder gelingt mir der Durchbruch oder über meine Forschungsreise durch Inneraustralien legt sich Schweigen – umkehren werde ich nicht mehr!« 1844 geschah, was Kritiker und Skeptiker kaum für möglich gehalten hatten. Die Leichhardt-Expedition brach ins unbekannte Innere Australiens auf.

Ludwig Leichhardt – von der Mark Brandenburg ins Outback

Kaum ein Australienforscher ist so umstritten wie Ludwig Leichhardt. Kaum ein anderer war unerfahrener als er. Nur wenige waren erfolgreicher als er. Während Burke und Wills im Desaster endeten, biss er sich durch.

Man kann sich den Mann, der auszog, das unbekannte Australien zu erkunden, etwa so vorstellen: Seine unersättlichen Augen in dem schmalen Gesicht, das ein dunkler Vollbart einrahmt, leuchten erwartungsvoll. Er ist mittelgroß, fast dürr, auf eigentümliche Weise leicht vornübergeneigt. Seine Züge könnte man asketisch nennen. Wie ein gradlinig geformter, spitzer Haken ragt die Nase hervor.

Während ich seine Erlebnisse immer wieder las, wurde mir dieser Mann zum Reisebegleiter. Ich suchte und fand sein Paradies, wenn auch eines mit Staub und Dornen. Leichhardts Geschichte steckt in meinen überfüllten Packtaschen. Sie geht mir durch den Kopf:

Wäre es nach dem Willen der Familie gegangen, wäre er Torfstecher geworden wie sein Vater und wie schon dessen Vater. Es war ein elendes, einfaches Leben, in das Ludwig Leichhardt am 23. Oktober 1813 hineingeboren wurde. Torf zum Trocknen aufschichten, mit Vater und Verwandten in die Moorheiden fahren, Torf stechen, Torf aufschichten …

Beißender Qualm lag in der kleinen Stube der Leichhardts. Pastor Rödelius, der an diesem Abend dem zwölfjährigen Ludwig Gesellschaft leistet, schmaucht – wenn er nicht gerade eine seiner vielen spannenden Geschichten erzählt – sein Pfeifchen, während der Junge an einem Birkenzweig schnitzt, der zusehends die Form eines

Schiffes annimmt. Ludwigs Neugier scheint an jenem Abend grenzenlos. Er kann sich nicht satt hören an den Geschichten seines Paten Rödelius. Der hat eine Karte vor sich ausgebreitet. »Als ich Kind war, war dies nur ein weißer Fleck auf der Weltkarte, mein Junge«, erzählt der Pastor. Die äußeren Formen des unbekannten Kontinents Australien aber hatten seit jenen Tagen vor 37 Jahren, als die ersten unfreiwilligen Siedler unter Captain Arthur Phillip Australien erreicht hatten, ihre Konturen geschärft.

20 Jahre später greift John Gilbert mit spitzen Fingern nach dem Metallbecher, an dessen Boden und Seiten Flammenzungen schwarze Spuren eingebrannt haben. Ein Windhauch lässt die weiße Asche auftanzen und sich als dünne Schicht auf den Tee legen. Ludwig Leichhardt legt sein sorgsam gehütetes Tagebuch auf den toten Baumstamm mit der glatten Rinde neben sich und breitet die Landkarte zwischen sich und John Gilbert aus. An diesem Abend, Ludwig Leichhardt setzt das Datum 1. Januar 1845 über seinen Eintrag, zeigt die aktuellste Karte von John Arrowsmith den »Continent von Neu-Holland«, wie Australien noch immer heißt, wenige Details des weiten Landes westlich der Küste Queenslands.

»God save the Queen«, hatte diese Gruppe von zehn unternehmungslustigen Männern zu Ehren einer jungen Königin im fernen England am 1. Oktober 1844 geschmettert, als sie von Jimbour Station auf dem Hochland der Darling Downs aufgebrochen waren, um Australien zu durchqueren. Neben 17 Pferden hatten 16 Bullen und Rinder den Staub des Outback aufgewirbelt, der wie ein roter, wattiger, alles ummantelnder, in Augen und Ohren und jede Ritze der Packsäcke hineinkriechender Nebel in der Luft lag. »An Proviant haben wir 1200 Pfund Mehl dabei, 200 Pfund Zucker, 80 Pfund Tee und 20 Pfund Gelatine ...«, notierte Leichhardt in sein Journal. Das Greenhorn unter den Möchtegernforschern Australiens sah sich

Ludwig Leichhardt, der große Australienforscher aus der Mark Brandenburg

und seine Männer bestens ausgerüstet. »Keiner meiner Reisegefährten noch ich wussten viel über Bullen«, vertraut er allerdings später einem Bekannten an.

Der Junge aus der Mark Brandenburg war zu einer beachteten Persönlichkeit in Australien geworden.

Sein Leben war seitdem wie eine Serie glücklicher Umstände, wie eine Kette, bei der sich Glied an Glied glänzend aneinander reihte. Es begann damit, dass Pastor Rödelius dem Torfstechersohn das Abitur ermöglichte. Ludwig studiert in Berlin und Göttingen, wo die Wende in seinem Leben beginnt. Zwei befreundete Studenten aus England laden ihn zu sich nach Hause ein. Das wird für Leichhardt zur Eintrittskarte in die große, weite Welt. Bestärkt durch die Schriften Alexander von Humboldts und dessen Vorlesungen, die der vom Fernweh Besessene an der Universität Berlin gehört hatte, macht er sich auf zum fünften Kontinent.

Im Februar 1842 läuft Leichhardts Auswandererschiff »Sir Edward Parget« im Hafen von Sydney ein. Während alle Welt hier den Gewinnen durch Landspekulationen und Viehzucht in nie da gewesener Dimension nachjagt, hat Ludwig Leichhardt nur eines im Kopf, die Erforschung der unbekannten Weite Australiens.

Das Gewitter in der Ferne hat etwas Kühlung gebracht. Leichhardt wischt sich den Schweiß von der Stirn. Er wendet sich wieder der Karte zu, zieht mit dem Finger eine Linie parallel zur Ostküste, lässt sie in Höhe des heutigen Cairns nach Westen abknicken, bis sie in Port Essington (im heutigen Arnhem-Land, nur einen Sprung nordöstlich von Darwin entfernt) endet.

»Ich denke, wir sollten die Reise in rund sieben Monaten schaffen, Mr. Gilbert«, wendet sich der 31-jährige Leichhardt dem Mann neben sich zu, der über gut 20 Jahre mehr Lebens- und Buscherfahrung verfügt als er. Gilbert war erst im letzten Moment zu der Expedition gestoßen – ein Glücksfall. Er ist nicht nur ein erfahrener Buschkenner, er hatte auch als Vogelfänger an der Expedition von George Gould teilgenommen. Diesen Erfahrungen stehen gerade mal drei Jahre gegenüber, in denen sich der junge Leichhardt dem fünften Kontinent mit Haut und Haaren verschrieben hatte. Nachdenklich wiegt John Gilbert den Kopf: »Ich bin skeptisch, dass wir das in dieser kurzen Zeit schaffen werden, Mr. Leichhardt.«

Leichhardt trinkt den Tee, den ihm John Murphy, mit seinen 17 Jahren der jüngste Expeditionsteilnehmer, gebracht hat, rollt sorgfältig die Landkarte zusammen, greift nach seinem Tagebuch und notiert in zierlichen Buchstaben die Ereignisse dieses Tages: »Nach einem Ritt von ungefähr vier Meilen am Creek entlang, kamen wir an eine tiefe Wasserstelle, die sich durch späte Gewitter gefüllt hatte …« John Gilbert neben ihm hört noch das Kratzen der Feder auf rauem Papier, dann zieht er sich den Poncho über, rollt sich zusammen und ist im Handumdrehen eingeschlafen. Dass sich ein Schwarm grüngelber Singsittiche wie ein Gruß aus dem Paradies direkt in dem Baum über dem Expeditionscamp niedergelassen hat, hört er schon nicht mehr.

Traumzeit unter Eukalyptuszweigen

Seen von 400 Quadratkilometern Größe mit klingenden Namen wie Lake Wellington, Lake King und Lake Victoria sind das Filetstück Gippslands, östlich davon erstreckt sich die Ninety Mile Beach. Wahnsinn, ein Strand von 140 Kilometern Länge!

Doch das war es nicht, was der Schotte Angus McMillan suchte und letztlich auch fand, als er sich 1841 durch dieses noch wegelose Land mit seinen undurchdringlichen Wäldern, tückischen Sümpfen und unberechenbaren Seen schlug. Vor seinem inneren Auge muss McMillan wohl saftige Weiden gesehen haben, auf denen fette Schafe grasen. Das reichte als Anreiz. Es waren jene Jahre, in denen die weißen Flecken auf der Karte Victorias Farbe annahmen. Squatter, landhungrige Siedler, folgten – trotz unsäglicher Strapazen – McMillans Spuren.

In Sale, das wir auf unserer Radtour endlich erreichen, liegt Angus McMillan begraben. »Schau mal, das müssen Aborigines sein!« Juliana deutet auf acht Männer mit wirren, struppigen Haaren. Sie tragen fleckige, zerrissene Hosen, ausgelatschte Schuhe, schmutzige Hemden und hocken unter einem Eukalyptusbaum am Ortsrand von Sale. Zwei magere gelbbraune Köter rekeln sich zwischen ihnen im Dreck. Eine Zweiliterflasche Rotwein kreist von Mund zu Mund.

So also leben die einstigen Herren des Landes. Dabei gehören Aborigines dank der Landrechte und vielerorts üppiger Beteiligung an der Ausbeutung der Bodenschätze zu den reichsten Aussies. Was für ein Aufstieg... Jahrtausendelang durchzogen ihre Vorfahren als Jäger und Sammler diesen Kontinent, doch sie gingen behutsamer mit dem Land um.

Aborigine mit traditionellem Bumerang

»Mein Land ist die Geschichte meines Volkes«, dieser Ausspruch ist von dem bekannten Aborigine Yunupingu überliefert. »Es zeigt mir, woher wir einst kamen und wie wir zu leben haben ... allein, weil diesem Land mein Geist entsprang wie der meiner Vorfahren, gehört es mir.« Welten prallten aufeinander, als landhungrige englische Viehzüchter und Siedler in ihre Gebiete drangen.

Ich bin vom Fahrrad abgestiegen. »Sollten wir ihnen nicht Hallo sagen?«, frage ich Juliana und schaue dabei unsicher zu ihr rüber, als sie ihr Rad neben meines stellt, ihre Flasche öffnet und in langen Schlucken warmes Wasser trinkt.

Ein Aborigine sieht kurz zu uns rüber.

Kein Winken, kein »Hello, brother«, wie ich es bei den Indianern Nordamerikas erlebt habe, die nach anfänglicher Skepsis oft umso herzlicher und gastfreundschaftlicher reagieren.

»Förmliche Begrüßungen sind bei Aborigines unbekannt«, raune ich Juliana zu. Es heißt, dass es im kleinen traditionellen Familienverband dafür auch keine Notwendigkeit gab. Noch etwas anderes ist ihrer Kultur fremd: der Blickkontakt.

»Es gab und gibt die Regeln, seinem Gegenüber nicht in die Augen zu schauen«, sage ich halblaut. Auch die acht Männer unter dem alten Eukalyptusbaum folgen stoisch dieser Verhaltensregel und schauen uns nicht in die Augen. Im Gegenteil – sie nehmen uns nicht mal wahr.

»Oder sie wollten uns nicht wahrnehmen«, meint Juliana später, als wir aus Sale rausfahren und nebeneinander Richtung Bairnsdale und Lakes Entrance rollen.

Das Idyll des wenig befahrenen Gippsland Highway ist dahin. Der Princess Highway, den wir hier erreichen, ist, neben dem weiter nördlich verlaufenden Hume Highway, eine der Hauptverkehrsachsen zwischen Melbourne und Sydney, den Metropolen des Südostens.

Noch lange habe ich das Bild der Aborigines vor meinem inneren Auge: schwarze Männer, wulstige Augenbrauen, gewölbte Stirn, braune, lockige Haare, schmutzig ihre Kleidung. Wie sie im Staub sitzen und der Geist in der Flasche von einem zum anderen huscht ...

»Einst überlebten sie dort, wo andere nicht mehr leben können«, sagt Juliana nachdenklich. »Zumindest waren die Aborigines Meister des Überlebens«, schränke ich ein, »bis die Weißen kamen, die sie anfangs noch Indianer nannten.«

Die Wurzeln der Aborigines reichen tief: Vor 40 000 Jahren sollen sie über die damalige Landbrücke von Neuguinea nach Australien gekommen sein, hieß es noch vor wenigen Jahren. Nach jüngsten Forschungen wissen wir, dass es im Kakadu National Park bereits vor 50 000, möglicherweise sogar vor 60 000 Jahren menschliches Leben gab.

Bis zur Ankunft der Weißen blieb das archaische Leben der Ureinwohner unverändert. Das Land eines Clans war jenes, das seine Mitglieder seit eh und je durchwandert hatten. Mit dem Boden tief verbundene Erkenntnisse der Vergangenheit wurden hier zu Gesetzen der Gegenwart. Daraus entstand eine besondere Verantwortung und eine tiefe Beziehung zu dem Land, die nicht einmal der Tod beendete.

Was man heute in Australien gern mit Traumzeit umschreibt, ist das ungeschriebene Gesetz des kulturellen und sozialen Erbes des Volkes. Von Generation zu Generation, von Jahrtausend zu Jahrtausend war die Erkenntnis der Vorväter in Form von Gesängen und als Corroboree bezeichneten Tänzen an die Nachfahren weitergegeben worden. So verwob sich Reales mit Mythischem.

Doch der Kontakt mit den neuen Herren, die nun das Land für sich beanspruchten und in Parzellen teilten, führte fast zum Exitus der Ureinwohner. Gewaltsam hielt man sie von ihren traditionell genutzten Wasserlöchern fern. Die waren nun für importierte Rinder, Schafe und Pferde reserviert. Im Land bisher unbekannte Krankheiten, gegen die den Aborigines die Widerstandskraft fehlte, dezimierten die Urbevölkerung. Die Überlebenden wurden von Polizeitruppen gejagt und – wie 1898 der im Northern Territory angesehene Richter Dashwood sagte – »... von Farmern und Prospektoren wie Krähen abgeschossen«. Zu diesem Zeitpunkt waren die Aborigines Tasmaniens bereits systematisch ausgerottet worden.

Die verbliebenen steckte man in Reservate oder Camps auf großen Rinder-Stations. Für deren Besitzer war das okay, billige Arbeitskräfte kamen ihnen gerade recht. Schließlich sind Aborigine-Stockmen geschickt im Umgang mit Rindern. So fiel den schwarzen Urbewohnern ein nicht unerheblicher Verdienst an der landwirtschaftlichen Erschließung »ihres« Landes zu. Auch wenn die uralte Definition ihres Landbegriffes schon längst nicht mehr in die neue Zeit passte.

30. September – Tagesleistung 36 Kilometer

Wenn der Zeltuntergrund doch nur nicht so bloody hart wäre und die Nacht nicht so kalt! Noch lange Zeit liege ich wach, dabei wandern meine Gedanken zu Ludwig Leichhardt, aber auch zu den Aborigines – vielleicht gab es zwischen ihnen eine tragische Begegnung. Die Antwort blieb der junge Australienforscher der Nachwelt schuldig.

Unsere zum Schutz über das Zelt gespannte Plane klatscht rhythmisch im keifenden Wind gegen die Zeltstangen. Irgendwann bin ich doch eingeschlafen – trotz der kalten Füße im heißen Australien!

Morgens regnet es! Wieder mal! Entschlossen bleiben wir liegen, erst um neun Uhr kriechen wir aus den dünnen Schlafsäcken und stehen auf – so weit das in unserem Kriechzelt überhaupt möglich ist. Gekocht wird auf einem kleinen Kerosinkocher. Das ist gefährlich. Um einen Zeltbrand zu vermeiden, hält Juliana wegen der hoch leckenden Flammen die Toastplatte darüber.

Gegen elf Uhr lässt der Regen nach. High Noon kommen wir los, eine Stunde später sind wir in Bairnsdale. Ein paar junge Aborigines lungern dort im Park herum. Das Bestimmende in Bairnsdale ist der rote Backsteinturm der katholischen St.-Mary's-Kirche, zu der ein hässlicher Wassertank aus Beton den Kontrast bildet. Reizvoll sind jedoch die Hausfassaden im Wildweststil.

So als habe Petrus über Mittag nur eine kurze Verschnaufpause eingelegt, kommen nachmittags erneut Wolken auf. Dicke Tropfen klatschen uns schmerzhaft ins Gesicht. Schon um 16 Uhr bauen wir das Camp auf. Während Juliana das Lagerfeuer anzündet, ebne ich den Platz fürs Zelt, schneide mit dem großen Messer dürre Zweige und hohe Gräser als Unterlage. Radio Deutsche Welle berieselt uns derweil mit Grüßen aus Köln.

Irgendwann hört auch dieser Regen auf. Zwischen schwarzgraue Wolken, die wie Unheil verkündende, düstere Säcke über uns hängen, legt sich ein glühend rotes Polster. Und während ein unerwartet dramatischer Sonnenuntergang seine Supershow abzieht, knistert vor uns das Lagerfeuer.

1. Oktober – Tagesleistung 110 Kilometer

Wenn ich doch nur den Namen des Vogels wüsste, der mich ein Dutzend Mal aus dem Schlaf reißt, wenn sein kuckucksartiger Ruf in die schwarze Nacht schallt. Vermutlich hat er im Baum über uns sein Nest. Morgens um vier Uhr platzt mir der Kragen. Ich schleudere einen Zweig in die Baumkrone – Flügelschläge, und der ungebetene Musikant flattert in die schwarze Nacht davon.

Um die gestern verlorene Zeit wieder gutzumachen, haben wir den Wecker auf fünf Uhr gestellt. Hat er versagt oder wir? Erst kurz nach sechs werden wir wach. Gegen acht sind die Räder bepackt. Um 8.57 Uhr Ortszeit gibt es eine spektakuläre Naturbegegnung: das erste lebende Känguru. Es ist schwarz, macht große Sprünge und hopst direkt in den schützenden Wald hinein.

Einen guten Sprung kommen auch wir weiter. Bis zum Lunch schaffen wir respektable 60 Kilometer.

Wälder säumen die Straße, immer mal wieder durchsetzt von Farmgebieten. Die Farmgebäude sind jetzt kleiner und wirken längst nicht mehr so komfortabel wie weiter unten im südlichen Victoria. Gegen 17 Uhr finden wir unweit der Straße einen sichtgeschützten Platz fürs Nachtlager.

2. Oktober – Tagesleistung 72 Kilometer

Es ist kalt draußen, als mir das erbarmungslose Klingelgeräusch des Reiseweckers in die Ohren kriecht. Beide sind wir von der nasskalten Nacht steif gefroren. Wie ein Leichentuch bedeckt dichter Nebel das Land. Entwickelt sich daraus ein sonniger Tag, oder bleibt es so?

Fünf tote Kängurus sehen wir an diesem Morgen. »Ich habe Angst, dass mir ein roo ins Vorderrad hopst«, sagt Juliana. Doch nur ein paar dicke Fliegen klatschen uns ins Gesicht.

»Ein Känguru als Kühlerfigur – wäre das nicht ein toller Werbeträger für unseren Sponsor Nino in Melbourne?«, meine ich. Wir müssen beide über die verrückte Idee lachen.

Auf einem Campingplatz nutzen wir die Dusche, waschen ein paar Kleidungsstücke (wurde auch höchste Zeit) und radeln weiter. Die an den Packtaschen angeknotete nasse Wäsche ist bereits zwei Stunden später trocken – dank dem Fahrtwind.

»Wenn das mit den Wetterhindernissen so weitergeht, schaffen wir unsere Australientour nie«, nörgele ich in Julianas Richtung, während sich ein Unwetter zusammenbraut. Als der Regen niederprasselt, sind wir bereits im Zelt, schlecht gelaunt. Doch pünktlich zum Sonnenuntergang hört der Regen auf. Trotz des nassen Holzes kriege ich ein Feuer zum Lodern. Ende gut, alles gut – es wird ein gelungener Abend.

3. Oktober – Tagesleistung 103 Kilometer

Morgens ist alles pitschnass. Als wir um neun Uhr aufbrechen, blockiert Julianas Hinterradbremse. Geht denn alles schief? Nach der Reparatur kommen wir flott voran. Der Morgenwind schiebt uns mit einer leichten Brise, und die Sonne scheint. »Ob wir es heute schaffen, bis zum Mittag 80 Kilometer zu radeln?«, rufe ich Juliana zu. Es macht Spaß, Ziele zu setzen und zu beobachten, ob wir sie erreichen.

Allerdings sind die Straßen sehr rau, nicht die gewohnten glatten Asphaltdecken wie daheim, vielmehr grobe Steine, die im Teer stecken. Hoffentlich sind unsere dünnen Fahrradreifen nicht nachtragend!

Als wir mittags vor einem unscheinbaren Tante-Emma-Laden rasten, in dem Juliana eine als German Pork ausgezeichnete Wurst ersteht, haben wir meine Vorgabe tatsächlich erfüllt: 83 Kilometer. Als Autofahrer beachtet man solche Distanzen kaum, als Radler nimmt man sie bewusst wahr, Meter für Meter. Bewusst registriere ich auch die Gerüche neben dem Highway – von den aufgedunsenen Kadavern der Koalas und Kängurus.

Der Nebel über Gippsland lichtet sich erst gegen Nachmittag. Eine halbe Stunde später brennt die Sonne aus azurblauem Himmel herab. Was für ein Wechsel – auch der Empfindungen. Mir ist, als machte ich mit Juliana im Frühling eine Radtour, so wie wir das früher am anderen Ende der Welt oft getan haben.

Nordöstlich des 150-Seelen-Nestes Genoa passiert der Princess Highway die Grenze nach New South Wales. Auf der gegenüberliegenden Fahrbahn kontrolliert ein Polizist die von dort kommenden Reisenden auf mitgeführte Früchte. Beim Transport von Pflanzen- und Tierprodukten innerhalb Australiens – mehr noch bei Fruchtimporten von außen – verstehen Australier keinen Spaß. Verständlich, denn importierte Krankheiten hätten verheerende Folgen für die Landwirtschaft.

Was für eine Begrüßung im Sonnenland New South Wales. Petrus öffnet wieder mal seine Schleusen. Flugs schlüpfen wir zu zweit unter eine große Pelerine und kuscheln uns aneinander. Leicht fällt der Regen auf den Umhang, sodass es wie ein feines Knistern klingt. Aus der Feuerstelle quillt Rauch und beißt mir in den Augen. Der Versuch, unsere German Pork zu grillen, wird kaum mehr als ein Räuchern. Als das Prachtstück leidlich gar ist, lässt Juliana es beim Wenden ins Feuer fallen. Mit Stöcken und spitzen Fingern klaube ich die angesengte Wurst aus der gefräßigen Glut. So schnell gibt ein hungriger Radler nicht auf!

»Vielleicht sollten wir den Regen mehr genießen«, schlage ich an diesem Abend vor. »In zwei Monaten werden wir uns bei 40 Grad im Schatten gern daran zurückerinnern!«

Jenseits von Eden – Rindertrieb mit dem Marlboro-Man

Lieblich sind die Hügel von New South Wales, weit die Täler, saftig die Weiden. Und wir mittendrin. Und doch kommt an diesem Tag in mir hoch, was ich noch vor ein paar Wochen als absurd weit von mir gewiesen hätte: Zweifel! Ist das nicht verrückt, was wir vorhaben?

Dieser Regen, ein nasskaltes Wetter wie in Norddeutschland in einem verregneten Sommer. Und ist das Radunternehmen nicht doch eine Nummer zu groß für uns?

»Wenn du dir ansiehst, was wir in den paar Tagen geschafft haben und was in den nächsten Monaten noch alles vor uns liegt... mir schwindet etwas der Mut«, meine ich bekümmert zu Juliana.

Ich habe das Gefühl, als schöbe ich einen Riesenberg vor mir her, etwas, das ich nicht abschätzen kann. Da ist auch die Erkenntnis, doch nicht ganz so frei in unseren Beschlüssen zu sein, wie ich das liebe. Ich würde es nicht fertig bringen, Nino in Melbourne wieder unter die Augen zu treten und ihm zu sagen: »Danke – aber da hast du deine Räder zurück, den Rest des Kontinents bereisen wir doch besser mit dem Auto.«

Juliana, in ihrem Gefühlsleben kontinuierlicher und weniger Schwankungen unterworfen als ich, der ich leicht himmelhoch jauchzend wie auch zu Tode betrübt sein kann, bringt mein Problem auf den richtigen Nenner:»Wie ich dich kenne, ist es weniger die Radelei, die dich kribbelig macht, als der scheußliche Verkehr und die endlosen Zäune.«

Natürlich. Es ist selten ein Fleckchen Wald zu finden, vor dem nicht das Schild *Private Property* (Privatbesitz) steht, gewürzt mit

Stockman Ernie und seine Herde

dem wenig einladenden Hinweis *No Entrance* (Kein Zugang). Die große Freiheit hatte ich mir anders vorgestellt.

Doch das Gute ist, dass ein Sonnenuntergang mit leuchtenden Farben trübe Gedanken bei mir schnell verjagt. So gesehen ist Australien eigentlich ein ideales Land: Die Sonnenauf- und -untergänge zählen zu dem Schönsten, was die Schatztruhe unseres Globus bietet.

Der Princess Highway folgt dicht dem Verlauf der Küste, windet sich, schlingt sich um Hügel und Buchten. Als wir diesseits von Eden sind, dem nächsten auf meiner Karte verzeichneten größeren Ort, hält ein Auto neben uns: »Hallöchen, ihr müsst doch die beiden Deutschen sein, die Walter Schäuble im Radio vorgestellt hat.« Eine dürre Dame steigt aus ihrem Kleinwagen. »Ich bin Olga Reh aus Melbourne. Wenn ihr zurückkehrt, müsst ihr unbedingt bei mir wohnen.«

Dann plündert Olga ihre Kühlbox: »Ihr habt doch sicher Hunger«, und baut bergeweise Brot, Kuchen, Äpfel und Limonade am Straßenrand vor uns auf.

Eden ist ein hübsch gelegener kleiner Ort am Meer, nur leider finden wir den Zugang zum Wasser nicht. So notiere ich abends im Tagebuch: »Jeder bekommt eine Literflasche Wasser für die Ganzkörperpflege zugeteilt, Haarewaschen inklusive.« Man wird anspruchslos, wenn man nicht aus dem Vollen schöpfen kann. Ich bin mit meinem Liter bestens ausgekommen.

Morgens um fünf weckt mich eine Krähe, deren Gekrächze einem tuntenhaften Hahaha nicht unähnlich ist. Neblig und verhangen ist auch dieser Morgen. Unsere Bewegungen sind nicht so fix wie sonst, erst um acht Uhr kommen wir los.

Jenseits von Eden ist die Straße pockennarbig. Als bei flotter Talfahrt mein Hinterrad hart in eine Bodenwelle schlägt, löst sich die rechte Packtasche und wird wie ein Geschoss durch die Luft katapultiert. Ich gerate ins Schleudern, komme bei 40 Stundenkilometern auf den zerfransten Seitenstreifen ab. Das Fahrrad bricht aus, doch die Bremsen greifen. Zum Glück bekomme ich das Fahrrad unter Kontrolle. Noch mal alles gut gegangen!

In Bega fliegen zwei Pelikane im Tiefflug über uns hinweg. Dann geht es unaufhörlich hoch in die Berge. Einige Autos überholen uns in den Kurven so riskant, dass ich meinen Tagebucheintrag abends mit der Überschrift »Den Tod im Nacken« versehe. Gut zehn Schlangen hatten nicht so viel Glück wie wir, sie liegen tot auf der Fahrbahn. Verhangen und kühl ist es auch, als wir Narooma passieren. Trotzdem hat der Blick auf die Seen und Buchten des Ortes etwas von der verträumten Melancholie eines chinesischen Aquarells. Nebelschleier hängen, wie mit einem großen Pinsel an den grauen Himmel gewischt, über dem Land. Auf den Gräsern glitzern dicke Tropfen. Ich mag solche Bilder, es muss nicht immer nur blauer Himmel sein. Wenn es nur etwas wärmer wäre.

»Sieh mal die Cowboys dort drüben.« Juliana nickt zu einem der wettergegerbten Typen. Markantes Kinn, Typ Marlboro-Man, stoppelbärtig und mit großem ölimprägniertem Leinenhut.

»Stockmen«, sage ich, »Stockmen heißen die australischen Cowboys.«

Ungeachtet unserer Definitionsversuche mühen sich die Reiter ab, ihre Rinderherde zusammenzuhalten. Ich wage mich ein Stück vor, um ein Foto zu machen, doch bevor ich mit klammen Fingern meine kleine Rollei 35 aus der am Lenker angebrachten Tasche herausfummeln kann, hat sich die just zusammengetriebene Herde selbstständig gemacht.

Einer der Stockmen, offenbar der Boss, schiebt den Hut ins Genick und grinst, als er unsere Fahrräder sieht. Er kommt auf uns zu und fragt: »Wohin soll's denn gehen?«

»Nach Sydney«, antworte ich ihm. Er lacht: »A long way to go!« Wenn der wüsste, dass ein anderes Ziel Alice Springs heißt. Ich glaube, er hätte uns für verrückt gehalten.

Er greift sich an die Hutkrempe und betupft sich die schweißnasse Stirn. Steigt vom Pferd, sucht unter einem Busch nach trockenen Zweigen, schichtet sie zu einem Häufchen und hält ein brennendes Streichholz dran.

Ein aromatischer Duft wie die Kräutermischung eines Saunaaufgusses liegt in der Luft. Der Bursche mit dem federnden Gang ist älter, als ich gedacht hatte. »By the way, ich heiße Ernie.« Er streckt mir die sehnige Hand entgegen. Ledern, rau wie Sandpapier. Der Händedruck hat's in sich. Ernie geht zu seinem Pferd, löst die Schnallen der Lederpacktasche. Mit einer Wasserflasche, einem Becher und dem als Billy bezeichneten Kochtopf – einem typisch australischen Requisit – kommt er zurück.

»Mein Lebtag habe ich mit Rindern gearbeitet.« Ernie gießt Wasser in den Billy. Ich schätze Ernie so auf Anfang oder Mitte 60. Dafür hat er sich jedenfalls verdammt gut gehalten. Schmale Hüften, Schultern so breit wie sein Grinsen, als er uns vorschwärmt: »Seit meinem zehnten Geburtstag treibe ich Rinder. Ich hoffe, das bis zum Ende meiner Tage durchzuhalten.«

Ich lege ein paar Zweige nach, trage Steine zusammen und stelle den Topf auf die Feuerstelle. »Wo ist euer Zuhause?«, fragt der australische Marlboro-Man. Als er wissen will, wo unser Zelt steht, ist das Grinsen auf meiner Seite. »Geboren wurden wir allerdings in Deutschland«, erkläre ich ihm.

»'n Schuss deutschen Blutes habe ich auch in meinen Adern – vermutlich trinke ich deshalb auch so gern Bier!«, meint er und strahlt über das ganze Gesicht. »Doch Spaß beiseite. Meine Ururgroßmutter Wilma ging um 1830 von Hamburg nach Australien. Zunächst arbeitete sie als Hotelköchin in Sydney. Doch sie behauptete, sie wäre nicht nach Australien gekommen, um auch hier nur Stadtluft zu schnuppern. Sagte es und heiratete William O'Conner, einen jungen Burschen aus Irland, der dann bald darauf mein Ururgroßvater werden sollte.«

Das Wasser im Billy brodelt. Vorsichtig, mit spitzen Fingern nehme ich den Topf von der Feuerstelle. Ernie schüttet sparsam ein wenig Tee dazu, drückt den Deckel auf den Topf. »Und wo verschlug es die beiden hin?«, erkundige ich mich.

»William O'Conner entstammte einer Rinderdynastie. Er war nach Australien gekommen, weil er aufs große Geld aus war. Er suchte Partner, um ins Viehgeschäft einzusteigen. Das war damals Big Business, und wer das Gespür und die richtigen Trümpfe in der Hand hatte, verdiente sich 'ne goldene Nase. 1835 traf er jedenfalls den jungen Joseph Hawdon. Hawdon stellte ihn als Vorarbeiter für seine Stockmen ein. Wenn du so willst, als Obercowboy.«

Ernie langt nach seinem Becher. Juliana stellt unsere beiden daneben, nachdem sie sie schnell mit einem Tuch ausgewischt hat. Ich gieße dampfenden Tee ein. In den Zweigen des Baumes über uns beäugt uns stoisch ein großer Vogel. Grüner Katzenvogel, schießt es mir durch den Kopf. In natura hatte ich diesen rund 30 Zentimeter großen, gedrungen wirkenden Vogel zuvor noch nie gesehen. Gehört hatte ich ihn allerdings schon. Mehr als einmal hatte mich sein miauender Gesang ungebeten morgens zwischen vier und fünf Uhr munter gemacht. »Katzenkonzert«, hatte ich dann gebrummt und mir den Schlafsack über die Ohren gezogen.

»Übrigens war die Route von Jo Hawdon erfolgreich.« Ernie nimmt den Faden wieder auf. »26 Tage lang trieben er und seine Männer 300 Rinder über viele hundert Kilometer nach Port Phillip, wo Melbourne entstand. Nachdem er diese *stock route* entwickelt hatte, folgten weitere. Während der nächsten eineinhalb Jahre trieben seine Stockmen 5000 Rinder nach Port Phillip.«

Ernie lehnt sich gegen den Stamm des Baumes, von dem wie dünne Fähnchen Baumrinde herabhängt, und breitet vor uns eine australische Erfolgsstory aus: »... denn Joseph Hawdon landete den ganz großen Coup. Mit 340 Rindern zog er am 1. Januar 1838 von seiner Burgalia Station in noch unbekannte Territorien Richtung Westen. Genau am 1. April erreichten sie Adelaide. Die Sensation war perfekt.«

Ernie schnippt ein paar Teeblattfusseln von der Lippe. »Die Männer wurden vom Gouverneur Hindmarsh euphorisch begrüßt. Am Abend der Ankunft schmausten bereits 20 geladene Gäste einen am Spieß gebratenen Ochsen.« Ernie grinst: »Da hatte der über 1500 Kilometer durch Wüsten und Wälder zurückgelegt, den Murray River durchschwommen, war Schlangen ausgewichen und wurde nun als Belohnung am Ziel verspeist.«

Ich hatte schon von Hawdons legendärem Overlandtreck gehört. Er und seine Männer gelten als die Ersten, die erfolgreich Vieh über riesige Entfernungen getrieben haben. Bald bürgerte sich für Burschen wie sie der Name Drover oder Overlander ein.

»Nenn mich auch einen Overlander«, sagt Ernie, dessen sehnige Arme die goldbraune Patina eines sonnenreichen Lebens aufweisen.

»1988 habe ich am historischen Cattle Drove anlässlich der australischen 200-Jahr-Feier teilgenommen. 1200 Rindviecher trieben wir in gut vier Monaten von Newcastle Waters im Northern Territory nach Longreach in Queensland.«

Ernie ist aufgestanden, putzt mit einem rußgeschwärzten Lappen den Billy aus. Ich scharre mit dem Schuh Erde über unsere Feuerstelle und lege Steine drauf. »Wo könnte ich mal an solch einem Cattle Drove teilnehmen, Ernie?« Er lächelt und meint: »Vergiss es! Roadtrains sind schneller und billiger. Der Riesen-Lkw schafft in zwei Tagen die Strecke, für die du beim Viehtrieb drei oder vier Monate Staub frisst. Viele der alten Stock Routes wurden aufgegeben.

Manche führen durch Aborigineland und sind unzugänglich. Die großen, meisterhaft gebauten Viehtränken, an denen einst 300 Rinder gleichzeitig getränkt werden konnten, sind eingefallen, Wasserräder und Pumpen vom Zahn der Zeit benagt und die kleinen Wasserlöcher, die bores, vom Sand zugeweht.«

»Also dann«, winkt er. »Macht's gut, ihr beiden!«

Geschmeidig schwingt er sich auf sein Pferd. »Auch wenn ihr keine Rinder treiben werdet, einen Geschmack vom Leben der Overlander werdet ihr auch auf dem Fahrrad bekommen. Australien muss man sich Meter für Meter erarbeiten, um es kennen und lieben zu lernen. Vielleicht bleibt ihr ja auch hier hängen wie meine Ururgroßmutter Wilma. Eine ganze Dynastie australischer Rindermänner verdankt ihr das Leben.«

Noch einen Moment lang hören wir sein herzliches Lachen. Dann das Trappeln der Hufe. Ernie ist wieder in seinem Element, schwingt das Seil, gibt Kommandos. Die Männer seines Teams, die währenddessen unter Büschen und Bäumen gerastet hatten, gesellen sich zu ihm. Rufe hallen. Ochsen brüllen. Das Stampfen von Rinderhufen erfüllt die Luft. Peitschen knallen.

Wir beladen unserer Räder. »Das war ein Blick tief in die Seele des fünften Kontinents«, sage ich spontan. Juliana tritt in die Pedale. »Wie ist sie? Wo findest du sie? Ich meine die Seele. In der 60 000-jährigen Geschichte der Aborigines oder in dem verstädterten Leben, das 80 Prozent aller Aussies dem Buschleben vorziehen?«, fragen wir uns. Doch darauf wissen wir beide keine Antwort. Aber vielleicht werden wir ja ein Stück der Geschichte für uns entdecken.

Vor uns liegt die Straße, schlängelt sich an grünen Hügeln vorbei, durch Wälder, in denen fremdartige Bäume, zumeist Eukalyptusbäume, stehen. Bilder wie heute morgen. Aber meine Gedanken sind woanders. Unbekannte Laute dringen zu uns, als wir schweigsam nach Norden rollen. Nur unterbrochen durch ein rhythmisches

Knarren, wenn die Zahnräder des Tretkranzes kraftvoll in die Ketten fassen.

Suchen wir nicht auch die Seele Australiens, seine wahre Schönheit, die Begegnung? Das lässt sich nicht im Drei-Wochenall-inclusive-Tourismus abhaken. Die Sache mit dem Fahrrad ist schon okay. Auch wenn es im Sattel nicht immer ein Honigschlecken ist. Doch jeder Tag zeigt dir eine andere Facette. Du sensibilisierst dein Gespür für Neues, für die Gerüche und Laute des Landes. Ein Tag auf dem Fahrrad gibt dir mehr als ein Monat daheim am Schreibtisch oder an der Werkbank.

Immer wieder wandern meine Gedanken an diesem Tag in der Weite Australiens, auf einem Highway zwischen Melbourne und Sydney, zurück zu Ernie. Als sein Ururgroßvater, der Drover, Rinder ins Innere trieb und Wilma ihre ersten Kinder großzog, träumte auch ein anderer Deutscher vom australischen Abenteuer, Ludwig Leichhardt. Das Rennen um die letzten unerforschten Regionen Australiens hatte begonnen. Leichhardt beanspruchte dabei einen Platz in den Geschichtsbüchern.

Zwischen Batemans Bay und Nowra klart der Himmel auf. Einige vorwitzige Sonnenstrahlen zwängen sich durch die Wolken, erwärmen das Land und auch uns. Die Erde dampft.

Für den Autofahrer wären es von hier nur rund zwei bis drei Stunden bis nach Canberra. Für den Radler wird es zur Tagesreise. Wir überlegen kurz, ob wir die australische Hauptstadt besuchen sollen, entscheiden uns dann aber dagegen. Vielleicht ergibt sich auf dem Rückweg eine Möglichkeit. Mich reizt diese Stadt aus der Retorte. Die auf die 350 000-Einwohner-Marke zusteuernde Bundeshauptstadt ist der Schlussakkord der Rivalität zwischen Melbourne und Sydney. Und das kam so:

1824 hatte hier ein Joshua Moore sein frisch abgestecktes Farmgebiet als Canberry bezeichnet. Kamberra, Versammlungsplatz, nannten die einheimischen Aborigines dieses Land. Und das sollte das Gebiet auch in der Geschichte der weißen Australier werden.

Mit der Staatsgründung 1901 wurde die Forderung nach einer neuen Hauptstadt laut, die »… im Staate New South Wales liegen sollte, aber nicht weniger als 100 Meilen von Sydney …«, so lautete die Vorgabe. 1911 wurde das visionäre Stadtkonzept des Amerikaners Walter Burley Griffin von 137 eingegangenen Vorschlägen angenommen. Nach einem Dreivierteljahrhundert kam 1988 mit der Einweihung des neuen Parlamentshauses zum 200. Geburtstag des weißen Australiens der Schlussakt des Projekts. Das neue Parlamentsgebäude hatte bereits in den ersten sechs Monaten eine Million Besucher. Was dem weit verbreiteten (Vor-)Urteil, Aussies seien total unpolitisch, sie interessiere in Zeitungen und Nachrichten nur Sportteil und Wetterbericht, vielleicht doch nicht so ganz entspricht.

Radler, kommst du nach Sydney ...

... dann denk daran, dass dies eine der flächenmäßig größten Städte der Welt ist. Die Vororte hinzugerechnet, erstreckt sich Sydney über die siebenfache Fläche Londons. Würde man Sydneys Nord-Süd-Ausdehnung großzügig schon von Wollongong im Süden aus berechnen, käme man auf stattliche 130 Kilometer – Luftlinie wohlgemerkt. Für den Radfahrer ist es auf nicht immer nur schnurgeraden Straßen noch einiges mehr.

Wir haben gerade den Küstenort Berry erreicht, rund eine Tagesreise von der City entfernt, als Juliana die alte Idee, unsere einzige australische Kontaktadresse zu aktivieren, aufleben lässt. »Keine Sorge, du brauchst nicht anzurufen, ich mache das schon«, sagt sie mit Blick auf meinen ablehnenden Gesichtsausdruck.

»Aber wir kennen die Leute doch gar nicht«, wende ich ein.

»Vielleicht mögen sie es, Gäste aus Übersee zu haben. Auch möglich, dass man ihnen geschrieben hat, dass wir kommen.«

»Wenn du anrufst, ist es okay. Meinetwegen können wir aber ebenso auf einen Zeltplatz gehen.«

Mag sein, dass ich spießig bin, aber ich käme mir aufdringlich vor, bei wildfremden Leuten anzurufen, die nur durch Dritte irgendwann mal von unserem eventuellen Kommen unterrichtet worden sind.

Zehn Minuten später kommt Juliana mit Siegermiene zurück.

»Wie war es?«, frage ich gespannt.

»Seit Monaten warten sie schon auf uns. Von unserem Umweg von Südafrika über Indien hatten sie natürlich keine Ahnung. Und als sie hörten, dass wir in Australien mit Fahrrädern unterwegs sind, müs-

79

sen ihnen die Kinnladen runtergeklappt sein. Kurzum, sie heißen Robbie und Ken, und wir sind herzlich eingeladen.«

Eins zu null für meine Frau.

Der Tag hat noch weitere Überraschungen parat: Als wir kurz darauf unsere Fahrräder einen Berg hochschieben, kriecht unmittelbar vor mir eine eineinhalb Meter lange Schlange aus dem Gras der Böschung und schlängelt sich blitzschnell über die Straße.

In Kiama verlassen wir den Highway, um uns das Blow Hole anzusehen, ein Loch im schwarzen Ufergestein, durch das unter dem Fels entlangrollende Wogen fauchend meterhoch nach oben gischten.

Nachdem wir das Häusermeer Wollongongs endlich hinter uns gebracht haben, finden wir nördlich der Stadt einen reizvoll gelegenen Platz an einem Steilhang. Der Blick von hier über das Meer ist großartig, wenn auch leichter Dunst die Konturen verwischt. Donnernd brechen sich die Wellen unter uns an Küstenfelsen. Das Zelt in der Enge und Unzugänglichkeit des Hanges aufzubauen, wird manchmal zum Balanceakt. Mit einigen dünnen Zweigen gelingt es mir, ein kleines Feuer zu entfachen, darüber auf einem Gitterrost steht bald unser schwarzer Kochtopf. Die schönste Zeit beginnt: Essenszeit.

Fast ist das Ende der ersten Etappe erreicht. Aber ich kann nicht behaupten, dass ich besonders traurig darüber bin. Dafür hat mich der Verkehr zu sehr genervt. Gleichwohl betrachte ich die Etappe Melbourne – Sydney als eine Art Schonzeit für uns – quasi zum Eingewöhnen. Danach fängt das Abenteuer Australien richtig an …

Es ist ein Sonntag, als wir auf Sydney zurollen. Die Radfahrt entlang der nördlichen Steilküste früh am Morgen ist romantisch. Nur wenige Autofahrer sind unterwegs. Ein paar Drachensegler gleiten am Lawrence Hargraves Lookout mit bunten Hanggglidern vor den Steilhängen der Küste. Wir bleiben stehen und genießen das Bild der farbigen Segler vor der Kulisse des Meeres, bis ein Spaßvogel mit schwarzem Humor meint: »So löst Australien seine Bevölkerungsprobleme.«

Der Morgen ist klar und frisch. Nur ein leichter Wind geht. Frühlingsstimmung liegt über dem Royal National Park, dem ältesten Nationalpark Australiens, der Sydney im Süden vorgelagert ist. Wenn man auch zugeben muss, dass er landschaftlich sehr reizvoll ist, sind doch seine Straßen – zumindest aus der Sicht des Radlers – verflixt steil und gewunden!

Weitere vier Stunden benötigen wir bis ins Innere Sydneys. Es geht vorbei an aufwendig dekorierten Gebrauchtwagengeschäften (Australien ist eben doch eine Autofahrernation) und zahlreichen Läden mit griechischen, italienischen und libanesischen Namen (ein Viertel der Einwohner Sydneys ist nicht in Australien geboren).

»Alles in Sydney dreht sich um den Hafen«, sagt man. Und alle Straßen führen zu ihm. Es ist früher Nachmittag, als wir dort ankommen.

Weit Gereiste nennen Sydney in einem Atemzug mit einigen der schönstgelegenen Städten der Welt: Rio, San Francisco, Kapstadt.

Dass es einmal so kommen würde, konnten weder Captain Cook noch Captain Arthur Phillip ahnen, der hier im Januar 1788 mit der ersten Sträflingsflotte landete. Phillip zog bald nach Port Jackson um, dem »besten Hafen der Welt«. Der junge Hafenort Sydney, benannt nach dem englischen Innen- und Kolonialminister, wuchs, wurde Hauptstadt der Kolonie. 1842 erhielt Sydney Stadtrechte, 13 Jahre später rollte die erste Eisenbahn, und 1900 hatte die Stadt eine halbe Million Einwohner fast ausschließlich englischer Abstammung. Das änderte sich 1945. Fünf Millionen Immigranten aus 120 Staaten kamen nach Australien. Seitdem gibt es hier endlich etwas anderes zu essen als *fish and chips*. Man isst mitunter sehr gut!

Vorbei an in den Himmel schießenden Hochhäusern mit bronzefarbenen, bläulichen und gelb funkelnden Glasfronten, von denen gesagt wird, das aktuell höchste werde jedes Jahr durch ein noch höheres übertrumpft, radeln wir runter zur Sydney Cove. Es ist das Herzstück der Stadt, das man einfach erlebt haben muss, um sagen zu können: »Ich war in Sydney.«

Fährschiffe ziehen übers Wasser, dazwischen wie farbige Kleckse im Blau des Meeres Segel- und kleine Motorboote. Menschen, Eiscreme schleckend und im flotten Sonntagsdress, bummeln an uns vorbei. Manche werfen mehr oder weniger verstohlen einen Blick auf uns.

Wir schieben unsere Fahrräder an einer auf der Straße tanzenden polnischen Trachtengruppe vorbei zur Harbour Bridge, die – neben einem Tunnel – als mächtigste Brücke Sydneys Downtown mit North-Sydney verbindet. Wegen ihrer charakteristischen gebogenen Form nennen spitze Zungen die 1932 eingeweihte Brücke schlichtweg Kleiderbügel.

Wir schleppen die Fahrräder über eine Treppe zum Fußweg, der über die Brücke führt. Der Blick von dort entschädigt hundertfach für die Schinderei.

»Irgendwie erinnert mich dieser Blick auf Inseln, Buchten, Hochhäuser und viel Wasser an San Francisco«, stelle ich fest.

»Nur mit dem Unterschied, dass es dort nicht das berühmteste Opernhaus der Welt gibt«, wendet Juliana ein.

Ich lege meinen Arm um Juliana. Gedämpft klingen die Geräusche der Stadt zu uns hoch; hinter uns rauschen Autos über den Asphalt der Brücke. Der Himmel ist tiefblau. Trotz des späten Nachmittags scheint die Sonne mir warm ins Gesicht. Was für eine Begrüßung in dieser wunderbaren Stadt, wo immer du hinschaust, streift das Auge ein Weltklassepanorama.

So, als sei es optisches Zentrum von Sydney Cove, wird mein Blick immer wieder vom Opernhaus angezogen, das wie ein Schiff mit geblähten Segeln das Hafengebiet dominiert. Den Vergleich mit anderen Berühmtheiten dieser Erde braucht Sydney nicht zu scheuen.

Ken und Robbie wohnen im Norden Sydneys, in Bilgola, knapp 40 Kilometer von der City entfernt – aber immer noch im Stadtgebiet.

»Sollten wir uns nicht vorher noch etwas stadtfein machen?«, fragt Juliana. Ich sehe an mir runter und finde mich alles andere als stadtfein. Wir sind beide verschwitzt, verstaubt. Meine Hose ist abgewetzt, und unsere T-Shirts hätten die Zauberkraft des weißen Waschriesen verdient. Im Waschraum einer Tankstelle säubern wir uns so gut es geht und ziehen uns den feinsten Zwirn an, den wir in den Packtaschen finden.

Der Empfang bei Ken und Robbie ist herzlich. »Sorry, you guys, we are just about to leave«, bedauert Robbie. Leider sind sie selbst gerade auf dem Sprung zu einer Einladung. »Aber das macht nichts. Da ist der Kühlschrank, und dort haben wir Essen für euch warm gestellt.«

Sie zeigen uns ein hübsches, kleines Gästezimmer mit Blick zum Garten: »Für euch beide.«

Was wir an diesem Abend gemacht haben? Im Fernsehen schauten wir uns einen Western an, den ersten seit langem, haben uns genüsslich in den Polstern gerekelt, Foster's Bier getrunken und die Beine hochgelegt. Und dann haben wir geduscht, lang und ausgiebig wie seit ewigen Zeiten nicht mehr.

Frühmorgens werden wir durch grelles Kreischen und melodisches Zwitschern von Vögeln geweckt.

Ken, ein pensionierter Oberst, hat im Ruhestand seine Liebe für die Vögel entdeckt. So gesehen lebt er im richtigen Land – die Stadtrandgebiete von Sydney sind ein Paradies für Vogelfreunde und Ornithologen. Zur Erinnerung – ein Sechstel aller Vögel der Erde lebt in Australien.

Mehr als hundert Regenbogenlorikiets (Kleinpapageien) stellen sich jeden Morgen bei Ken ein. Natürlich sind das keine zahmen Vögel, sie kommen aus dem australischen Busch, der wenige Kilometer hinter dem Haus in dem weit verzweigten Ku-Ring-Gai Chase National Park beginnt. Plötzlich erfüllt an diesem Morgen ein Rollen die Luft, schaukelt sich hoch zu spitzem Gekreische. »Ah, Mister Kookaburra«, meint Ken und lockt den Vogel mit einem Stück Futter. Und tatsächlich, der australische Frechdachs, der Lachende Hans, bedient sich.

»Er kommt jeden Tag«, sagt Ken, »genauso, wie Miss Magpie immer auf ihren Happen wartet.«

Ich habe weder zuvor noch später jemals wieder bewusst eine solche Farbenpracht und Vielfalt an Vögeln registriert. Ein Rosellasittich, den ich daheim nur aus dem Zoo kenne, landet auf meinem Handrücken. Sein Kopfschmuck ist rot, das Körpergefieder leuchtet in allen Farben von Gelb über Grün bis hin zum strahlenden Blau. Australiens Naturschätze, vor allem die Papageien, stachen schon den ersten forschungsreisenden Holländern ins Auge. Sie nannten den westlichen Teil des Kontinents Land der Papageien, Terra Psittacorum.

Kens Hand weist in den Baum über uns. »Ein Pennantsittich«, flüstert er. Doch Flüstern scheint überflüssig. Alles geht in diesem Höllenspektakel von Kookaburras und einem knappen Dutzend leuchtender Papageien unter. Nur einer hat Besseres zu tun. Rund 20 Zentimeter lang ist der Schwanz des leuchtend roten Pennantsittichs, der sich in aller Seelenruhe unter den Flügeln putzt.

Die nächsten zwei Tage vergehen mit Hausarbeit. Ich überhole die Fahrräder, Juliana säubert unsere Wäsche und bessert die Ausrüstung aus. Da sie seit Tagen von Zahnschmerzen gequält wird, kommt sie um einen Zahnarztbesuch nicht herum. Ergebnis der ersten Sitzung: Ein stattlicher Batzen Dollars, aber auch die Schmerzen sind weg. Zwei weitere Behandlungen sind geplant.

Am 11. Oktober bringt uns ein Bus nach Sydney – zum Besuch des Opera Houses. Es wirkt auf mich zunächst viel kleiner, als es in Wirklichkeit ist. Das Gebäude ist der Zankapfel der Nation: Sieben Millionen Dollar hatte der Bau kosten sollen, letztlich wurden 103 Millionen daraus. Das führte damals zum offenen Bruch mit dem dänischen Architekten Jørn Utzon. Der nahm noch während der Bauzeit seinen Hut und schwor sich, Australien nie wieder zu betreten. Die inneraustralische Auseinandersetzung aber ging noch lange weiter: Eine Zeitung hat das Opernhaus als »Kamel aus Beton« bezeichnet, eine andere es mit einem »Haufen französischer Nonnen beim Fußballspiel« verglichen. Sei's drum, die Fantasie wurde angeheizt. Heute könnte sich kein Aussie das Jahrhundertbauwerk aus dem Hafen Sydneys wegdenken, ebenso wenig wie aus den einladenden Hochglanzprospekten für den fünften Kontinent.

Wie die meisten schließen auch wir uns einer Führung an. Ein kühler, kühner Traum aus Glas, Beton und Stahl umgibt uns, das Opera House ist ein Bauwerk der Superlative. Selbst nüchterne Zahlen beeindrucken: von der Tatsache, dass hier mit 10 500 Pfeifen die größte Orgel der Welt steht, über die Stromversorgung, die ausreichen würde, eine 25 000-Einwohner-Stadt zu versorgen, bis hin zu den 1000 Räumen mit einer Kapazität von 6000 Sitzplätzen.

Als wir wieder rauskommen, mildern weiche Sonnenstrahlen die charakteristische Härte des Küstenlichts. Ein Ausflugsschiff schiebt sich unter der Harbour Bridge durch, Fähren und Schnellboote durchpflügen das Wasser von Sydney Cove. Ein Doppeldeckerbus bringt uns abends zurück nach Bilgola.

Am nächsten Tag lassen es sich Ken und Robbie nicht nehmen, uns mit ihrem Motorboot unberührt wirkende Küstenregionen gleich hinter ihrem Haus zu zeigen. Atemberaubend! Die beiden waren schon in Europa, an der Côte d'Azur, Riviera und der Costa Brava. Ihr Kommentar dazu: »Na ja – auch ganz schön.«

Wer die lieblichen Strände, wilden Steilküsten und einsamen Küstenstreifen Australiens kennt, versteht ihre verhaltene Euphorie. Nachdem wir ihr gastliches Haus verlassen haben, gebe ich Juliana einen Kuss auf die Wange: »Dafür, dass du hier angerufen hast!«

Ohne diesen Besuch wäre uns nicht nur mancher Einblick in das städtische Leben vieler Australier, sondern mancher Aus- und Weitblick auf die traumhaften Buchten, Strände und Steilküsten von New South Wales entgangen.

Tagebuchaufzeichnungen vom 14. bis 21. Oktober

14. Oktober – Nachtlager am Fluss bei Richmond – Tagesleistung 76 Kilometer

Endlich, heute geht es los. Früh am Morgen wird Juliana von Ken noch schnell mit dem Auto zur letzten Zahnbehandlung gebracht, die ein weiteres großes Loch in unser Budget reißt. Als wir nach einem herzlichen Abschied von unseren Gastgebern am Rand Sydneys zufällig ein Fahrradgeschäft sehen, kaufe ich kurzerhand zwei Fahrradmäntel und -schläuche. Man weiß ja nie ...

Es ist extrem heiß heute. Gegen Mittag bekommt Juliana eine leichte Kreislaufschwäche. Ungewohnte Hitze und Auspuffgase machen uns körperlich zu schaffen, und wir sind beide durstig. Als wir einen kleinen Supermarkt passieren, habe ich eine Schnapsidee, die nur auf solch einer Tour geboren werden kann: Ich kaufe einen Topf mit zwei Litern Eis. Den Inhalt naschen wir an Ort und Stelle.

Am Spätnachmittag schlagen wir an einem malerischen Fleck bei Richmond am Nepean River unser Zelt direkt am Wasser auf. Schwerer Blütenduft von einer Orangenplantage ganz in der Nähe weht zu uns rüber.

15. Oktober – Nachtlager vor Lithgow – Tagesleistung 53 Kilometer
Während der Nacht bleibt es ungewöhnlich warm. Macht sich die Nähe des Outback bemerkbar?

Unmittelbar nach dem Aufbruch beginnt für uns Schwerstarbeit, wir radeln in die Blue Mountains. Die Straße zieht sich vorbei an Plantagen mit Apfelbäumen ins Bergland hoch. Mittags regnet es, das ist schade, dadurch bekommen wir vom herrlichen Panorama der Blauen Berge nur sehr wenig mit. Gegen 16 Uhr hat sich der leichte Regen zum Dauerguss gesteigert, zudem ist es in gut 1000 Metern Höhe kühl geworden. Früher als sonst schlagen wir unser Nachtlager auf. Als der Regen gegen Abend nachlässt, wagen wir uns aus dem Zelt, mit etwas Glück bekomme ich sogar ein Feuer in Gang. Zu essen gibt es Pfannkuchen. Etwas spartanischer als daheim – ohne Eier, Milch und mit nur wenig Zucker.

**16. Oktober – Nachtlager 50 Kilometer vor Mudgee –
Tagesleistung 99 Kilometer**
Schon um fünf Uhr früh kriechen wir aus dem Zelt und erleben einen durch zarte Wolken verschleierten Sonnenaufgang. Es ist nass draußen und sehr kalt, doch die dunstige Morgenstimmung ist fabelhaft. Wie um uns warm zu machen, treten wir kräftiger in die Pedale als sonst. Gegen neun Uhr erreichen wir Lithgow. Die Bergarbeiterstadt ist am frühen Sonntagmorgen noch völlig verschlafen, zudem hat kein Lebensmittelgeschäft geöffnet. Gut, dass wir in den Packtaschen immer mehr Vorräte haben, als wir für den Tag benötigen.

In Lithgow verlassen wir den Western Highway, um auf einer wenig befahrenen Nebenstraße nach Norden zu radeln. Noch immer kommt es mir vor, als fiele uns der Neubeginn nach den Tagen des Ausruhens und Faulenzens in Sydney schwer. So treten wir ab Lithgow gemächlich in die Pedale. Ambitionen, Streckenrekorde zu brechen, haben wir sowieso nicht. Landschaftlich ist es von nun an sehr reizvoll. Doch die Harmonie der Natur wird immer wieder durch bedrückende Bilder neben und auf der Straße unterbrochen: drei frisch von Autos getötete Kookaburras und Abfall.

Da das Land kilometerweit eingezäunt ist, haben wir Schwierigkeiten, einen Platz für die Nacht zu finden. Letztlich schlagen wir unser Zelt auf einem kleinen Seitenweg auf. Dabei lernen wir die wahren Plagegeister des Outback erstmals kennen: Fliegen. Es sind rund 20. Sie sehen aus wie deutsche Stubenfliegen, sind aber auf unglaubliche Weise aufdringlich und versuchen mein Gesicht als Landeplatz zu benutzen. Ich wedele mit den Händen, schlage nach ihnen. Doch mit mäßigem Erfolg. Abends klart der Himmel auf, ein Sonnenuntergang in kitschig roten Farben ist der Auftakt für die kälteste Nacht der bisherigen Tour.

17. Oktober – Nachtlager bei Goolma – Tagesleistung 93 Kilometer
Morgens bedeckt dünner Raureif unser Zelt. Nur langsam komme ich in Gang. Meine Bewegungen gleichen denen eines schläfrigen Koalas zur Mittagszeit. Zum Glück wird es uns beim Radeln warm. Bis zum zweiten Frühstück schaffen wir gut 50 Kilometer. Im Supermarkt von Mudgee kauft Juliana ein, unter anderem zwölf Eier, die wir mittags braten. Doch das erhoffte Essvergnügen bleibt aus, hunderte von Fliegen, die sich auf jeden Hauch von Feuchtigkeit stürzen, machen uns fast wahnsinnig, hängen mit Vorliebe an Mündern, Augen und in den Ohren. Auch unsere Wasservorräte werden knapp. Als wir nachmittags Goolma erreichen, bitten wir in einem kleinen Laden um Trinkwasser. »Wie viel?«, fragt die Verkäuferin. »Es herrscht Wasserknappheit. Seit Wochen hat es nicht mehr geregnet.« Aus einem silbern glänzenden, runden Regenwasserbehälter füllt sie jedoch so viel von dem kostbaren Nass in unsere Flaschen, wie wir transportieren können.

18. Oktober – Nachtlager nördlich von Dubbo –
Tagesleistung 103 Kilometer

Nachts kriecht die Kälte durch unsere dünnen Schlafsäcke und lässt uns häufig wach werden. Trotzdem sind wir bereits um fünf Uhr auf den Beinen. Mittags erreichen wir Dubbo. Der 30 000 Einwohner zählende Ort am Macquarie River gefällt mir auf Anhieb. Eine reizvolle Kleinstadt mit ansprechenden alten Gebäuden. Leider ist unser Nachtlager abends weniger schön. Wir campieren auf einem Rastplatz neben der Straße zwischen Abfällen. Einige kicke ich mit dem Fuß zur Seite, mit einer Lässigkeit, als hätte ich mich an diesen Zustand gewöhnt. Erst als die Sonne untergegangen ist, habe ich die Illusion, in unberührter Natur zu sein.

19. Oktober – Nachtlager hinter Trangle –
Tagesleistung 76 Kilometer

Der Mitchell Highway zieht sich auf einer Strecke von 68 Kilometern bis Nyngan fast schnurgerade durch New South Wales. Anfangs kommen wir zügig voran, doch später lässt uns starker Frontwind fast auf der Stelle treten. Meist stehen wir in den Pedalen. Schließlich zeigt mein Tacho nur noch zwölf Stundenkilometer an. Nach 50 Kilometern Radeln halten wir fürs zweite Frühstück an. Doch da eine Weiterfahrt nicht sinnvoll ist, kauern wir uns dicht zusammen, den Rücken gegen den Wind gerichtet, und warten. Nach zwei Stunden wird es Juliana zu dumm, kurzerhand holt sie aus einer Packtasche Jeansreste und näht Flicken auf ihren durchgewetzten Hosenboden.

Ich bin unzufrieden. Jeden Tag hindert uns etwas anderes daran, flott voranzukommen. Ich weiß nicht, wie es sich entwickelt hat, aber wir diskutieren, wägen ab. An diesem Nachmittag fällt dann der Entschluss, nicht nach Norden weiterzufahren. Stattdessen wollen wir nach Adelaide und von dort nach Melbourne radeln. Nachmittags legt sich der Sturm, sodass wir wieder in die Sättel steigen. In einem kleinen Ort am Highway kaufen wir Kekse zum Naschen und Lebensmittel fürs Abendessen.

Kurz danach schlagen wir unser Nachtlager auf, früher als geplant, da der Himmel pechschwarz wird. Kaum steht das Zelt, fängt es an zu schütten. Wir machen es uns drinnen bequem und bekommen es sogar fertig, auf einer kleinen Metallplatte über unserem Kerosinkocher Kekse zu backen. Wenig später liegen wir in den Schlafsäcken, hören den Regen prasseln und machen Pläne für die geänderte Route.

20. Oktober – Nachtlager bei Nyngan – Tagesleistung 93 Kilometer
Kurz nach 4.30 Uhr sind wir beide wach. Der Regen hat aufgehört. Es ist recht kühl, die klare Stimmung des Morgens ist fantastisch. Aber wir warten darauf, dass die Sonne über den Horizont kriecht und die Gänsehaut fortjagt. Um sieben Uhr sind wir startklar. Als ich gerade auf dem Fahrrad sitze, stelle ich fest, dass ich einen Platten habe. Verflixt! Das heißt Reifen flicken.

Danach kommen wir gut voran, die Straße ist noch immer wie mit dem Lineal gezogen, und es weht kaum Wind. Um elf Uhr hat Juliana einen Platten. Kurz darauf bricht an meinem Hinterrad eine Speiche. Hoffentlich kann ich den Schaden in Nyngan beheben. Auf der Fahrt dorthin erleben wir eine Invasion von Heuschrecken. Zu abertausenden hüpfen und fliegen sie über die Straße. Es klatscht, wenn die Heuschrecken dutzendweise gegen unsere nackten Beine hüpfen.

In Nyngan repariere ich mein Fahrrad. Kaum haben wir den Ort verlassen, als ich neben der Straße ein kleines Schuppentier entdecke, bei dem Hinter- und Vorderteil völlig gleich aussehen. Interessiert halten wir an und schieben unsere Räder auf den Seitenstreifen. Das hätten wir nicht tun sollen: Schlagartig hat Juliana vorn und hinten einen Platten. Dornen! Sieben Löcher in beiden Schläuchen! An Ort und Stelle schlagen wir unser Nachtlager auf. So langsam bekomme ich im Flicken Routine. Ein gutes Abendessen und ein leuchtender Halbmond versöhnen uns mit den Tücken des Radfahreralltags. Und wir sitzen noch lange am Lagerfeuer.

Irgendwann in dieser Nacht beschließen wir, unsere Tour doch wie geplant Richtung Norden fortzusetzen. Und dabei bleibt es!

21. Oktober – Nachtlager vor Bourke – Tagesleistung 140 Kilometer

Um vier Uhr klingelt der Wecker, draußen ist es noch dunkel. Als die ersten warmen Sonnenstrahlen sich zögernd über den Horizont tasten, krieche ich aus dem Zelt. Boy, das sind meine Stunden! Ich hocke mich auf einen Stein und blinzele in die Morgensonne. Ein herrlicher Tag. Viele Tiere sehen wir heute, auch große, schwarze Wildschweine. Einige von ihnen haben den Verkehr nicht überlebt. Sie liegen tot am Straßenrand. Zwei große Kängurus springen lange Zeit neben uns her, da sie wegen der parallel zur Straße verlaufenden Zäune nicht flüchten können. Die Tiere stacheln unseren sportlichen Ehrgeiz an, und es gelingt uns mit ihnen mitzuhalten. Ich stoppe eine Geschwindigkeit von 35 Stundenkilometern.

Im Übrigen herrscht nur wenig Verkehr, und wir kommen gut voran. Während der Mittagsrast allerdings tyrannisieren uns abwechselnd Fliegen und Ameisen. Fluchtartig verlassen wir unseren Platz. Weiterer Höhepunkt dieses Tages sind sechs Emus, die, nur wenige Meter von uns entfernt, lange Zeit neben uns herrasen. Das macht Australien einmalig, genauso wie Verkehrsschilder mit der Warnung: »Achtung, Kängurus auf 155 Kilometern!«

Rund 60 Kilometer südlich von Bourke finden wir im Busch einen schönen Platz für die Nacht. Noch lange bleibt es warm. Der Boden ist knochentrocken, bald bedeckt rötlicher Staub unsere Füße und die Matte, auf der wir unser Abendessen zubereiten. Die Stimmung erinnert mich an die, welche ich in der Sahelzone in Afrika erlebt habe. Glühend rot ist der kurze Sonnenuntergang, bald danach bescheint ein weißer Halbmond die Szenerie.

So hatte ich mir Australien gewünscht.

Am Rand des Outback

Captain Cook hatte nicht die blasseste Ahnung, was hinter dem Ufer im Norden des neuen Kontinents lag, als seine »Endeavour« auf die Korallen des Great Barrier Reefs krachte. Vielleicht hätte er sonst angesichts von Dürre und Halbwüsten beigedreht. Mühsam gelangte er mit dem angeschlagenen Schiff ans Ufer, nicht ohne Ballast – seine Kanonen – über Bord zu werfen. Wo er dann das Schiff reparieren ließ, entstand erst sehr viel später der Ort Cooktown, ein Nest, dessen Geschichte an die wilden Tage des großen Goldrauschs von Kalifornien erinnert.

Damals aber, 1770 bei der Ankunft Cooks, war Australien ein weißer Fleck auf den Landkarten der Erde. Noch sehr viel länger blieb es das im Bewusstsein vieler. Eine entlegene Insel im Meer – mit Schafen, Kängurus und viel roter Erde.

Noch heute komme ich mir manchmal vor wie einer, der sein Stahlross in ein Land außerhalb des Bekannten treibt. Hier und da in den Nestern des Outback bleiben Frauen stehen, stellen ihre Einkaufstüten ab und starren ungläubig mit offenem Mund hinter uns her.

Das Zirpen von Grillen liegt in der Luft. Ich angle mit dem Fuß nach meiner Wasserflasche. Lauwarm läuft mir die Brühe am Kinn runter. Eine Radtour durch Australien ist etwas anderes als eine Tour mit dem Drahtesel von Lübeck zum Bodensee. »Alles hier hat eine andere Dimension. Sogar der Durst«, sage ich zu Juliana. Doch sie hört mich nicht. Sie schläft, den dünnen Leinenschlafsack wegen der Fliegen über den Kopf gezogen. Noch einmal lässt der Himmel ein kurzes Feuerwerk los. Zwei Sternschnuppen scheinen den schwarzen Nachthimmel zu ritzen, dann verschwinden sie im Dunkel.

Es ist kurz nach vier Uhr morgens, als ich wach werde. Mich fröstelt, die Kühle der Nacht sitzt mir in den Knochen, doch ich habe mich daran gewöhnt, die Gänsehaut zu genießen. Schon bald wird uns der Schweiß den Rücken runterlaufen.

Ist nun die Stunde vor Sonnenaufgang oder die Zeit nach Sunset die schönste im Leben eines Busch-Aussies? – Es ist wohl der Morgen, wenn die Sinne frisch sind, noch nicht ausgelaugt von einer Backofenglut, die dir im Sommer jeden Impuls, jedes Verlangen nach Aktivität aus den Knochen zieht. Mit den Händen breche ich trockenes Holz, kurz darauf knistert ein Lagerfeuer. Juliana ist wach geworden.

»Weißt du eigentlich, dass dein Hinterrad schon wieder einen Platten hat?«, verkünde ich.

»Zur Begrüßung hättest du mir eigentlich etwas Originelleres sagen können«, entgegnet sie.

Ich streiche ihr über die Haare. Die Sonne hat sie während der Wochen im Fahrradsattel hellblond gebleicht.

Ich glaube, Reifenflicken könnte ich mittlerweile mit geschlossenen Augen. »Wenn alle Stricke reißen und wir später zu Hause Schwierigkeiten haben sollten, wieder im alten Job unterzukommen, machen wir eine Reifenflickwerkstatt auf.« Juliana lacht: »Breakfast is ready, Sir.« Auf unserer Plastikplane hat Juliana Frühstück zubereitet. Appetitlich wie immer, selbst im tiefsten Busch ein Hauch Kultur:

Es gibt Müsli. Statt mit Milch mit lauwarmem Wasser. Dafür ist aber der am Feuer geröstete Toast diesmal kaum verbrannt.

Die ersten Vögel zetern in den Büschen, der witzige Kookaburra mit dem frechen Schnabel lacht sich wieder mal halbtot darüber, dass wir weiterstrampeln wollen. Ein richtiger Aussie. Die Sonne ist aufgegangen, wie ein glutroter Ball steht sie zwischen den Sträuchern. Als ob der Busch brennt.

Der Fahrtwind ist noch kühl, als wir die Räder auf die Straße schieben. 206 Kilometer zieht sich der Mitchell Highway zwischen Nyngan und Bourke ohne den leichtesten Knick durchs Land. Der Verkehr ist zum Glück gering. Nur zwei Füchse kreuzen die Fahrbahn, bleiben kurz stehen, sehen zu uns rüber, um dann blitzschnell im Gebüsch zu verschwinden. Unmittelbar am Fahrbahnrand knabbert ein kleines Känguru genüsslich an frischen Grasspitzen, die über Nacht aus dem hartem Boden gebrochen sind.

»Wenn wir so weitermachen, sind wir in zwei Stunden in Bourke«, rufe ich Juliana zu.

Ein leichter Morgenwind schiebt uns vor sich her. Mir ist, als schwebten wir über die Straße, beschwingt wie selten.

»Denkst du noch manchmal an den Regen unten in Victoria?«, fragt sie.

Juliana, mit ihrem Vorderrad dicht an meinem Hinterrad, holt auf. Wir rollen nebeneinander. Macht doch nichts. Verkehr hat hier endlich Seltenheitswert.

»So gefällt's mir – wenn es auch nicht so heiß und trocken sein müsste«, stelle ich fest, und Juliana stimmt mir zu. Es scheint, dass man es uns schwerlich recht machen kann. Wir lachen beide darüber.

Jetzt sind wir endlich da, wo wir hinwollten. Am Rande des Outback. Der australische Spruch *back o' Bourke* bekommt hier auf einmal eine eigene Bedeutung. Mag man das in Sydney oder Melbourne ruhig im Sinne von *back of beyond*, als hinterweltlerisch, definieren – doch hier, weit weg von Stahl-, Glas- und Betonburgen, schlägt das wahre Herz Australiens. Das Land ist flach, unendlich weit. Keine Berge. Und Wälder gibt es erst recht nicht. Stattdessen erstrecken sich von hier nach Westen die Plains, die das Innere Australiens ausmachen. Im Outback ist Regen selten und darum sehr begehrt bei Mensch und Tier. Es ist ein Land des weiten, großen, übermächtigen Himmels, des schnurgeraden Horizonts, über den Staubwolken jagen und auf dessen Boden nur Mulga- und Salzbüsche gedeihen.

Back o' Bourke! Warum es uns gerade hierhin zieht, während der Großteil der Urlauber zielstrebig die verführerischen Strände Queenslands zwischen Brisbane und Cairns ansteuert, Australiens Schokoladenseite?

Alles zu seiner Zeit. Wir lieben nun mal die Wüsten und Savannen Afrikas, die schier endlosen Wälder Alaskas und Kanadas, eben deswegen reizt es uns auch, in Australien *back o' Bourke* zu gehen.

»Wusstest du, dass hier in Bourke die Temperatur auf die Spitze getrieben wurde – zumindest gilt das für New South Wales.«

»Nein«, antworte ich. Juliana trumpft auf: »Knapp 52 Grad im Schatten!«

Bourke, gerade mal 2500 Einwohner klein und am Darling River gelegen, ist ein Zentrum der Schafzucht. Schon die letzten Tage hatten uns immer wieder mit Schafen beladene Lkws überholt. Damals, als Lasten noch dem Flussweg folgten, wurden 40 000 Ballen Wolle pro Jahr von hier in Dampfschiffen über die Flüsse Darling und Murray zu den Umschlagplätzen Südaustraliens verschifft. Schaf- und Rinderherden dominieren auch heute noch die dürftigen Weiden vor dem Ort. Laut muhend und nicht ohne Widerstand – vermutlich wissen die Tiere, dass der Weg zum Schlachthof führt –, wird eine Rinderherde auf amerikanische Mack-Trucks verladen.

Bourke selbst passt in dieses Bild. Heißer Wind streicht durch die Straßen, lispelt um Hauswände, treibt Papierfetzen vor sich her. Zwei Hunde balgen sich um einen Schattenplatz. »Geht mal auf den Friedhof«, hatte man uns auf die Frage nach Sehenswürdigkeiten gesagt. Outback-Humor.

Heißer Wind umspielt Steine und Kreuze, auch das jenes Polizis-

Rote, von der Natur eigenwillig geformte Felsen dominieren das Outback.

Land der Weite und des großen Durstes

Die Pioniere Robert O'Hara Burke und William John Wills blicken heute auf die Passanten in Melbourne.

Verletzte oder gar tote Kängurus gehören leider zum Straßenbild.

Little fairy penguin
auf Phillip Island

Diese malerische Bucht im Staat Victoria ist durch Erosion entstanden.

Ein großer Sänger und Imitator: der Flötenvogel

Rechte Seite:
Vom Opernhaus in Sydney – ein Traum aus Stahl und Beton – blickt man auf die Harbour Bridge.

Ken und Juliana im Dialog mit einem zahmen Kookaburra.

Windbetriebene Pumpen an Viehtränken. Oft schöpfen auch wir dort Wasser.

Linke Seite: Kängurus sind überall auf dem australischen Festland und Tasmanien heimisch.

So lässt sich das Teewasserholen mit einem kühlen Bad verbinden.

Noch 503 Kilometer bis ins Herz des roten Kontinents

ten, der hier begraben liegt, nachdem die Kugel eines Bushrangers seinem Leben ein Ende setzte. Getrennt von den anderen Toten, ruht eine Hand voll der afghanischen Kameltreiber, die mit ihren Karawanen im 19. Jahrhundert das Rückgrat des Frachtverkehrs im Outback bildeten.

Ein Stockman mit schlappigem Filzhut wischt sich über die Augen, als er uns sieht, ungläubig, als wären wir eine Fata Morgana. Dann taucht er in einer Kneipe unter.

Stan, ein junger Bursche aus Adelaide, der hier seine Dollars fürs Studium als Farmhilfe verdient, schiebt sich dichter an unsere Räder heran und fragt: »Wo geht's lang?«

»Alice Springs«, antworte ich ihm.

»Da wohnt mein Bruder.« Stan drückt mir eine Adresse in die Hand. »Mein Bruder kennt bestimmt 'ne Menge Leute, die euch nach Süden mitnehmen können.«

Der Stuart Highway, die Nord-Süd-Achse Australiens von Darwin nach Adelaide, hatte mir schon bei der Planung unseres Trips einiges Kopfzerbrechen bereitet. Die Wasserbeschaffung auf dieser Durststrecke könnte zum Problem werden. Ich liebäugle mit der Idee, eine Mitfahrgelegenheit auf einem der großen Roadtrains zu bekommen. Die Fahrt auf einem dieser Monstertrucks wäre zudem ein irres Abenteuer für sich.

Im Supermarkt von Bourke erledigen wir das Shopping. Ich wundere mich jedes Mal aufs Neue, was wir letztlich auf den übervollen Gepäckträgern alles noch verstauen können. Aber Juliana, die Improvisationskünstlerin, entdeckt immer irgendwo eine Ritze, in die sie ein Stück Käse quetscht oder einen leeren Plastikbeutel fürs Brot, das, außen an den Packtaschen baumelnd, transportiert wird. Vorbei an Zitronenhainen und Baumwollfeldern radeln wir aus dem Ort.

Wenige Kilometer nördlich von Bourke platzt Julianas Hinterreifen. Knallpanne. Das Loch ist so groß, dass ich meine Hand durchschieben kann. Den Reifen können wir wegwerfen! Verdammte Straßen, grob und uneben, im Grunde sind es nur scharfkantige, rote Steine, die auf einem Teerbelag festgewalzt worden sind.

20 Minuten später fordert der Mitchell Highway noch mal seinen Tribut, dieses Mal ist es mein Hinterreifen. An Ort und Stelle schieben wir unsere Räder in den Busch. Es gibt Tage, da trittst du auf der Stelle.

Nach dem zweiten Becher heißem Tee kommt die gute Laune zurück. Im kleinen Radio knistert ein lokaler Sender. Zwischen Hits berieselt uns die Werbung: »Leute, vergesst nicht, eure Einkäufe zu machen. Hurry up! In acht Wochen ist Weihnachten.« Wir sehen uns an und glucksen. Bei 30 Grad im Schatten hatten wir an manches gedacht, nur nicht an Weihnachten.

Meine blauen Shorts haben einen Stich ins Rote gekriegt, die Hände sind braun, meine Haare bedeckt ein rostbrauner Belag. Die Patina des fünften Kontinents ist überall – auch in den Packtaschen zwischen unseren Vorräten. Von einem Rastplatz winkt uns im Vorbeifahren ein Trucker zu. In einer Riesenpfanne brutzelt ein Riesensteak. Junge, Junge, und das schon morgens um sieben.

»Dahinten ist ein Baum mit Schatten«, meint Juliana. Als wir uns Julianas Frühstücksbaum nähern, steigen wohl 50 Kakadus auf, wie eine weiße Wolke schwingen sie vor dem blauen Himmel. Bilder wie am Schöpfungstag. Nur eines hat der Herrgott vergessen, als er diese Vögel schuf: Sie klingen, als würde jemand mit einer Drahtbürste über einen Blecheimer kratzen.

In diesem Moment hält auf der Straße neben unseren Fahrrädern ein Wohnmobil. »He, ihr zwei, sprecht ihr Deutsch?« Ein junger Mann und eine Frau kommen auf uns zu, drücken uns zur Begrüßung zwei Dosen eiskaltes Bier in die Hände. Als Gerd und Inge aus dem Großraum Frankfurt/Main stellen sie sich vor. Die beiden machen ihren Jahresurlaub, drei Wochen davon in Australien. Sie sind quasi durch die Hintertür gekommen, über Los Angeles, dann weiter über die Südsee nach Sydney. Wir setzen uns zusammen auf den Boden, schwatzen und trinken Bier.

Was muss das für ein Gefühl sein, so ruck, zuck um die Welt zu reisen? Vorgestern noch zu Hause am Schreibtisch, heute schon *down under*. Sosehr ich mir auch Mühe gebe, das nachzuvollziehen, es will in diesem Moment nicht klappen. Vielleicht haben wir uns schon zu lange abgenabelt vom Leben daheim, sodass Reisen für uns zum Alltag geworden ist. So wie zu Hause Aufgaben am Arbeitsplatz zu bewältigen waren, so gilt es auch hier simple, aber für dieses Leben elementar wichtige Probleme zu lösen: beispielsweise Wasser zu bekommen, einen Viehtümpel für ein Bad zu finden oder einfach voranzukommen. Vom Bau des Lagerfeuers am Morgen bis zum Zeltaufbau abends – ein voller 16-Stunden-Tag. Doch ich genieße ihn.

Der Tankstelleninhaber eines kleinen Ortes, bei dem wir Trinkwasser erbitten, ist gleichzeitig Dorfkneipenwirt. Das ist nichts Ungewöhnliches hier. Oft sind im Outback zehn Häuser ein Dorf, der Inhaber des verwitterten, wellblechgedeckten Krämerladens Tankwart, Bürgermeister und Postbote in einer Person.

»Komm mit!«, fordert er mich auf. Ich werde in den Garten geführt, zum Allerheiligsten, dem großen metallenen Trinkwasserbehälter. Der stoppelbärtige Alte zieht einen Schlüssel aus der Tasche, mit dem er den Tankablass öffnet. Sicher ist sicher. Wasser ist hier so kostbar wie in jeder Trockenzone der Welt. Vorsichtig füllt er unsere Trinkflaschen, damit kein Tropfen des wertvollen Regenwassers vergeudet wird.

»Have a nice trip«, wünscht er uns zum Abschied.

Sparsam ist er auch mit Worten, aber herzlich.

Gerd und Inge treffen wir nochmals am selben Tag, als ich gerade die 14. Reifenpanne behebe. Wir beschließen, die Nacht gemeinsam irgendwo am Rand der Straße nach Charleville im Busch zu verbringen. Da die beiden uns einladen, ein kleines Stück des Weges mit ihnen zu fahren, gelingt das Kunststück, unsere Räder in ihrem Camper zu verstauen.

Das also ist Urlaub! Ich komme mir doch etwas deplatziert vor in diesen schicken Polstern – erhitzt, verstaubt und abgewetzt wie wir sind. Während ich lustvoll in einer deutschen Illustrierten blättere, fliegt Australien wie ein Breitwandfilm an mir vorbei. Es ist schon dämmrig, als wir in einem trockenen Bachbett einen malerischen Platz für die Nacht finden.

»Zieh dir besser Schuhe an, hier könnten Schlangen sein.«

Das hätte ich nicht zu Inge sagen sollen. Von diesem Moment an bleibt sie nur noch im Auto. Nach einigem Beratschlagen fahren die

beiden in die Nacht hinein zum nächsten asphaltierten Campingplatz, 70 Kilometer entfernt. Schade, ihr beiden, ein Herzstück australischen Urerlebnisses ist euch verloren gegangen!

Nördlich von Bourke überqueren wir die Grenze Queenslands, die
hier wie ein imaginärer Strich schnurgerade von Ost nach West das
Land zerteilt. Der Mitchell Highway, dem Marketingstrategen hier
den griffigen Beinamen Matilda Highway verpasst haben, folgt jetzt
fast gradlinig dem trockenen Bett des Warrego River nach Norden.
Und Norden bedeutet Hitze auf der südlichen Halbkugel.

»Ich glaube, von Kilometer zu Kilometer wird es heißer!«, meint
Juliana. Wir stoppen an der Hauptstraße von Cunnamulla. 1200 Einwohner, knapp die Hälfte davon Aborigines, verrät uns die Ortssta-
tistik. Ganz ehrlich – ich hätte Cunnamulla vergessen, wären da nicht
die romantischen, schattigen Arkadengänge, die weit überlappen-
den Dächer, nicht zum Schutz vor Regen, sondern vor der Sonne –
und der Kaltwasserautomat.

»Welcome to Charleville« lese ich auf dem blauen Schild, das an
ein Dutzend braun gestrichener, tief in den Boden gerammter Pfähle
geschlagen ist. Leichter Wind treibt rotbraunen Staub vor sich
her.

199 Kilometer sind wir seit Cunnamulla geradelt.

Rechter Fuß runter, linker Fuß runter, rechter Fuß ... Ich weiß
nicht, wie viele tausend Mal. Die Bewegungen kommen automa-
tisch, rhythmisch, sind uns in Fleisch und Blut übergegangen.

Charleville, ein Ort mit der Einwohnerzahl eines mittelgroßen
deutschen Dorfes, hat angesichts des riesigen fast menschenleeren
Hinterlands zentrale Bedeutung als Einkaufs- und Versorgungszent-
rum. Ein Hauch von Wildwest umgibt das Nest. Wobei nicht etwa
Rindviecher den Wohlstand bringen, sondern Schafe. So ist denn
auch Charleville das Zentrum der Wollindustrie.

Die flachen Häuser mit ihren weiten, Schatten spendenden Veranden sehen schmuck aus. Hübsch sind auch die gedrechselten hölzernen Säulen, die die Last der weit überstehenden Vordächer tragen. Vor dem Historic House Museum, das als Queensland National Bank einst bessere Zeiten gesehen hat, machen wir es uns im Schatten der Veranda gemütlich. Der Boden ist feucht, ein feines Spray liegt in der Luft, wenn die Bewässerungsanlage mit leichten Zischlauten das kühle Nass über die Bougainvilleen spritzt, die wie Farbkleckse vor weißen Hauswänden leuchten.

»Fahrt zum Ortsende«, empfiehlt uns die Museumsführerin mit dem freundlichen Gesicht, in dem die Falten dick mit Puder verklebt sind. »Und seht euch die rainmaker gun an.«

Eine Regenkanone? Wenig später entdecken wir zwischen Mulgabüschen das kanonenrohrartige Monstrum und lesen: »1902 versuchte der Meteorologe Clement Wragge eine sechsjährige Dürre mit sechs dieser rainmaker guns zu beenden, indem er enorme Luftmassen in den tiefblauen Himmel schoss.«

Mister Wragges Wetterkanone, die Löcher in die Luft ballerte, galt damals als ernst zu nehmendes Experiment. Geregnet hat es trotzdem nicht. Wen wundert's?

Als wir wenig später an der Continental Bakery mit verlockender Werbung für European Style Bread vorbeikommen, läuft mir bei der Vision von herzhaftem deutschem Graubrot das Wasser im Mund zusammen. Erwartungsvoll gehe ich rein, raus komme ich mit einem Weißbrot, so leicht und weich, dass man es mühelos zusammengeknetet mit einer Hand umfassen könnte.

Es hat leicht zu regnen begonnen. Die Luft ist schwülwarm. Ein penetranter Aasgeruch entströmt dem Tierkadaver neben der Straße. So gelangen wir nach Augathella. Das Dörfchen nördlich von Charleville erscheint mir wie eine Geisterstadt.

»Kein Wunder, jetzt ist Mittagspause«, erklärt der Tankwart, bei dem wir Wasser fassen. »Heute Nachmittag ist hier mehr los.« Er grinst: »Na ja, ein wenig mehr zumindest.«

Der Nieselregen entwickelt sich während der Weiterfahrt zu einem Gewitter. »Verflixt, ist denn hier weit und breit kein Baum oder Strauch in Sicht«, fluche ich und zerre unser Zelt aus meiner Packtasche. »Lass uns darunter kriechen.«

Damit die Fahrräder nicht zu nass werden, decken wir sie mit unserer Allroundplastikplane ab. In der Hektik bekommt sie ein Loch. Immer dieses Auf und Ab des Wetters. Mal ist es heiß, mal kalt, heute Regen, morgen Sonnenschein. Versuch mal, das nur mit einem Lächeln wegzustecken. Ach, was soll's. Wenn ich auf Kontinuität Wert legen würde, hätte ich als Beamter auf Lebenszeit zu Hause am Schreibtisch kleben bleiben sollen.

Ein leuchtender Regenbogen, wie aus dem Boden gewachsen, entschädigt uns fürs Nasssein. Dazwischen zwängt sich die Sonne durch brüchiger werdende Wolken. Dampf liegt über dem Land. Da atmest du tief durch.

Beschwingt radeln wir dorthin, wo das schmale Band der Straße den Horizont küsst. Götterstimmung. Trotz der Unberechenbarkeiten des Wetters haben sich unsere täglichen Fahrradleistungen bei rund 100 Kilometern eingependelt.

Welchen Stellenwert doch das Wetter bekommt, wenn man sich ganz in die Natur einfügt und sich ihr aussetzt. Wenn ich früher vom Schreibtisch aufgeschaut und durch das Fenster dunkle Wolken gesehen habe, war mir allenfalls »typisch deutsches Sauwetter« durch den Kopf gegangen. Damit war's dann auch erledigt, ich war zur Tagesordnung übergegangen. Hier ist das Wetter auf einmal alles bestimmend. Der Tagesablauf richtet sich danach und auch die Gemütslage.

Wie die Reisenden in ihren schicken Campern wohl empfinden? Ähnlich? Kaum, denn die Nähe zur Natur ist im Wohnmobil nicht so gegeben. Getrennt durch den Mantel aus Metall, werden die Steaks drinnen auf dem Gaskocher auch dann goldbraun, wenn es draußen wie aus Eimern schüttet.

»Sieh dir diese Wolkenberge an«, sagt Juliana. Ich wende mich nach Osten, wo Kumuluswolken eine wattig weiße Pyramide bauen. Blitze züngeln daraus hervor.

»Wir sollten das Camp aufschlagen«, meine ich und schaue auf den Tacho. »Trotz allem – unsere Tagesleistung kann sich sehen lassen, gut 100 Kilometer.«

»Wie wär's mit dem Wäldchen dort?« Juliana lehnt ihr Rad gegen einen Strauch. Zwischen umgestürzten Eukalyptusbäumen und hohen Gräsern entdecken wir einen lauschigen Nachtplatz. Während Juliana Teewasser kocht, erkunde ich das Gelände. Dabei lassen mich vier große, rote Riesenkängurus verblüffend nah an sich heran. Noch scheinen sie zu überlegen. Dann jagen sie mit federnden Sprüngen gut 20 Meter davon. Erneutes Verharren, sie sehen abwartend und neugierig zu mir her. Keine 50 Meter weiter stoße ich auf acht wonnige Wildschweine. In solchen Momenten vergisst du, dass du zwei Stunden zuvor noch mit dem Schicksal gehadert hast – die Reifenpanne, der Wind, die bloody Trucks!

Von fern kommt ein Dröhnen, ich schiebe ein paar Zweige zur Seite. Ein mächtiger Roadtrain, den Bullcatcher wie eine gemeine Faust vor sich herschiebend, brüllt heran. Steine wirbeln, vom Sog des Monsters erfasste Grashalme tanzen. Das Röhren wird leiser, erstirbt zum Murmeln, die Konturen verwischen im Dunst. Nur ein leichtes Flimmern bleibt im roten Abendlicht zurück, wo der Roadtrain im roten Staub des fünften Kontinents verschwunden ist.

»Weißt du eigentlich, dass wir etwa auf demselben Breitengrad sind, von dem aus unser Landsmann Ludwig Leichhardt 1844 ins Neuland aufgebrochen ist?«, frage ich Juliana. »Sieh mal.« Ich ziehe die Karte aus der Schutzhülle und falte sie auseinander. Jimbour Station, der Ausgangspunkt der Leichhardt-Expedition, liegt nur ein Stück nordwestlich von Brisbane.

Anfang Januar 1845 waren Leichhardt und seine Männer schon drei Monate unterwegs. Selbst verglichen mit der Geschwindigkeit eines Radlers, verlief seine Expedition schneckengleich. Das war so nicht geplant gewesen. Leichhardt musste handeln, er sah die Vorräte schwinden. »Unsere tägliche Ration Mehl wurde jetzt auf drei Pfund herabgesetzt«, kritzelt er am 4. Januar 1845 in seine Kladde. Ihm persönlich machte das offensichtlich nichts aus, denn gleichzeitig lesen sich die Tagebuchzeilen wie eine Liebeserklärung an die Vielfalt der Natur:

»Ich sah noch nie so viele Kakadus wie am Comet Creek. Schwärme derselben flogen zwei bis drei Meilen weit von Baum zu Baum vor uns her, die Luft mit ihrem unaufhörlichen Geschrei erfüllend, und kehrten dann zu ihren Lieblingsplätzen zurück, von denen wir sie aufgescheucht haben ...«

Wohl ein Dutzend Diamantfinken putzen sich im Salzbusch neben uns. Dann ersterben die Laute der Natur. Auch Vögel schlafen. Leise raschelt es im Sand – eine Schlange? Ein Gecko? Nur der Himmel kennt keine Ruhe. Wie Feuer speiende Raketen huschen zwei Sternschnuppen durch die Nacht.

Das Feuer stirbt. Leichter Rauch tänzelt durchs Camp. Ich liege auf dem Rücken, träume mit offenen Augen. Morgen früh, ganz früh, solange es noch kühl ist, werde ich ein wenig in den Journalen Ludwig Leichhardts schmökern, nehme ich mir vor. Und schon bin ich gedanklich wieder mittendrin in der Geschichte des Torfstechersohns aus der Mark Brandenburg, der sich aufmachte, die Wildnis Australiens zu erkunden:

Charley Fisher drückt den Busch zur Seite und zwängt sich hinter dem weißlichen, wohl zehn Meter hohen Stamm des River Red Gum hervor. Die kleinen, flinken Augen in dem schwarzen Gesicht des muskulösen Aborigine vom Bathurst-Stamm strahlen. »Hier!« Lachend schwenkt er drei Bienenwaben. Nachdem alle Männer die seltene Delikatesse genascht haben, notiert Ludwig Leichhardt am 25. Januar 1845 in sein Tagebuch: »Der süßeste und aromatischste Honig, den wir je gekostet haben.«

Überhaupt scheint es der Natur zu gefallen, die Männer gelegentlich zu verwöhnen. »Sehen Sie sich den wilden Majoran an, Mr. Gilbert, den machen die Bienen zu Honig. Aber ich denke, er wird auch uns schmecken.«

Ludwig Leichhardt, in dem nicht wenige nur einen verträumtvertrottelten Hobbyforscher gesehen haben, hat begriffen, dass seine Lehr- und Wanderjahre vorbei sind, dass all seine kurzen, heftigen Unternehmungen im Vergleich zu dieser Expedition mit einem Haufen mehr oder weniger bunt zusammengewürfelter Männer Spielerei waren. Auf Gedeih und Verderb sind sie nun zusammengeschweißt. John Murphy, der Benjamin, ist gerade mal 16 Jahre alt. Harry Brown, der Aborigine des Newcastle-Stammes, zählt ebenfalls zu den Männern der ersten Stunde. Charley Fisher, der andere Aborigine, war erst im letzten Augenblick zu der Gruppe gekommen, genauso wie Pomperdon Hogson, »ein amerikanischer Neger«, wie Leichhardt schreibt, und John Gilbert.

Leichhardt war es nicht entgangen, dass die Männer in den letzten Tagen spitze Bemerkungen machten, wie quälend langsam sie vorankämen und ob Leichhardt auch wirklich alles im Griff habe. Natürlich weiß er, dass sein Zeitplan längst aus den Fugen geraten ist. Aber schließlich ist dies Neuland, kein Weißer hatte es vor ihnen durchquert. Karten über Flussläufe, denen sie folgen könnten, oder Hinweise auf Wasserstellen gibt es nicht. »Unbekanntes Land«, murmelt er vor sich hin, während er sich zur Feuerstelle beugt, Tee in den schwarzen Becher gießt und einen Löffel Honig unterrührt. »Neuland und Niemandsland.« Leichhardt lächelt bei dem Gedanken. Niemandsland – vielleicht aus der Sicht des weißen Mannes. Gewiss nicht in den Augen der australischen Aborigines. Fast regelmäßig treffen sie sie dort, wo Wasserlöcher Fliegen, Tiere und Menschen gleichermaßen anlocken.

John Gilbert tritt zu Leichhardt. Der Ältere findet den jugendlichen Heißsporn, wie er Leichhardt im Stillen nennt, sympathisch. Ihm gefällt seine Leidenschaft, wenn sie, über Karten gebeugt, Pläne für den weiteren Expeditionsverlauf schmieden.

Dreieinhalb Monate liegen hinter ihnen. Dabei hatten sie es gerade mal bis zum Comet River gebracht. (Das Flüsschen wird gut 150 Jahre später von einer Durchgangsstraße unter der Bezeichnung Highway 66 – Capricon Highway von Rockhampton nach Longreach gequert.) Keine große Entfernung, wie Gilbert weiß. Ihr Ziel, der Armeestützpunkt Port Essington im Arnhem-Land, liegt noch unkalkulierbar viele Tagesreisen von ihnen entfernt.

»Haben wir noch Tee, Mr. Leichhardt?« An dem förmlichen Umgang miteinander hat sich trotz vieler Strapazen und Gemeinsamkeiten nichts geändert.

Leichhardt legt einen trockenen Zweig in die Glut, rotgoldene Flammenzungen lecken. Er stellt den Teekessel darüber, wartet einen Moment, bis der Kessel summt, gießt Tee in Gilberts Becher.

»Das Land gehört jetzt der englischen Krone. Aber was ist mit den Schwarzen, die hier seit Jahrtausenden leben?«

Leichhardt weiß, dass er über diesen Punkt offen mit John Gilbert sprechen kann. Er ahnt, dass er unwiderruflich den Schlüssel in eine Tür steckt, die, erst einmal geöffnet, Menschen, Kindern und Schafen den ungehinderten Zugang hierher ermöglichen wird. Die anderen Expeditionsteilnehmer sind typische Söhne ihrer

Zeit. »Das sind doch beste Weidemöglichkeiten für unser Vieh, Mr. Leichhardt«, hatte ihm John Roper unbeschwert geantwortet, als das Gespräch gleich zu Beginn der Reise darauf gekommen war. »Dieses Land ist groß genug für Weiße, Rinder und auch die Aborigines.«

»Aber unsere Rinder werden ihre Wasserlöcher benutzen, und unsere Farmer werden ihre Farmen genau dort bauen, wo ihr Wasser ist«, setzt Leichhardt dem entgegen. Gelegentlich martern ihn diese Gedanken.

Wasser bleibt auch das zentrale Thema der Expedition. Am 27. Januar 1845 geht Ludwig Leichhardt mit Calvert auf Erkundungstour, um am Fuß der vor ihnen liegenden Berge nach Wasser zu suchen.

Leichhardt, der vorausreitet, klatschen harte Salzbuschzweige ins Gesicht, sie zerkratzen seine Wangen, machen seine spröden Lippen blutig.

»Kein Wasser«, krächzt er. »Ich weiß nicht, wie lange die Pferde das noch durchhalten werden, Mr. Calvert.« Im Schatten eines Mallee-Eukalyptusbaums kauert er sich nieder.

»Reiten Sie weiter.« Calvert hebt nicht mal den Kopf. »Mein Tier ist halb tot. Sie müssen Wasser finden, sonst ist es aus mit uns.«

Halb verdurstet erreichen sie gemeinsam das rettende Basiscamp. Mühsam kommt die kleine Gesellschaft voran.

»Meine Herren, wir müssen den Kurs ändern!«

Leichhardt rollt die Karte auseinander, glättet sie auf dem breiten Stamm eines Red River Gums.

»Wir folgen zunächst dem Küstenverlauf. Ich rechne damit, dass die Wasserversorgung hier zuverlässiger sein wird. Weiter nördlich biegen wir dann nach Westen ab.«

»Es rumort unter den Männern«, warnt John Gilbert. »Sie halten unserer Unternehmung für ausweglos.«

Dass die Expedition nicht in den geplanten sieben Monaten zu beenden sein würde, hat Leichhardt schon längst erkannt. Selbst zehn Monate erscheinen ihm unrealistisch. Immer häufiger sind jetzt auch die Begegnungen mit Ureinwohnern, die nie zuvor Weißen begegnet sind. Sie schwingen ihre Stöcke und schlagen damit gegen Bäume, so wie sie es immer tun, wenn sie wilde Tiere verjagen.

Wochenlang folgt die Expedition dem Burdekin River. Leichhardt hatte ihn nach einer wohlhabenden Sponsorin aus Sydney benannt. Später wechseln sie in das Trockenbett des Lynd und daraufhin in den Mitchell River. Am 26. Juni 1845 beschließt Leichhardt, diesen Flusslauf endgültig zu verlassen, um dichter an den Golf von Carpentaria heranzukommen und der Küste nach Westen zu folgen.

»Setzen Sie sich zu mir, Mr. Gilbert.«

John Gilbert lehnt seine Flinte gegen einen Baumstamm, zieht einen Stein heran und setzt sich neben Leichhardt. Wie gewöhnlich war er auch diesen Abend noch ein wenig durch den Busch gestreift, um den einen oder anderen interessanten Vogel für die ornithologische Sammlung der Expedition zu schießen.

»Nicht viel gesehen, Sir«, brummt Gilbert, während er sich streckt. »Ich meine, keine besonderen Vögel heute, dafür umso mehr Anzeichen von Schwarzen.«

»Wir sollten die Augen aufhalten, die Eingeborenen scheinen hier aggressiver zu sein als weiter südlich.«

Ein Ereignis gestern hatte sie irritiert. Erstmals seit Reisebeginn hatten Aborigines versucht, einen Ochsen zu stehlen.

John Murphy tritt zu den beiden Männern ans Feuer. »Die Muscheln, die ich heute fand, dürften ein Indiz dafür sein, dass wir uns dem Meer nähern.« Murphy spielt mit Muschelstücken, die, so spekuliert er, entweder durch Aborigines oder durch Seevögel hierher gelangt sind.

Ludwig Leichhardt blickt von seinen Tagebuchaufzeichnungen

hoch, erst zu Murphy, dann zu Gilbert und meint: »Das war ein guter Tag. Die Enten, die Brown vorhin geschossen hat, geben uns neue Kräfte, und Ihre Vermutung, Murphy, dass wir dicht am Meer sind, ist Aufwind für die Psyche. – Was halten Sie von den Wilden in dieser Gegend, Mr. Gilbert?«

»Sie wissen uns nicht einzuschätzen. Deswegen wagen sie sich nur Stück für Stück vor, wie Kinder, die Neuland erkunden. Ich denke, wir haben ihnen gestern, als sie den Ochsen stehlen wollten, einen heilsamen Schrecken eingejagt.« John Gilbert legt einen halbmeter-langen Flechtstreifen um seinen Kopf. »Das wird mein neuer Hut werden – wie sehe ich aus, Mr. Leichhardt?«

»Wie ein echter Pionier, Mr. Gilbert.« Leichhardt schmunzelt.

»Sie können mich auch John nennen. Lange genug sind wir ja nun schon zusammen.«

Leichhardt zögert einen Moment. Dann wird er seinen Prinzipien, Distanz zu seinen Begleitern zu halten, untreu, er lächelt. »Nennen Sie mich Ludwig, John.«

»Cheers.«

Die beiden ungleichen Pioniere heben ihre von Feuer geschwärz-ten Becher mit Tee.

In dieser Nacht hageln dünne, mit Widerhaken versehene eisen-harte, spitze Holzspeere aus den Händen von Aborigines auf die Zelte der Leichhardt-Expedition nieder. Leichhardt, der etwas ab-seits im Freien liegt, hört Calvert und Roper um Hilfe schreien. Brown und Charley feuern bereits ihre Gewehre in die schwarze Nacht ab, die die Angreifer verschluckt.

Roper und Calvert sind schwer verletzt, die anderen scheinen mit dem Schrecken davon gekommen zu sein.

»Sir, bitte!«, Charley tippt Leichhardt auf die Schulter. Der folgt ihm.

Sie finden John Gilbert nahe dem Feuer am Boden liegend. Ein dünner Speer steckt ihm zwischen Schlüsselbein und Hals tief in der Brust. Der Palmhut blieb unvollendet. John Gilberts Tod ist der dunkelste Schatten auf der Leichhardt-Expedition.

Wir kommen zügiger voran als Leichhardt und seine Männer. Kaum ein Tag vergeht, an dem wir nicht mindestens 100 Kilometer radeln. Öfter als bisher sehen wir jetzt große Roadtrains, häufig mit Vieh beladen. Ihr Luftdruck beim Vorbeidonnern ist so gewaltig, dass wir mit den Rädern ins Schlingern geraten. Wir lernen schnell. Sobald eines der Ungetüme naht, nehmen wir die Fahrräder unter die Arme und flüchten auf den Seitenstreifen.

In Blackall, einer Kleinstadt, beschließt Juliana, einen Putztag einzulegen. Während sie sich im Waschraum einer Tankstelle duscht und ich die Ketten unserer Fahrräder öle, höre ich ein Motorengeräusch, dann das Knirschen von Rädern auf Kies. Eine Autotür schlägt zu, ich drehe mich um. Aus einem Dienstwagen steigt ein Polizist: »Hallo. Ah, aus Germany seid ihr.« Er schmunzelt: »Da bin ich auch her – indirekt allerdings, denn Daddy ist schon in den 30er-Jahren des letzten Jahrhunderts ausgewandert.« Er sieht an mir runter. »Und was macht ihr so in Australien, auf der Suche nach Arbeit?«

Unverkennbar, er will mich aushorchen!

»Anhalter können wir in Queensland auf den Tod nicht leiden, aber mit euch Radfahrern ist das ja was anderes.«

Ich bin betroffen, irritiert, aber auch sauer. Werde es noch mehr, als er mich auffordert, ihm unsere Daten zu geben und die Pässe zu zeigen. Entweder hält uns der Cop für verrückt oder für mittellose Vagabunden.

Vergessen habe ich diesen Zwischenfall nicht, aber ich will ihn auch nicht überbewerten, obschon ich mehr als einmal im Busch den Eindruck habe, dass wir gelegentlich für Tramps gehalten werden, denen es an den nötigen Dollars für ein Auto mangelt.

Das Trinkwasser, das wir in Blackall erhalten, riecht nach Schwefel, ist aber genießbar. So ausgerüstet finden wir zwischen Eukalyptusbäumen und Sträuchern einen ruhigen Nachtplatz. Insekten summen, dann verschwinden auch sie. Bald kommt der Abend, der sanft in eine sternklare Nacht übergeht.

Wir kampieren ausschließlich in freier Natur. Wer allerdings so intensiv mit dem Boden auf Tuchfühlung lebt, muss sich der Schlangengefahr bewusst sein. Meine Sinne sind aufs Äußerste gespannt, wenn wir unsere Fahrräder auf der Suche nach ruhigen Nachtplätzen durch hohe Gräser schieben.

Meist habe ich einen Stock in der Hand, mit dem ich auf den Boden vor uns klopfe. Schlangen flüchten, sobald sie eine Vibration am Boden spüren.

In Barcaldine macht unsere Route einen rechtwinkligen Knick nach Westen. Auf einmal weht der Wind wohltuend von hinten, und wir kommen flotter voran als zuvor. Es ist am selben Nachmittag, als auf der anderen Straßenseite ein Pick-up anhält. Zwei wettergegerbte Gesichter unter schlabbrigen Cowboyhüten grinsen zu uns rüber: »Hi, mates, where are you going?«

»Alice Springs«, sage ich.

»Oh fuck... quite a way!«, entfährt es einem der Männer. Sofort wird er zurechtgestaucht, als der Typ neben ihm erkennt, dass Juliana eine Frau ist. »Let's have a drink.« Der Wortführer öffnet eine Kühlbox und schiebt uns zwei kalte Colas durchs Fenster. Die beiden haben ein gerade in Longreach abgeschlossenes lukratives Viehgeschäft zu feiern.

Nach einem netten Schwatz geben uns die beiden Blokes rund zwei Kilo Kartoffeln und Zwiebeln mit auf den Weg. Eine nette Geste, aber sehen wir wirklich so hungrig aus?

Während der letzten Wochen ist mein Appetit zurückgegangen und in gleichem Maße meine Lust auf Trinkbares gestiegen. An diesem Tag radeln wir insgesamt 103 Kilometer. Natürlich gibt es zum Abendessen Bratkartoffeln. Der Morgen danach geht wegen seines Fliegenrekords in meine Erinnerung ein. Mehr als 100 von ihnen zähle ich allein auf Julianas Rücken.

Longreach ist bereits von weitem durch die Sendetürme der dortigen Radiostation auszumachen. Sogar mittelgroße Dörfer haben ihren eigenen Rundfunksender.

Im Ort bunkern wir so viel Lebensmittel und Wasser, wie wir transportieren können. Von nun an entfernen wir uns immer weiter von der Küste. Wir sind in der Lage, zwölf Liter Wasser auf den Rädern unterzubringen. Das ist nicht sonderlich viel für zwei Radler, denen der heiße Wind gierig jeden Hauch von Feuchtigkeit aus der Haut zieht. Von nun an gilt unsere konzentrierte Aufmerksamkeit jedem bisschen Wasser.

In der Nähe eines schlammigen Flüsschens finden wir einen schönen Platz für die Nacht. Bei der Suche nach einem großen Zeltplatz schrecke ich versehentlich einen dösenden Pelikan auf, der sich, schwer mit den Schwingen schlagend, erhebt. Der Rest dieses Abends wird im Zeichen der Körperkultur stehen – ein genüssliches Bad im Fluss, dann kommt das längst überfällige Haareschneiden.

Der nur gut 20 Quadratmeter große Platz für unser Zelt liegt wie ein kleines Plateau in einem Gürtel trockenen Schilfes am Ufer des Flüsschens. Der Boden ist leicht gewellt. Jetzt, bei Trockenheit, erinnert er mich an gestampften Beton, bei Regenschauern allerdings wird er sich in Minuten in eine Schlitterbahn verwandeln. Gelegentlich erhebt ein Frosch seine Stimme, doch nicht mehr als ein müdes Quaken kommt dabei heraus. Müde auch der Wind, der in den gelbgrauen Schilfhalmen spielt. Er lässt sie flüstern, tuscheln, die Köpfe zueinander stecken oder erschreckt auseinander fliegen.

Aufreizend lässt Juliana die Scherenblätter zusammenschnappen. Natürlich ist es keine Friseurschere. Wir nehmen sie zum Zuschneiden des Flickgummis, wenn ich Reifen repariere, um Flicken fürs Sonnensegel zu schneiden oder welche für durchgewetzte Hosenböden ...

Juliana schneidet mir die Haare gut, auch wenn sie es nie gelernt hat. Doch bald fliegen mit der Virtuosität eines Figaros Haarspitzen hier und Locken da.

»Gekonnt wie Jackie Howe«, schmunzle ich.

»Wer ist das?«

»Ein sheepshearer. Howe stellte 1892 den absoluten Rekord auf, indem er in sieben Stunden und 40 Minuten 321 Schafe geschoren hat.«

Das war in Alice Downs Station, rund 25 Kilometer nördlich von Blackall. »Übrigens, Jackie Howe hat das genau wie du mit einer Handschere gemacht.« Ich kann mir ein Grinsen nicht verkneifen. »Wenn sie auch ein wenig größer war als deine.«

Wir hatten die Statue dieser Outback-Legende in Blackall gesehen. Ein kräftiger Mann mit Schnauzer, offenem, ehrlichem Gesicht. In einem kurzärmeligen Hemd, das für ihn zum Markenzeichen wurde. Mit seinen muskulösen Armen hebt er einen riesigen Widder hoch.

»Jackie Howes Rekord blieb noch 30 Jahre über seinen Tod hinaus unangetastet. Selbst Schafscherer mit elektrischen Schermessern konnten seinen Rekord erst 1950 brechen«, fahre ich fort.

Mir kommt es so vor, als hätte Juliana bei den letzten Sätzen bei mir kraftvoller und schneller zugeschnitten. Locken fallen mit giftigem Schnapp, Schnapp beißen blanke Scherenblätter dicht neben meinem Ohr ins Haar.

»Was hältst du davon, wenn ich mir jetzt noch 'nen Pott auf den Kopf setze«, und denke bei mir: bloß kein falscher Ehrgeiz ...!

Als wir am nächsten Morgen ein paar Kilometer in Richtung Longreach zurückradeln, ist mir, als striche der Wind heute viel freier, ungehinderter und frischer als bisher über meine Kopfhaut.

Zentral-Queensland ist ein Dorado der Schaf- und Rinderzüchter. Hier spielten sich große Dinge ab, die den Nerv der Nation trafen. 1891 z. B. in Barcaldine, das die Einheimischen nur Barcy nennen. Schafscherer erhoben sich gegen die Ausbeutung durch die Besitzer der riesigen Viehstationen. Erzürnt versammelten sie sich unter dem heute noch gehegten und gepflegten Tree of Knowledge (Baum der Erkenntnis), dann zogen 1000 Schafscherer – unter ihnen auch Jackie Howe – mit Fackeln durch den winzigen Ort im Outback.

Übrigens ist auch das Combo Water Hole, an dem die Geschichte des Liedes »Waltzing Matilda« spielt, nicht weit von hier.

Wir binden unsere Fahrräder an einen Pfosten, klopfen uns den Staub von Sandalen und Hosen und gehen in die Hall of Fame. Dieser Tempel der Pioniere hat das 3500-Einwohner-Städtchen Longreach weit über die Grenzen von Zentral-Queensland hinaus bekannt gemacht.

Genau genommen lautet der Name dieser Kultstätte für australische Cowboys Australian Stockmen's Hall of Fame.

Wir fragen uns zu Greg Barber durch.

»Moment mal.« Greg legt den Sattel über die Schulter, bringt ihn zu einem Berg Pferdegeschirr, das er noch fetten und pflegen will, und kommt zu uns zurück. Sein Gesicht ist schmal, fein gefurcht von den Jahren, sonnengegerbt wie eben Haut ist, die ein langes Leben vom trockenen Wind und der Sonne gedörrt wurde. Ein grauer Dreitagebart sprießt um den spitzbübisch lächelnden Mund.

»Also, was wollt ihr über die Stockmen wissen?«

Greg macht eine kleine Pause. »Ich sollte es eigentlich wissen. Bin mein Lebtag selbst einer gewesen.« Jetzt arbeitet er in der legendären Hall of Fame.

»Stockmen sind Teil unserer australischen Legende. Hart arbeitende Kerle. Sie reiten wie der Teufel und sind unschlagbar, wenn's ums Trinken geht.«

Wir haben es uns in seiner Sattelkammer der Hall of Fame bequem gemacht, durch die Scheibe sehe ich, wie eine Gruppe Touristen in feiner Kleidung, gebürstet und gebügelt, durch die Ausstellungshallen flaniert. Ich denke, wir sind hier bei ihm in der Sattelkammer richtig.

»Mit Namen wie ringer, overlander, drover, bronco buster, horse tailer oder jackeroos galoppieren wir durch Geschichtsbücher und Abenteuerromane«, erzählt er.

Greg, der eigentlich aus Südaustralien stammt (»aber das ist schon so lange her, dass ich mich gar nicht mehr daran erinnern kann«), bessert mit geschickter Hand und gewaltiger Nadel mit schwerem, öligem Faden altes Zaumzeug aus.

»Aber vergiss Bilder und Filme, bei denen Stockmen beim glutroten Sonnenuntergang am Lagerfeuer sitzen, immer nur damper essen und Tee aus dem Billy in hübsche Becher gießen. Das ist vielleicht für Zuschauer romantisch, aber unser Leben ist harte Arbeit.«

»Und doch wirst du solche Bilder genossen haben, Greg«, werfe ich ein.

»Was heißt haben. Ich liebe sie immer noch! Es gibt keinen besseren Job als dieses bloody Staubfressen, wenn du hinter den verdammten Rindern herreitest – bloody beautiful!«

Anfang, Mitte 60 schätze ich Greg. Seine Arme sind noch immer muskulös und kraftvoll und ohne Fältchen.

»Nun – sollte es je Stockman- oder Cowboyromantik gegeben haben, ist auch die seit ein paar Jahren gänzlich dahin. Wenn du heute beim muster das Vieh zusammentreibst, helfen dir Helikopter dabei. Am Boden nehmen wir mit unseren Gelände-Toyotas die Rinder in die Zange und treiben sie zu jedem beliebigen Punkt, an dem wir sie haben wollen – Hightech-Cowboys!«

Als wir von Longreach, dem modernen, architektonisch gelungenen Bau der Stockmen's Hall of Fame und dem unvergesslichen

Greg Barber nach Norden rollen, sind die Pappbecher mit eisigem Wasser, die es dort gab, nur noch Erinnerung an eine andere Welt. Geblieben ist die Plastikflasche mit lauwarmer Brühe am Fahrradrahmen.

»Nicht nur in Amerika schafft man's vom Tellerwäscher zum Millionär, das gibt's auch bei uns in Australien – so ähnlich zumindest.« Das hatte uns Greg noch mit auf den Weg gegeben und von einem jungen Bloke namens Sidney Kidman aus Adelaide in Südaustralien erzählt:

»Als Sid 13 war, kaufte er sich einen einäugigen Klepper, den er Cyclops nannte. Steckte seine wenigen Besitztümer in Packtaschen und ritt los. 1870 war das. Was er sich verdiente, investierte er, auch wenn es nur wenig war. Sidney hatte dabei ein glückliches Händchen. Er stieg ins Viehgeschäft ein, kaufte sich Owen Springs Station südlich von Alice Springs. Im Zenit seiner Macht kontrollierte er Farmen von insgesamt 250 000 Quadratkilometern Größe.« (Das ist knapp die Größe Westdeutschlands vor der Wiedervereinigung.)

Als wir von Greg aufgebrochen waren, hatte er mir eine Visitenkarte zugesteckt. »Auf eurer Weiterfahrt kommt ihr direkt an Lorraine Station vorbei. Jane und David Robinson sind Freunde von mir. Besucht sie, wenn ihr Lust auf ein kleines Farmabenteuer habt.«

Nordwestlich von Longreach bleibt die Landschaft flach und eintönig. Parallel zur Straße verläuft ein beidseitig eingezäunter Schienenstrang. Auch die gegenüberliegende Straßenseite ist eingezäunt. Vermutlich ist das einer der Gründe für die vielen toten Tiere, denke ich. Einmal zwischen die Zäune gekommen, hat das Wild kaum eine Chance, den Autos auszuweichen.

Die Hitze nimmt zu, auch der Wind. Während der nächsten zwei Stunden schaffen wir gerade mal 30 Kilometer. Bei einer Bahnstation erbitten wir Trinkwasser. Man bringt uns *ice water*! Zurück auf der Straße sehe ich, wie sich ein Känguru zitternd, wie Hilfe suchend an den Weidezaun drückt. Beide Vorderläufe sind gebrochen.

Mittags notiere ich im Tagebuch: »Um schattige Plätze zu finden, müssen wir von einem Baum zum nächsten mindestens 20 Kilometer fahren.«

Juliana ist körperlich angeschlagen. »Der Kreislauf«, sagt sie.

Am liebsten würden wir alle zehn Minuten anhalten, um zu trinken. Mein Gott, ist das herrlich, wenn ein halber Liter lauwarmes Wasser einem die Kehle runterrinnt. Eine Hand voll Wasser schleudere ich mir ins Gesicht ... ach, ist die Kühlung durch den Wind wunderbar!

Doch dabei werden die kostbaren Wasservorräte knapp.

Ein Tag auf der Lorraine Station

Als wir vom Matilda Highway zur Lorraine Station abzweigen, küsst die Sonne als flimmernde Scheibe den Horizont im Westen, während der Mond im selben Moment sein blasses, kränkliches Gesicht im Osten hervorschiebt.

Schon lange wollte ich mal den Alltag im Outback kennen lernen, Greg hatte mich neugierig gemacht. Lorraine Station scheint der richtige Platz dafür. Die alte *shearers canteen*, in der die Meister der Schafscherkunst einst beim Frühstückstee plauderten und lärmten, ist heute Speisesaal. An den Wänden hängen Fotos von Farmarbeitern, Schafscherern und Merinos. 30 000 Schafe bilden das Rückgrat der Station. Jane und David Robinson bewirtschaften gemeinsam mit ihrem Sohn Tony und ein paar Hütehunden den riesigen Betrieb.

»Aber die lang anhaltende Dürre sowie weltweite Absatzschwierigkeiten von Wolle machen uns das Leben ziemlich schwer«, erklären sie uns.

Das waren auch die Gründe, weshalb sie schon 1985 einen Teil ihres Betriebs in eine Gästefarm umwandelten.

Neben dem Privathaus liegt der mit einem hohen Zaun umgrenzte Tennisplatz. Das ist der einzige Luxus hier. Gleich daneben sind die Schweineställe. Ein paar Hühner gackern draußen im Hof.

In einem Schuppen werden Arbeitsgeräte aufbewahrt, auch einige alte Lkws, die noch als Ersatzteillager gut sind, stehen dort sowie moderne Fourwheeler, vierrädrige geländegängige Motorräder und mehrere Toyota-Landcruiser. In einem weiteren großen Schuppen wird die Armada von Farmfahrzeugen und Maschinen repariert. Ich staune, dass dieses Riesengelände mit Zehntausenden von Tieren und jeder Menge Technik nur von wenigen Leuten gemanagt wird.

Wir gehen ins Haus zum Sundowner, Jane bringt uns kühle Getränke. Eistee für die Ladys, für die Männer Bier.

»Den aktiven Farmbetrieb schmeißt unser Sohn Tony«, sagt David und schiebt mir ein eiskaltes Castelmaine-Bier zu.

Im Haus ist es zu heiß. Wir gehen auf die Veranda, lauschen dem Zirpen der Grillen. Herrliches Höllenspektakel.

»Unser Haus ist aus den 30er-Jahren des 19. Jahrhunderts. Der Erbauer der ursprünglichen Homestead war ein Bloke aus dem kalten Süden.« David schmunzelt. »Offenbar war er beim Bau von den Temperaturen da unten ausgegangen. Jedenfalls hat er die Fundamentplatte aus Beton gegossen. Den Fehler kriegte er allerdings schnell spitz, denn in der heißen Jahreszeit heizte sich der Beton dermaßen auf, dass das Haus wie ein Backofen wirkte und die Leute lieber draußen als drinnen schliefen.«

Er hebt die Dose: »Cheers, oder wie sagt ihr in Deutschland. Prost.« Wir trinken. David fährt fort zu erzählen: »Später wurde die Station an einen Viehzüchter aus Westaustralien verkauft. Der war eher mit der Hitze vertraut. Er riss einen großen Teil des alten Station-Gebäudes ab, setzte das Haus höher, damit unten der Wind durchblasen konnte. Und dann baute er, obwohl Klimaanlagen noch relativ unbekannt waren, eine Wasserberieselungsanlage ein.«

David ist aufgestanden. Wir folgen ihm.

»Außen an den Wänden des Hauses ließ er in der heißen Jahreszeit Wasser herabrieseln. Drinnen war ein Ventilator, der die kühle Luft sozusagen ins Haus hineinsog. Hitze macht erfinderisch.«

Das Licht einer Petroleumfunzel geistert durch das Dunkel auf das Farmgebäude zu. »Das wird Mary sein, eine Freundin, die heute Morgen zu Besuch gekommen ist.«

Mary, Mitte 50, schlank, eine Person, der man sofort glaubt, dass sie anpacken kann, setzt sich zu uns.

»Auch Farmer?«, frage ich Mary.

»Unsere Cattle Station liegt rund 150 Kilometer nördlich von hier. Mein Mann und ich haben 15 000 Rinder und mehrere tausend Schafe. Wir sind ein Zweimannbusiness«, sie unterbricht sich, »wollte sagen: Zweipersonenfarm. Nur wenn die Schafschur beginnt, müssen wir einen Schafscherer anheuern. Den Rest erledigen wir selbst.«

Ein schönes Leben. Ein freies Leben? So frei, wie das Leben mit all seinen Facetten sein kann. Wassermangel herrscht hier, Tierseuchen. »Neulich hat nicht allzu weit von unserer Station das Gras gebrannt«, erzählt Mary, kramt in ihrer Tasche und holt ein paar Fotos hervor, die einen glühend roten Horizont zeigen: ein Buschbrand.

»Ich vermute, die Halme hatten sich durch Reibung selbst entzündet. Ein andermal, es ist gar nicht solange her, sah ich in der Ferne ein Feuer. Zunächst dachte ich, es sei etwa zehn Kilometer weit weg, der ganze Horizont stand in Flammen. Doch später hörte ich, der Buschbrand sei mehr als 40 Kilometer von uns entfernt gewesen. Das muss ein unvorstellbares Inferno gewesen sein.«

»Und wie begegnet ihr hier der Feuergefahr?«, will ich wissen.

»In Busch-Australien sind Feuer unvermeidbar. Sie gehören zu unserem Leben. Ein Blitz, ein weggeworfenes Streichholz, ein heißer Auspuff, der über trockenes Gras hinwegzieht, schon stehen ganze Landstriche in Flammen. Zur Prävention bauen wir Feuerschneisen.« Sie wird nachdenklich: »Wenn erst einmal ein Buschbrand ausgebrochen ist, dann rast er mit der Geschwindigkeit eines Rennpferdes übers Land.«

Tony Robinson lädt uns am anderen Morgen zu einer Inspektion der Wasserstellen ein. »Rund 30 gibt es davon auf Lorraine Station. Unser Hauptbrunnen ist 1280 Meter tief«, erklärt Tony. »Durch Eigendruck steigt das Jahrtausende zuvor als Regen gefallene Wasser im

Bohrloch bis 75 Meter unter die Erdoberfläche, von wo es mit Pumpen angesogen wird.«

Tonys Kontrollfahrt mit dem Landcruiser, der schon so manche Beule von Büschen, Tieren und Arbeitsgeräten erlebte, dessen Ladefläche unter Zaunpfählen, Motorteilen, Schaufeln und Reinigungsutensilien ächzt, ist Routine.

»Wie oft im Jahr schert ihr die Schafe?«, erkundige ich mich.

»Einmal.« Neben den gut 30 000 Schafen der Robinsons sind zur Zeit 1500 Rinder von Nachbarn als Gäste auf dem Station-Gelände. »Die haben noch weniger Wasser und Gras als wir. Unsere Nachbarn zahlen uns dafür eine Grasegebühr«, erläutert Tony.

Dass zurzeit viele Farmer ums nackte Überleben kämpfen, hatten wir schon mitbekommen.

»Nur 350 Dollar bringt das Schlachtrind momentan ein, aber uns, den Schafzüchtern, geht es noch dreckiger. Die Wollpreise sind total in den Keller gesackt.«

Einfach war es auf der Station noch nie. Man muss wohl zäh wie das Outback selbst sein, um das Leben hier zu lieben. Die volle Tragweite wird mir bewusst, als Tony stoppt und auf eine Senke deutet: »Dahinten liegt das Tal des Todes«, er macht eine weit ausholende Handbewegung, »dorthin bringen wir unsere verendeten Schafe!«

Tony wendet sich uns zu: »Vor wenigen Jahren erlebten wir ein Horrorszenario. Wir hatten eine furchtbare Dürre, und dann brach auch noch der Weltmarktpreis für Wolle zusammen. Binnen kurzem sackte er um 70 Prozent pro Ballen – von 1800 auf 550 Dollar. Das war der wirtschaftliche Todesstoß für viele Farmer. In Australien wurden drei Millionen Schafe erschossen, vergiftet, verscharrt. Manche Farmer ließen sie einfach auf der Weide verwesen. Allein auf unserer Station mussten wir 8000 Tiere erschießen. An den Verkauf des Fleisches war nicht zu denken. Sämtliche Transport- und Lagerkapazitäten waren erschöpft.«

Nachdenklich legt er den ersten Gang ein. Auf holpriger Farmstraße rumpelt der Toyota zum ersten Wasserloch, in dessen tückischem Uferschlamm fünf Schafe ums Überleben kämpfen. Auch das ist Routine. Tony wirft jedem von ihnen ein Seil um den Hals. Gemeinsam ziehen wir sie heraus.

So geht es weiter, von Wasserloch zu Wasserloch, von Tränke zu Tränke. Hier säubert Tony mit dem Besen, dort lässt er frisches Wasser nachlaufen. Immer wieder wirft er prüfende Blicke auf die Zäune.

»Wie lang ist der Zaun um eure Station?«, fragt einer, dessen Gartenzaun daheim gerade mal 100 Meter misst.

Tony grinst: »Rund 500 Kilometer – aber so genau weiß das keiner.«

Als wir Winton erreichen, einen heißen Ort mit nur wenigen Menschen auf der Straße, wird Juliana übel. »Was hast du? Ist es der Kreislauf? Oder war es schlechtes Wasser?«, frage ich sie besorgt. Sie zuckt mit den Achseln.

Jahrelang ziehen wir nun schon gemeinsam durch die Welt, haben in den lausigsten Hotels geschlafen, den billigsten Restaurants gegessen und den einfachsten Kneipen getrunken. Nur einmal hatte es Juliana erwischt, in Wadi Halfa, im Sudan, im Juli, als sich das Thermometer tagelang bei 45 Grad im Schatten eingepegelt hatte. Da hatte sie Wasser aus einem Plastiknapf getrunken, den ihr ein Beduine aus dem einzigen petroleumbetriebenen Kühlschrank im Umkreis von 500 Kilometern gegeben hatte. Gierig hatte sie das kalte Nass getrunken, ungefiltert, nicht desinfiziert. Die Rache der Wüstengötter kam schnell und war fürchterlich!

Wir halten, sie lehnt sich an ein Holzhaus. Juliana sieht blass aus. War der Übergang von der kühlen Küstenregion ins heiße Landesinnere doch zu abrupt gewesen?

Die Inhaberin eines kleinen Supermarktes spricht uns an: »Kommt mit mir ins Haus. Drinnen ist es klimatisiert und kühl.« Wir sitzen, eben noch erhitzt und verschwitzt, in einem kalten Hinterzimmer und frieren erbärmlich. Doch langsam kehren die Kräfte zurück.

Weitere menschliche Kontakte bringt dieser Tag nicht. Dafür aber andere, auf die wir liebend gern verzichtet hätten. Zunächst sind es Fliegen, dann beißen Ameisen, anschließend umschwirren uns Myriaden von Nachtinsekten. In einem Buschland abseits der Straße rollen wir unsere Schlafsäcke aus. Doch wir schlafen beide schlecht. Vermutlich haben wir zu viel heißen Tee getrunken, bei jedem Halt waren es gut sechs Liter.

Als wir uns um vier Uhr aus den dünnen Leinenschlafsäcken quälen, fühlen wir uns trotzdem leidlich frisch. Bereits kurz nach Sonnenaufgang kommen wir los.

Es ist windstill. So macht Radeln Spaß. Noch unterhalten wir uns, doch mit dem Steigen der Sonne werden die Gespräche verstummen, unsere Hälse rau und trocken sein. Die Fahrradreifen sirren, unsere Beine bewegen sich mühelos und fast wie von selbst im Gleichtakt. Zwei Stunden später winkt uns eine fröhliche junge Familie mit Pkw und Wohnwagen vom Straßenrand her zu. Wir halten kurz an, trotz eines Liters Eiswasser für jeden haben wir Minuten später schon wieder Durst, mehr als je zuvor. Eigentlich weiß ich es – das Beste gegen Durst ist heißer Tee, wie er in allen Wüsten der Welt getrunken wird. Doch die Erkenntnis konsequent umzusetzen, fällt bei solchen Temperaturen nicht leicht.

Gegen Mittag sehen wir ein großes Gebäude hinter Schatten spendenden Bäumen. »Ich vermute, das ist die Station Woodstock«, meine ich zu Juliana. Wir lehnen unsere Fahrräder an ein Geländer. Das Farmhaus wirkt schlicht. Auch wenn die dazugehörigen Ländereien oft größer sind als so manches kleine deutsche Bundesland, bedeutet das längst nicht, dass damit Wohlstand einhergeht. Das Leben im Outback ist hart und entbehrungsreich.

Ich klopfe. Vielleicht lässt man uns hier die Wasserflaschen füllen. Niemand antwortet. Fliegen umsummen Nase, Augen und Ohren. Ich wedele mit den Händen, klopfe fester an die Tür.

Schritte, Dielen knarren. Ein junger Mann, so Anfang 20, die Arme und das Hemd blutverschmiert, öffnet:

»Hallo.« Er sieht an uns runter, schwenkt rüber zu den Fahrrädern. Und fügt wie zur Erklärung hinzu:»Wir markieren gerade unsere Rinder mit Brandzeichen.« Dann füllt er unsere Wasserflaschen.

»Rund 30 Kilometer von hier ist ein bore, eines unserer Wasserlöcher für die Rinder. Rechter Hand, ihr könnt es nicht verfehlen. Wenn ihr mögt, könnt ihr dort baden, das Wasser ist auch trinkbar.«

In 30 Kilometer Entfernung ... und auch dieses Land gehört noch zur Station? Auf meine Frage, wie groß der Landbesitz ist, kommt die Antwort:»Rund 4000 Quadratkilometer Weideland.«

Als wir den Wassertümpel erreichen, fühlen wir uns schon wieder wie ausgedörrt. Doch das bisschen Feuchtigkeit, auf das wir uns gefreut hatten, hat auch andere angelockt: Sechs Wildschweine stehen im Schlamm des Tümpels und saufen. Einige Kühe, die zuvor das Wasser aufgewühlt hatten, weichen scheu zurück, galoppieren dann aber Staub aufwirbelnd davon. In nicht allzu großer Entfernung beäugt uns interessiert ein Emu mit seinem Jungen, über uns kreischen hunderte von Kakadus. Ein zauberhafter Platz. Wenn auch die Qualität des Wassers nicht so gut ist wie erhofft, verbringen wir doch die Nacht hier. Natürlich haben wir das Wasser abgekocht getrunken, versteht sich.

Ich notiere gerade die Tagesereignisse ins Tagebuch, als mich Juliana vorsichtig antippt: »Pssst!« Sie legt den Zeigefinger auf die Lippen und zeigt zu einem hohen Mulgastrauch, weniger als zehn Meter von uns entfernt.

»Das müssen Nymphensittiche sein«, flüstere ich.

122 Deutlich erkenne ich die orangeroten Wangenflecken. Über dem grauen, gebogenen Schnabel steht fast senkrecht die leuchtend gelbe Haube. Ich hatte Nymphensittiche bisher nur in deutschen Zoos und Volieren erlebt. Und hier sitze ich nun im Staub des Outback, und diese wunderschönen Wüsten- und Savannenbewohner kommen zu mir und sagen einfach Hallo!

Warmes Licht taucht das Land in milde Töne, das Grünblau der Blätter überzieht sich mit einem Hauch Rosé. Das Rot des Bodens brennt jetzt noch intensiver. Ich lege mich auf die Erde. Zufrieden. Wir sind gesund. Wir haben uns die Freiheit genommen, Dinge zu tun, die uns weiß Gott nicht vorgezeichnet waren. Die Sicherheit eines Jobs auf Lebenszeit stand bei Julianas Familie genauso zentral im Vordergrund wie bei meiner.

Es hatte meinen Vater wie ein Schlag getroffen, als ich ihm eröffnete, die sichere Position eines krisenfesten Daseins zu Gunsten der Freiheit der Straße eintauschen zu wollen. Er hat es mir über Jahre nachgetragen. »Wie kann man nur?«, sagte er.

Hätte er an diesem Abend westlich von Winton mit uns am Lagerfeuer gesessen, er hätte die Antwort gefunden.

»Aber könntest du wirklich so leben wie die Menschen auf Woodstock Station? Die Fahrt zum nächsten Einkaufszentrum in Brisbane wird zur Weltreise. Der Besuch beim Arzt ist ebenfalls ein Abenteuer«, gibt Juliana zu bedenken.

»Denk an den Royal Flying Doctor Service«, kontere ich. »Der besucht Patienten mit dem Flugzeug sogar in den entlegensten Ecken des Kontinents.« Ich hatte gelesen, dass die erste Maschine der 1928 gegründeten Qantas Airline bereits damals mit den legendären Flying Doctors an Bord auf Krankenbesuch unterwegs gewesen war.

»Nichts ist unmöglich« lautete auch 1941 das Motto. In jenem Jahr stand im Protokoll über den Ärzteeinsatz Nr. 43 zu lesen: »Flug nach The Granites zu einem Aboriginemädchen, dessen Niere von ihrem Bruder mit einem Dolch rausgeschnitten worden war. Er hatte das Nierenfett gekocht und gegessen, um sich traditionsgemäß Kraft für einen Ritualmord zu holen.«

»Und bedenke bitte, allein von Alice Springs aus betreut der Royal Flying Doctor Service ein Gebiet von der dreifachen Fläche Großbritanniens«, erzähle ich weiter, aber ich erhalte keine Antwort mehr. Juliana schläft.

Gegen drei Uhr morgens stehen wir auf. Bald machen sich am Horizont die ersten Anzeichen der weichenden Nacht bemerkbar. Dunkelrotes Morgenlicht steht dort wie eine Wand, wird heller, bis es grellgelb ist. Gleich darauf schiebt sich der Rand der Sonne über den Horizont.

Im weichen Morgenlicht gleiten wir durchs Land, mehr als 20 Kängurus zähle ich dabei neben der Fahrbahn. Wohl bis auf gut 30 Meter lassen sie uns an sich heran, schauen ohne Angst kurz hoch und hüpfen gemächlich, so als seien wir Teil ihrer Welt, ins weite Hinterland.

»Kürzlich las ich das Vorwort in einem Australien-Reiseführer, in dem der Autor schrieb, 5000 Kilometer habe er im Land zurückgelegt, ohne ein einziges Känguru in freier Wildbahn gesehen zu haben. Frage mich, wie und wo der Australien bereist hat«, wende ich mich an Juliana.

Sie hebt den Kopf und meint: »Vielleicht mit dem Jet von Stadt zu Stadt.«

Eine andere Erklärung gibt's nicht. Sicherlich liegt es aber auch an der Ruhe und Geräuschlosigkeit, die es uns Radlern ermöglicht, viele Details – oft nur Kleinigkeiten – wahrzunehmen, die dem flüchtigen Autoreisenden verschlossen bleiben.

Rund 25 Millionen Kängurus gibt es derzeit in Australien. Angesichts der weltweit dahinschwindenden Lebensräume dieser Tiere ist das ein einmaliger Schatz, den es sorgsam zu hüten gilt.

Auch Nordamerika hatte einst ähnliche Bilder zu bieten. Dort lebten Millionen Bisons. Doch dann kamen Leute wie Buffalo Bill Cody mit schnell feuernden Gewehren, hungrige Bahnarbeiter und Siedler, die dafür sorgten, dass keines der Tiere überlebte.

»Ich wünsche den australischen Kängurus eine glücklichere Zukunft«, sage ich. Die Diskussion um Kängurus und den Erhalt ihrer Lebensräume wird allerdings auch in Australien kontrovers und mit Härte geführt.

Kängurus vermehren sich entsprechend den Wasserverhältnissen. In Dürrejahren blieb der Nachwuchs früher gänzlich aus. Dank zahlreicher Tränken für Rinder und Schafe gibt es jetzt auch für Kängurus ein reichliches Wasserangebot. Folge: Die Population dieser Tiere steigt rapide. Viehzüchtern, um jeden Tropfen Wasser, jeden grünen Halm kämpfend, ist das ein Dorn im Auge. Sie zählen in der australischen Auseinandersetzung um Quoten für den Känguruabschuss zu den Verfechtern eines harten Kurses.

Crocodile Dundees Welt – das Outback und seine Menschen

Middleton Hotel ist eines der vielen Roadhouses, die wie bunte Tupfer der Zivilisation im australischen Outback verstreut liegen. Hier erhält man Wasser, Sprit, bekommt die Reifen geflickt, ein Bett, etwas zu essen und vor allem kaltes Bier.

Normalerweise hätte ich mich an eine Outback-Kneipe wie diese nicht mehr erinnert, hätte mich nicht mal mehr erinnern wollen. Sie ist es nicht wert. Aber so wie unter Blinden der Einäugige König ist, wird in einem knochentrockenen Land das einzige Wasserloch zur unvergesslichen Oase für den Menschen.

Middleton Hotel, ein schlichter Bau, ein Rechteck mit Wänden aus weiß bepinselten Brettern, denen der rotbraune Boden ringsum schon längst die Unschuld nahm. Wellblech krönt das Dach. Muss schön heiß drinnen sein, denke ich. An den beiden Fenstern neben dem Eingang prangt einladend die Aufschrift Bar. Teile der Veranda sind zum Schutz gegen Sonne und Staub mit Markisen zugehängt. An eine weiß getünchte Mülltonne, an der sich Generationen durstiger Blokes mit Bierdosen und -flaschen im Zielwerfen übten, lehne ich mein Fahrrad. Ein steinhart getrockneter Kuhfladen ist die einzige markante Erhebung auf dem Schotterplatz vor dem Middleton Hotel.

Juliana setzt sich auf die grauen Bohlen des Eingangs.

»Ich erledige unser Shopping«, verkünde ich.

Die Pendeltür gibt meiner Hand nach, quietscht dabei ohrenbetäubend in den Angeln.

Erkennen kann ich zunächst nichts. Dunkelheit simuliert Feierabend, die Zeit des phänomenalen australischen Durstes. Kühl ist es, fast schon kalt. Die Klimaanlage läuft auf Hochtouren, geht es mir durch den Kopf.

Drei verwegene Kerle am Tisch in der Ecke, keiner älter als Mitte 20, dem Aussehen nach Stockmen, haben ihr Frühstück schon intus. Zwölf Dosen Bier, überschlage ich, die blauen Foster's und die grünen Victoria Bitter – jeder nennt sie Veebee.

Einer der drahtigen Burschen in kurzen Hosen stemmt sich auf die Tischplatte, erhebt sich und geht zur Theke: »Zwei Sixpacks!«

Die Wirtin, hager, graublond, mittelgroß, mit verhärmtem kantigem Gesicht und spitzer Nase und einem Gesichtsausdruck, der keinen Moment leugnet, dass sie das hier alles ankotzt, öffnet die Glastüren des Kühlschranks. Dahinter stapeln sich die Schätze für australische Kehlen. Hart knallen die beiden eiskalten Sixpacks auf den Tisch.

»Tha!«, sagt der Bursche, legt ein paar Scheine auf den Tresen, stößt den Zeigefinger gegen die braune Hutkrempe. Sein Kinn zuckt zu seinen Kumpels rüber. Das Signal zum Aufbruch. Stiefel poltern über grobe Dielen. Die Tür quietscht. Ein heißer Hauch leckt von außen rein.

Dann bin ich allein mit der Wirtin und ihrem Mann, der sich in der Ecke im Schein einer schwachen Funzel abmüht, Zahlenkolonnen zu addieren.

Wenn du in dieser Kneipe tagaus, tagein leben müsstest, während sich das Leben draußen abspielt, sähst du vielleicht auch so aus, denke ich. Die Frau hinter der Theke fixiert mich wie die Schlange das Kaninchen. Mit Pokergesicht. Fast so, als kämen Radler alle Tage hier vorbei. Habe im Outback sowieso nicht den Eindruck, als würde man unsere Radtour als sportliche Leistung oder individuelle Australienbegegnung honorieren, wie man das in Melbourne oder Sydney tat.

Mit einem Gesichtsausdruck wie: Ihr habt wohl nicht alle Tassen im Schrank, bellt sie: »Veebee oder Four X?!«

»Danke, nein. Kein Bier – nicht um diese Zeit.«

Ihre Augen werden schmaler.

Ob sie mir Brot verkauft? Wortlos schiebt sie ein Weißbrot über die Theke. Sie behandelt dich wie einen Schwachsinnigen, denke ich und lege Münzen daneben. Sie streicht sie ein, ohne hinzusehen.

»Ist das Wasser draußen am Wasserhahn trinkbar«, frage ich. Bissig schnappt es zurück: »Meine Kinder sind damit aufgewachsen.«

Ihr Mann, ein typischer, hagerer, stoppelbärtiger, abgewetzter Typ des Outback, sieht von seinen wichtigen Zahlenkolonnen hoch. Er schaut fragend, eher spöttisch rüber, als er mir vorschlägt: »Baut doch kleine Motoren an die Räder. Damit geht's schneller.«

Ich klemme mir das Weißbrot unter den Arm, fester als nötig gewesen wäre, so als hätte ich die beiden widerlichen Typen im Schwitzkasten.

Für wen haltet ihr uns eigentlich, denke ich. »Have a good one ...«, verabschiede ich mich stattdessen höflich, tippe an meine Mütze und gehe raus.

Heißer Wind trifft mich. Juliana sieht zu den drei Blokes rüber, die sich in ihrem Truck zu schaffen machen. »Kaum waren die aus der Kneipe raus, rissen sie ihre Sixpacks auf und kippten das Bier nur so in sich rein – gab's da drinnen nichts?«, sagt sie.

Ich drehe den Wasserhahn auf. Heißes, lauiges Wasser läuft mir über die Finger.

»Rums, rums.« Die Türen des Toyota knallen. Ein Hund steht mit breit gespreizten Läufen auf der Ladefläche, so als wüsste er genau, was kommt. Der Fahrer des Trucks dreht einen Kreis. Steine spritzen. Aus den geöffneten Fenstern hageln leere Bierdosen in Richtung Mülltonne. Volltreffer nur an meinem Fahrrad. Die Blokes finden das urkomisch. Ihr Gejohle vermischt sich mit dem aufgeregten Gebell des Blue Heeler auf der Ladefläche. Eine Schaufel poltert dort gegen die Bordwand. Schon wird die Staubwolke kleiner.

Der starke Wind steigert sich zum leichten Sturm, als Middleton Hotel bereits zwei Stunden hinter uns liegt. Die heiße Luft flimmert heute stärker über der Straße als sonst. Sandhosen rasen, sich aufgeregt um die eigene Achse drehend, über den Busch, tänzeln, picken Gras- und Spinnifexbüschel auf und lassen sie zehn Meter über dem Boden skurrile Tänze vollführen.

Plötzlich sehen wir neben der Straße eine der für Australien charakteristischen windmühlenartigen Wasserpumpen, daneben zwei herrliche Seen mit klarem Wasser.

»Hey, eine Fata Morgana – kneif mich. Eine Oase in der Wüste!«, rufe ich Juliana zu.

In Rekordzeit streifen wir unsere Kleidung ab und gleiten vorsichtig ins kühle Wasser. Herrlich! Danach rekeln wir uns auf der Decke, lassen uns genüsslich von der Sonne bestrahlen. Kaum trocken, springen wir noch mal in den See. So vergeht der Nachmittag. Wir trinken hemmungslos.

Gegen Abend zieht ein Gewitter auf, und das Unwahrscheinliche geschieht: Es regnet! Schlagartig sackt die Temperatur von 35 auf 20 Grad, ein Umschwung, der uns Gänsehaut über den Rücken jagt. Wir ziehen uns die Plastikplane über den Kopf und hocken uns dicht an dicht auf den Boden. Gegen 20 Uhr hört der Guss auf, zum Weiterfahren sind wir aber zu müde.

Die Nacht wird kurz, da unser Wecker um ein Uhr klingelt. Frühstück mit Wasser und trocken Brot. Um zwei Uhr morgens brechen wir auf. Ich bin hundemüde, dann und wann habe ich beim Radeln die Augen geschlossen, was soll's, die Straße ist über zig Kilometer schnurgerade. Wenn ich jetzt Julianas Gedanken lesen könnte. Sie hält immer mit mir mit. Körperlich wie psychisch. Ist immer an meiner Seite, so wie ich an der ihren.

Ratsch, ratsch, ratsch machen die Ketten. Sobald die Sonne aufgegangen ist, werde ich sie ölen.

Kein Auto kommt uns entgegen, keines überholt uns. Ich denke an die Autobahn Berlin – Dortmund.

»Schatz, weißt du noch, wie wir bei Hannover in einem 25-Kilometer- Stau auf der A 2 gesteckt haben?«, sage ich zu Juliana. Trotz früher Stunde und Müdigkeit lachen wir herzhaft, denn die A 2 liegt in sicherem Abstand auf der anderen Seite der Welt.

»Vergiss nie, das hier machst du alles freiwillig. Frisst freiwillig Staub, schluckst freiwillig bloody Fliegen, lässt dir abends dutzendweise die Grashüpfer gegen den Schädel knallen. Stell dir vor, unsere ehemaligen Kollegen kommen jetzt bald von der Arbeit nach Hause, essen Bratkartoffeln, trinken ihr Bier und gehen dann zum Fernsehprogramm über.«

Es gluckst neben mir: »Gegen Bratkartoffeln hätte ich nichts einzuwenden, Sir.«

Die Nacht ist schwarz, aber nicht so finster, dass ich die Straße und die Fahrbahn nicht erkennen könnte. Wir fahren ohne Licht, der Dynamo hätte unnötig Kraft gekostet. In das Schwarz des Horizonts mischt sich im fernen Osten ein Silberstreif. Kaum mehr als ein Hauch.

Müdigkeit überkommt mich. Ich schließe die Augen. Du brauchst ja nur den Lenker gerade zu halten. Die Straße ist schnurgerade, ohne Knick. Die Beine arbeiten schon allein. Ratsch, ratsch, ratsch macht die Kette, wenn der Zahnkranz in sie reinbeißt.

Da! – Ein Ruck, und mein Fahrrad blockiert. Schlagartig hellwach, steige ich ab. Mit der Taschenlampe zwischen den Zähnen leuchte ich auf das Vorderrad. »Verdammt, eine Schlange!« Eine kleine, vielleicht 40 Zentimeter lange Schlange hat sich zwischen Vorderreifen und -radgabel verfangen. »Noch mal Glück gehabt …«, atme ich auf. Das gilt nicht für die Schlange, die kein Lebenszeichen mehr von sich gibt.

Schlangen auf Straßen sind nichts Ungewöhnliches. Sie kriechen nachts vom schnell abkühlenden Erdboden auf die die Wärme länger speichernde Asphaltstraße zu.

Bei Sonnenaufgang haben wir bereits 70 Kilometer geschafft. Mittags rasten wir in einem trockenen Flussbett, kochen Tee, backen Pfannkuchen und versuchen zu schlafen. Doch Fliegen tyrannisieren uns dermaßen, dass wir kein Auge zukriegen. Ausgetrocknet erreichen wir am Spätnachmittag das Hamilton Hotel.

Eine nette Frau gibt uns Wasser mit Eiswürfeln. Bob, der Besitzer des Hotels, wolle heute Nacht mit dem Auto nach Cloncurry und von dort weiter nach Mount Isa fahren, um Maschinen abzuliefern, erzählt sie uns.

»Wisst ihr was, auf seinem Anhänger hat er bestimmt noch Platz für euch und die Räder.« Hundemüde und kaputt wie wir sind, sagen wir nicht Nein. Auch Bob, der Boss, ist einverstanden. Wir sollen uns so gegen 18 Uhr bereit halten.

Als wir das zweite Fahrrad auf dem Anhänger befestigt haben, kommt ein grobschlächtiger Typ mit nicht mehr blütenweißem Hemd, Schlapphut, geflickten Jeans und ausgelatschten Sandalen auf uns zu.

»Roo-Shooter bin ich, Kängurujäger«, stellt er sich vor. Er lebt in einem schäbigen Wohnwagen neben dem Hotel. Später hören wir von Bob, dass der Roo-Shooter pro Nacht 50 bis 60 Kängurus erlegt. Fünf Nächte arbeitet er und verdient so in einer Woche rund 1000 Dollar. Auf meine Frage, was mit dem Fleisch geschieht, lacht er lauthals: »Roo-Fleisch isst hier keiner, will auch keiner haben! Die meisten Roo-Shooter lassen es liegen. Wir wollen nur die Felle.« Im Übrigen sei der Rinderpreis im Moment so niedrig, dass es nicht mal ein Geschäft sei, Kängurufleisch zu Hundefutter zu verarbeiten.

Gestern erst hatten wir sechs stinkende Kängurukadaver nebeneinander liegend direkt am Highway gesehen – die blutige Fährte des Kängurujägers.

»Viele Roo-Shooter lauern den Tieren nachts im Licht ihrer Autolampen an Straßen- und Pistenrändern auf, wenn die dorthin kommen, um frische Triebe zu fressen«, sagt Bob.

»Du fährst langsam ran, krümmst den Finger – und schon sind sie erledigt«, ergänzt der Roo-Shooter und zieht ein speckiges Taschentuch aus der Hose, wischt sich übers Gesicht, greift dann in die Styroporbox hinter sich, reißt eine Dose auf und kippt das Bier in sich rein.»Wenn du willst, kannst du heute Nacht mit mir rauskommen.«

Danke, nein – was für ein bloody Geschäft!

Als wir Hamilton Hotel in Bobs Auto verlassen, hat sich der Sandsturm, dem weder Tür noch Fenster Hindernisse waren, gelegt. Noch lange liegt die gelbliche Färbung des verblassenden Tages über dem Land.

»Morgen früh muss ich in Cloncurry sein. Ein Kumpel von mir hat Probleme mit seinem Generator – genau wie ich. Es wird höchste Zeit, dass ich Ersatzteile für uns bekomme«, erklärt Bob und kurbelt das Fenster eine Handbreit tiefer. Noch mehr heißer Wind wirbelt durchs Auto. Mit ausholender Bewegung schleudert er die Bierdose aus dem Fenster. Sie torkelt durch die Luft, berührt die Piste, überschlägt sich. »Greif zu. Hinten steht noch mehr Bier. Mit dem Zwölferpack sollte ich bis Cloncurry reichen. Bei Dale, meinem Kumpel – ein guter Kumpel«, er lacht und haut sich auf den Oberschenkel, »kann ich nachladen. Das sollte dann bis Mount Isa reichen.« So fahren wir durch die Nacht. Die Straße zum Middleton Hotel zurück, für die wir gestern einen ganzen Tag benötigt hatten. Wir machen sie in gut einer Stunde. Die Lichter des Pick-up tasten sich von Middleton nach Norden Richtung Kynuna. Bob ist im Zeitplan. Das erste Sixpack ist niedergemacht. Und so wie einst Hänsel und Gretel eine Spur aus Kieselsteinen legten, bleiben Bobs Bierdosen als seine Fährte zurück.

»Wir wollen uns kurz die Beine vertreten.«, meint er und lenkt den Pick-up in Kynuna zielsicher vor das Blue Heeler Hotel. Verfahren kann man sich in dem 22-Seelen-Kaff sowieso nicht. Das blaue Neonlicht in Form eines Hirtenhundes weist den Weg. In nervösen Intervallen zuckt die Neonzunge rot daraus hervor.

»Lasst auf dem Pick-up alles, wie es ist, hier klaut keiner was. Kommt rein – nur ein Bier zur Erfrischung!«

»Preisfrage: Was macht ein Surfboard mitten in der Wüste?«, grinse ich zu Juliana rüber und deute auf ein Brett, das neben der Bartür lehnt. Das Geheimnis lüftet sich in der Bar. »Wir haben einen Surfclub hier in Kynuna«, sagt Ted, einer der Gäste.

»Und das Wasser?«, frage ich erstaunt.

»No worries, mate«, Ted strahlt, »zum Meer nach Townsville sind es doch nur 650 Kilometer.«

Juliana und ich entscheiden uns für eiskalte Milch. Ein Bloke neben uns fragt in besorgtem Ton, ob man das überhaupt trinken könne.

»Warum bringt ihr so wenig Zeit für Kynuna mit? Hier in der Nähe liegt das Combo Billabong. Touristen kommen von weit her, um das zu sehen«, werden wir gefragt

Natürlich hatten wir von dieser Outback-Berühmtheit gehört. Jeder Aussie kennt das Wasserloch, jeder Aussie paukt die Geschichte des Combo Waterhole wie das Einmaleins in der Schule.

So oder so ähnlich muss sie sich abgespielt haben, damals anno 1891, als der Wanderarbeiter Samuel Hoffmeister seine »Waltzing Matilda«, den Schlafsack, ausrollt. Die Sonne versinkt im Westen. Vor ihm züngeln kleine Flammen über der kräftigen Glut, darüber ein knuspriger Braten, Lammbraten! Da hört der *swagman* plötzlich das Trappeln von Pferdehufen. Eine berittene Polizeipatrouille! Sie suchen mich, schießt es ihm durch den Kopf. Natürlich war es verboten, das Lamm zu stehlen, doch es war der Hunger, der ihn trieb. Es ist die Zeit der großen Depression, und Arbeit ist rar.

»Halt!«, rufen die Polizisten, einer zieht die Waffe. Hoffmeister gerät in Panik, springt in das Wasser des *billabong* und ertrinkt.

Diese Geschichte kommt 1895 einem Banjo Peterson zu Ohren. Der ist zu Gast auf Dagworth Station, zu der das Combo Waterhole gehört. Peterson findet die richtigen Worte für das Geschehen, die bald das Herz der australischen Kolonie und noch 100 Jahre später das der Nation tief rühren. Unterlegt mit einer alten schottischen Weise, wurde daraus das Nationallied »Waltzing Matilda«.

»Für Leute im Busch steht ›Waltzing Matilda‹ gleich neben unserer Nationalhymne«, sagt Bob. »›Waltzing Matilda‹ wurde von australischen Truppen im Burenkrieg, während der Weltkriege und bei der Olympiade geschmettert. Denkt die Welt an Australien, soll sie an ›Waltzing Matilda‹ denken!« Er schaut aus dem Fenster. »Kommt, lasst uns aufbrechen, vor uns liegen noch ein paar bloody Kilometer.«

Und während der Pick-up nach Westen rollt, grölen wir drei drinnen im Auto »Waltzing Matilda«.

Als wir den Ort McKinlay erreichen, ist es schon längst dunkel. Wenn's nach mir ginge, würde ich mich zusammenrollen und schlafen. Bei Bob entdecke ich nicht das leiseste Anzeichen von Müdigkeit. Vielleicht ist er froh, endlich mal auf den Putz hauen zu können, vielleicht deshalb auch der Umweg über das Blue Heeler Hotel in Kynuna.

Er dreht sich zu uns um: »Mögt ihr noch einen trinken?« Er grinst. »Ein Bier im Walkabout Creek Hotel kriegt ihr nicht alle Tage.« Schon lenkt er den Wagen zum Hotel.

»Darf's auch eine Cola sein?«, frage ich ihn, aber dann trinke ich doch noch ein Bier.

In der Bar ist der Teufel los. Die Wände bedecken Bilder des Leinwandhelden Crocodile Dundee. Die Kerle in dem Movie unterscheiden sich in nichts von denen, die hier herumhängen, trinken und grölen. Welche mit kurzen Hosen, den typischen australischen Schlapphüten, die meisten tragen Turnhemdchen, dafür aber Stiefel, die bis über die Knöchel gehen. Da ist aber keiner, der nicht einen Stubby, eine Bierflasche oder -dose, in der Hand hält.

Ein ausgestopftes Krokodil mit tückischem Ausdruck grüßt mich von der Wand. Reminiszenzen an den Film »Crocodile Dundee«. Einige Szenen wurden hier gedreht. Für die Kneipengeschäfte war das wie ein Sechser im Lotto. Von Plakaten lächeln Pin-up-Girls mit großen Busen und Bierdosen in den Händen dümmlich auf die überwiegend männlichen Gäste herunter. Qualm schwängert die Luft sowie Schweiß, der Geruch von Bier.

»Woher, wohin, mate?« Ein bärtiger Aussie sucht offenbar das Gespräch. Während wir plaudern, kommt ein anderer auf uns zu.

»Wie geht's?«, spricht er uns auf Deutsch an. »Vor gut 30 Jahren sind meine Eltern nach Australien ausgewandert.« Er stammt aus Südaustralien, wie einige andere Gäste auch. Vor der Tür waren mir schon die expeditionsmäßig ausgerüsteten Fahrzeuge mit dem Kennzeichen South Australia aufgefallen. Überwiegend Gelände-Toyotas, abenteuerlich bepackt mit Reservereifen, Seilen, zusammengerollten Bettbündeln und Spritkanistern. Viele haben lange Antennen für Funkkontakt. Eine australische Expedition? Ich schmunzle, denke an Leichhardt und unseren Fahrradtrip.

»Wir sind ein Rallyeclub aus der Nähe von Adelaide und durchqueren Australien als Public-Relations-Kampagne, um Geld für den Royal Flying Doctor Service aufzutreiben. Jahr für Jahr machen wir das«, erklärt mir Harry, der Deutschstämmige, und dann wechselt er über ins Englische: »It's fun!«

Bob, unser Chauffeur, hat in dieser Nacht seinen Zwölferpack Bier doch nicht mehr niedergemacht. Möglich, dass die eigentlich nicht eingeplanten Stopps in den beiden Outback-Hotels schuld daran waren. Bob fährt bis gegen Mitternacht, dann hält er auf einem Seitenstreifen. Wir schlafen, so gut das geht, auf den Autositzen.

Gegen fünf Uhr morgens sind wir in Cloncurry. »Das Bier bei meinem Freund hier ist kälter als meins in der Kühlbox«, versucht Bob uns zu ködern.

»Danke, Bob, aber seit ich dich getroffen habe, habe ich mehr Veebee, Four X und Foster's in mich reingekippt als in all den Monaten zuvor«, lehne ich ab. Wir lachen. »Außerdem wollen wir uns in Cloncurry umsehen.«

Bob hat noch einen Tipp für uns: »180 Kilometer nördlich von hier ist das Burke & Wills Roadhouse. Da saufen sogar die Pferde Bier.«

»Toller Tipp, Bob«, sage ich, und denke: »Du verrückter Typ.«

Noch am selben Tag höre ich tatsächlich von dem legendären Brumby (Wildpferd) Four X. Als Fohlen fing man es ein. Bald war es das Maskottchen des Burke & Wills Roadhouse. Neugierig lief es zwischen den Gästen des Roadhouses hin und her. Einer der Trinkfesten, wie wir sie bisher hinreichend kennen gelernt haben, nahm eines Tages seinen Schlapphut, goss Bier hinein und gab es dem Pferd zum Saufen. Das leckte, verdrehte die Augen, fand es köstlich und trank in großen Zügen. Four X wuchs, und mit ihm wuchs der Durst. Das sprach sich rum in Australien. Mehrfach schon soff das Pferd Four X für das australische Fernsehen.

Als wir in aller Herrgottsfrühe zum Cloncurry Aerodrome radeln, sind die Strahlen der Sonne noch nicht lähmend. Über der Einfahrt zum Flugzeughangar lese ich: Queensland and Northern Territory Areal Service.

»Füg die Anfangsbuchstaben mal aneinander«, sage ich zu Juliana.

»Qantas«, antwortet sie.

Mit einem Personen- und Frachtverkehr zwischen Charleville, Longreach und Cloncurry entstand 1922 der Vorläufer von Australiens großer Qantas Airline. Das brachte wenig später den Presbyterianer John Flynn auf die Idee, Kranke im entlegenen Hinterland mit dem Flugzeug aufzusuchen. Der Erste Weltkrieg hatte ihn auf die Einsatzmöglichkeiten von Fliegern aufmerksam gemacht: Wenn Kranke nicht mehr zum Arzt können, muss der eben zu ihnen kommen, lautete seine Devise.

1928 war er so weit: Das erste Flugzeug der jungen Bush Airline Qantas hebt mit einem Flying Doctor an Bord von Cloncurry in Queensland ab.

»Das waren noch Zeiten, als zwei Ärzte rund 300 000 Quadratkilometer in Westaustralien und 1,5 Millionen Quadratkilometer im Northern Territory betreuten«, sagt uns die Führerin im Royal Flying Doctor Service Museum.

Das Land prägt seine Pioniere, denke ich, als wir von Cloncurry in fast gerader Linie nach Westen Richtung Mount Isa radeln. Ich fühle mich zu diesen Burschen hingezogen, sie hatten Biss, egal ob sie Leichhardt, Burke und Wills oder Reverend Flynn hießen.

Mount Isa erreichen wir am späten Vormittag des nächsten Tages.

»Was hältst du davon, das Etappenziel mit einem Gallonenpott Eiscreme zu feiern?«, meine ich zu Juliana.

Juliana findet den verrückten Vorschlag gut. So naschen wir in Rekordzeit den Topf leer. Ich behaupte, jeder Löffel Eis hat auf unseren Zungen herrlich gezischt.

Dann radeln wir etwa 25 Kilometer aus der Stadt raus in den Busch, vorbei am deutschen Club Concordia, in dem kürzlich der »Seppl los« gewesen sein soll, als Mount Isa Oktoberfest gefeiert hat.

Mag sein, dass wir an diesem Tag zu viel vom Oktoberfest und einer guten Maß Bier gesprochen oder aber an den trinkfesten Bob gedacht haben. Kaum steht unser Zelt, überkommt mich der Wunsch nach einem kühlen Blonden. Vor meinem inneren Auge sehe ich ein Werbebild: Bier zwischen rotem Wüstensand, unerreichbar wie eine Fata Morgana. Nicht für uns, sage ich mir an diesem Tag! Steige noch mal in den Sattel, radle eine Stunde zurück nach Mount Isa und kauf einen Sixpack.

Wir liegen auf roter Erde, trinken kalten Gerstensaft, sehen in den glasklaren Sternenhimmel und sind mit Gott und der Welt zufrieden. 50 Kilometer Strampelei – was ist das schon, wenn man dadurch Träume wahr werden lassen kann.

Mount Isa ist mit rund 20 000 Einwohnern die einwohnerstärkste Stadt in Queenslands Outback. Doch die Fakten im Guinness-Buch der Rekorde beeindrucken noch mehr: Das Stadtgebiet umfasst 43 000 Quadratkilometer. Das macht Mount Isa zu einer der größten Städte der Welt.

Sie entstand mit der Mine, sie lebt und fällt mit der Mine, einer der größten Produzenten von Kupfer, Zink, Blei und Silber. 4500 Menschen arbeiten für den Giganten, dessen Schächte 1100 Meter tief und dessen Stollen 600 Kilometer weit ins Erdreich reichen. Aber das war nicht alles, was uns am nächsten Tag noch einmal nach Mount Isa zog.

Der deutsche Club Concordia hatte uns neugierig gemacht. Dabei dachte ich natürlich an die nostalgischen Klänge von »Das alte Försterhaus« und »O Heideröslein«. Meine Fantasie gaukelte mir deutsche Wirtshausgemütlichkeit und den Duft von Schweinebraten mit Knödeln vor. Was nach einem langen Outback-Aufenthalt durchaus verlockend sein kann.

Doch stattdessen dröhnt uns Heavy-Metal-Musik entgegen. Zwei 18-jährige Aborigines versuchen sich am Eingang mit Händen und Füßen zu verständigen.

Sind wir hier richtig? Das Bierseidel über dem Portal mit der urdeutschen Aufschrift »Ich liebe dich« macht mir Mut. »Komm!«, sage ich und fasse Juliana bei der Hand.

Drinnen, etwas abseits von einem guten Dutzend anderer Gäste, sitzen zwei einsame Männer, der eine im T-Shirt mit den deutschen Nationalfarben. Und während der Fernsehkommentar einer Football-Lifeübertragung gnadenlos laut auf uns einhämmert, lerne ich Günter Grote und Karl-Hermann Neeb kennen, die letzten Germanen im Deutschen Club von Mount Isa.

»1961 bin ich nach Australien gekommen«, erzählt Günter Grote. Schon bei der ersten Erkundungsfahrt mit seinem Heinkel- Roller war er in Mount Isa hängen geblieben. Jetzt gehört er zu jener kleinen Gruppe Deutscher, die sich regelmäßig im Club sehen lassen. Nur noch etwa 1000 Deutsche leben heute in der Stadt. »Vor 30 Jahren hättest du hier sein sollen, da waren wir mehr als 2000«, meint Günter und schwärmt von den guten alten Zeiten, als es noch rappelvoll im Club war, es hausgemachten Kuchen gab und süffiges deutsches Bier floss.

»Der Club war unser Zuhause fernab von zu Hause. Viele hatten damals Probleme mit der fremden Sprache und Lebensweise. Das hat sich geändert.« Günter Grote macht eine Pause. »Die heutige Einwanderergeneration ist weltgewandter, integriert sich schneller, und mit dem Englischen haben die wenigsten Newcomer Probleme.«

Um wirtschaftlich zu überleben, musste der australienweit für sein Oktoberfest bekannte Deutsche Club sich nach anderen Nutzern umsehen. Einen davon, den Brother Football Club, lernen wir an diesem Abend kennen, lautstark versteht sich – schließlich hat er das Footballmatch gewonnen. Ich schmeiße für alle eine Runde Bier – nein, kein Münchner Löwenbräu, sondern eiskaltes Foster's Lager in Blechbüchsen –, man geht ja mit der Zeit.

Die Strecke zwischen Mount Isa und Tennant Creek ist leicht hügelig. Vermutlich hat es gestern hier geregnet. Es duftet nach Eukalyptus und Kräutern. Am Wegesrand entdecke ich zahllose, mir unbekannte blühende Büsche, aber auch tote Rinder – oft nur deren lederne Hülle mit Knochen.

Gegen Abend rasten wir an einer Wasserpumpe, fassen dort Wasser und schlagen einige Kilometer später unser Lager im Busch auf. Anfangs ist es geradezu idyllisch: In einem improvisierten, aus Steinen und Lehm selbst gebauten Backofen backen wir Brot und essen es, frisch wie es ist. Damit endet die Idylle. Eine Fliegeninvasion selten erlebter Dimension beginnt. Hunderte von ihnen umschwärmen uns, kleben an unseren Körpern. Wir flüchten, schlagen mit den Händen. Schließlich reiben wir uns mit einem Mückenschutzmittel ein. Ohne Erfolg. Die Quälgeister fliegen eine Attacke nach der anderen. Resigniert verkriechen wir uns ins Zelt, bekommen drinnen aber Schweißausbrüche. Letztlich flüchten wir von drinnen nach draußen. Der Kampf beginnt aufs Neue.

»Lass uns in unsere dünnen Leinenschlafsäcke kriechen«, schlage ich vor.

Wir halten die Öffnungen von innen zu und schwitzen vor uns hin. Als ich durch einen Spalt rausblinzele, zähle ich mehr als 50 Fliegen auf jeder meiner Sandalen. Etwa eine halbe Stunde vor Sonnenuntergang verschwindet diese Plage. Dafür kommt für kurze Zeit eine andere: Fliegen, die in Mund, Nase und Augen kriechen. Endlich, bei einbrechender Dunkelheit, wird es leidlich erträglich. Um uns herum krabbeln jetzt nur noch hunderte von Ameisen. Wir wagen uns zurück ans Campfeuer. Die Flammen züngeln in die Nacht, vor uns summt der Teekessel. Aber allein sind wir auch jetzt nicht. Unzählige Nachtfalter umschwirren uns, flattern gegen unsere Beine, springen in die Töpfe, dass es poppt. Ich notiere ins Tagebuch: »Im scheinbar toten Outback ist mehr

Leben als an einem verkaufsoffenen Sonnabend in der Hamburger Innenstadt.«

Camooweal, ein Nest kurz vor der Grenze des Northern Territory, ist das, was man ein Kaff am Ende der Welt nennt. Der Ort ist winzig, der Store ein schäbiger Laden. Bei der Post setzen wir uns in den Schatten. Ich beobachte, wie zwei Roadtrain-Fahrer sich mit Bier auffüllen, andere kommen mit Foster's Sixpacks aus der Bar. Wie hatte Bob doch vor wenigen Tagen orakelt: »Entfernungen drückst du im Outback nach der Zahl der ausgesoffenen Bierdosen aus!«

Dieser Abend ist so heiß, dass wir beschließen, ohne Zelt unter freiem Himmel zu schlafen. »Drück die Daumen, dass keine Schlangen kommen«, meine ich zu Juliana. Es soll ja schon vorgekommen sein, dass sich Schlangen nachts auf der Suche nach Wärme auf die Brust eines Schläfers gekuschelt haben. Der hatte dann ein unerfreuliches Erwachen: Würde er sich bewegen, könnte es das letzte Mal in seinem Leben sein. Also blieb er, nur leicht atmend, mucksmäuschenstill liegen, vielleicht stundenlang, bis endlich die Sonne das Land und die Reptilien erwärmte und der Schlange der Sinn danach stand weiterzukriechen.

Wir nähern uns dem Barkley Tableland. »Da ist nichts«, hatte man uns gesagt, »es gibt nicht mal bloody Schatten spendende Bäume.« Gegen Mittag finden wir trotzdem einen mickrigen Eukalyptusbaum. Unsere zwischen Stamm und Erde gespannte Plastikplane wirft zum Glück Schatten, in dem wir dicht nebeneinander Schutz suchen. Wenn bloß dieser verdammte Durst nicht wäre! Unser Trinkwasser ist fast heiß, trotzdem greifen wir gierig nach den Flaschen. Ich ertappe mich dabei, wie ich Juliana argwöhnisch beäuge: »Trink nicht so viel, heute müssen wir mit dem Wasser mindestens noch 40 bis 50 Kilometer auskommen!«

Tagebuchaufzeichnungen vom 8. bis 10. November

8. November – Nachtlager Barry Caves Roadhouse –
Tagesleistung 142 Kilometer

Unglaublich – die Nacht ist so kühl, dass ich doch tatsächlich in meinen dickeren Schlafsack krieche! Als ich noch einmal kurz in den Himmel blinzele, sehe ich die Sterne wie funkelnde Diademe über mir, darüber schlafe ich ein.

Eigentlich hatte ich den Wecker auf vier Uhr gestellt. Doch offenbar war der Entriegelungsknopf nicht herausgezogen, kurz nach fünf Uhr weckt mich das Krakeelen von Vögeln.

Noch immer ist es kühl. Wir sind ausgeruht und kommen flott voran. Bei Avon Downs Station gibt man uns bereitwillig Wasser. Neben einem kleinen Reisebus stehen dort mehrere Zelte, mit einigen Reisenden kommen wir ins Gespräch. »In drei Wochen von Sydney nach Darwin und zurück!«, hören wir. Da können wir nicht mithalten.

Unsere Gesichter sind bereits früh am Vormittag weiß verkrustet, der Salzausstoß des Körpers muss bei dieser Hitze immens sein. Gestern Abend hatte ich mich, anstatt mich zu waschen, einfach mit einem trockenen Handtuch abgerubbelt. Danach fühlte ich mich sauber. Leidlich jedenfalls. Gegen den Salzverlust und um Muskelkrämpfen vorzubeugen, essen wir Margarinebrote, auf die wir Salz streuen. Wann immer wir können, kaufen wir Bananen. »Gut gegen Wadenkrämpfe«, hatte man uns gesagt. Gegen elf Uhr rasten wir in einem trockenen Flussbett. Vor uns, so weit das Auge reicht, eine nahezu vegetationslose Ebene.

Ich habe ein kleines Feuer entfacht, dünner Rauch liegt in der Luft und macht die Atemwege noch trockener, als sie ohnehin schon sind. Juliana gelingt wieder mal das Kunststück, auf einem improvisierten Backofen Apfelkekse fertig zu stellen: Mehl, Wasser, etwas

Zucker, Salz, Backpulver und ein paar getrocknete Apfelringe. Herrlich! Wie anspruchslos du doch geworden bist, denke ich. Wenn bloß der Durst nicht wäre.

Kurz vor Sonnenuntergang erreichen wir völlig ausgedörrt, die Gesichter salzverkrustet, Barry Caves Roadhouse. Juliana bestellt sich eine kalte Milch, ich mir ein Bier. Dann lehne ich mich zurück und schaue in die Gesichter meist stoppelbärtiger, hagerer, wind- und wettergegerbter Typen. Das Serviermädchen schiebt zwei offene Bierdosen rüber: »Hi, mate, probier mal, welches Bier besser schmeckt: Castlemain oder Victoria Bitter.« Damit auch ringsum richtig getestet werden kann, schmeißt ein Trucker eine Runde. So wird der Tag dann doch noch feucht.

Darryl, einer der Trucker, mit denen wir zuvor den Bierpröbchen zugesprochen haben, schaut noch auf einen Schwatz vorbei, während wir unter niedrigen Büschen das Zelt aufbauen.

»Wollt ihr mal sehen, wie ich schlafe?« Wir folgen ihm zu seinem neuen McGrath-Truck. »Rund 150 000 Dollar kostet mein Schätzchen.« Stolz klettert er rein, bedient die Stereoanlage, den Kühlschrank, den rückenfreundlichen Sitz vor dem Armaturenbrett, das aussieht wie das Cockpit eines Flugzeugs.

Wir kriechen stattdessen in unser knapp meterhohes Zelt.

9. November – Nachtlager Frewena Roadhouse –
Tagesleistung 153 Kilometer

Um drei Uhr nachts sind wir auf den Beinen. Ich fülle gerade unsere Wasserflaschen am Barry Caves Roadhouse auf, als neben mir ein Lkw hält: »Kipp die Plörre weg«, sagt der Fahrer auf sächsisch. »Das taugt nichts.« Dann gibt er uns gutes Kühles. Trucker Heinz stammt aus Dresden.

Die ersten Stunden fahren wir noch bei Dunkelheit. Dann geht, Millimeter für Millimeter, aber doch wahrnehmbar, zunächst wie eine schmale Sichel, dann wie eine halbe Scheibe und zum Schluss wie ein glutroter Feuerball die Sonne auf.

Einige, mit denen wir uns gestern Abend im Hotel getroffen haben, liegen jetzt noch im Bett oder sitzen beim Frühstück, geht's mir durch den Kopf. Wir radeln an diesem windstillen Morgen laut meinem Tacho mit 30 Stundenkilometern nach Westen. Nach gut 60 Kilometern Fahrt hält neben uns ein Landrover. Raus schaut die lustige Familie, Vater, Mutter und drei Kinder, mit der wir gestern Abend geplaudert hatten. »Was, so weit seid ihr schon?«, staunen sie. Die Kinder suchen in ihren Körbchen. Dann schenkt uns das jüngste zwei Apfelsinen und Mangos. »Die gibt's heute Mittag zum Lunch«, versprechen wir.

Nach Sonnenaufgang wird der fünfte Kontinent von den gnadenlosen Strahlen einer ungefiltert auf die Erde brennenden Sonne gebacken. Und wir mit ihm.

Riesige rotbraune Wolken beunruhigen mich. Seit Tagen haben wir ferne Buschbrände im Südwesten wahrgenommen, jetzt kommen sie näher.

Zum zweiten Frühstück haben wir bereits 90 Kilometer geschafft. Wir sind fix und fertig, Trockenheit und Hitze haben uns ausgehöhlt. Gierig trinken wir das jetzt heiße Wasser. Wir rasten sechs Stunden. Ich fühle mich danach zerschlagener als zuvor. Gegen 17 Uhr brechen wir auf, genau in den Sonnenuntergang hinein. Ich kneife die Augen zu Schlitzen zusammen. Es hilft kaum – die Sonne sticht unbarmherzig. Ich wundere mich, wie Juliana die Strapazen immer so souverän wegsteckt.

So erreichen wir Frewena Roadhouse. Ich gehe auf einen älteren Mann hinter der Theke zu und bitte ihn um Wasser. »Hinter dem Roadhouse ist ein Wasserhahn, da kannst du dich bedienen«, lautet die unfreundliche Antwort.

Ekel, denke ich mir. Ich gehe raus und fülle unsere Wasserflaschen auf. Nur heißes Wasser kommt aus dem Hahn. Ich bin mir sicher, dass der Kerl – wie überall sonst – hinter seiner Theke einen Pott mit Eiswasser stehen hat. Trotzdem gehen wir noch mal rein. Ich ordere zwei kalte Milch, dann zwei Dosen Bier. Da sagt der Kerl provozierend: »Du kannst sie haben, aber bezahle erst!« Hat der Typ was gegen Radfahrer? Ich beiße mir auf die Lippen, um die Worte nicht rauszulassen, die mir auf der Zunge liegen. Verstohlene Blicke einiger Gäste. Ich ignoriere den Stinker, so weit mir das in diesem Moment möglich ist. Die Begegnung mit solchen Typen – und ich gestehe, auf dieser Radtour durch Australien treffe ich sie mehr als anderswo – sind doch immer wieder ein Wermutstropfen. Oder fehlt mir da vielleicht die Antenne für eine besondere Art von Outback-Humor?!

Und doch wird es ein urgemütlicher Abend, dank der bunt zusammengewürfelten Schar der anderen Gäste. Gegen 23 Uhr gehen wir zu den Fahrrädern zurück.

»O nein! Muss das gerade jetzt sein – ein Platten!«, rufe ich aus. Während ich repariere, streicht Juliana Brote. Seit Mittag haben wir nichts mehr gegessen.

10. November – Nachtlager Three Ways Roadhouse – Tagesleistung 132 Kilometer

Kurz nach drei Uhr morgens raus aus dem Schlafsack. Deutlich mache ich in der Ferne das glühende Inferno von Buschbränden aus. In gespenstischer Stimmung radeln wir schweigend dahin. Knapp 100 Kilometer schaffen wir bis zum zweiten Frühstück. Dann kommt wieder die große Hitze. Rasten. Trinken. Trotzdem können sich unsere Tagesleistungen sehen lassen. Gestern zeigte der Tacho 153 Kilometer, der heutige Tag ist auch nicht so schlecht. Aber der körperliche Einsatz fordert seinen Tribut: Juliana klagt über Rücken- und Knieschmerzen. Einige Finger ihrer rechten Hand sind vom Lenkerhalten völlig taub. Bei mir ist die linke Hand unerklärlicherweise kraftlos. Während der Rast verdunkelt sich der Himmel, die Sonne verschwindet hinter soßigem Grau, feiner Rauch lastet schwer über dem Land. Schlagartig kommt frischer Wind auf. Treibt das Feuer auf uns zu? Mir ist unheimlich zumute. Ein Buschbrand, den ein Sturm vor sich her treibt, jagt schneller dahin als ein Radler.

Es ist spät, als wir das Three Ways Roadhouse erreichen. In der Kneipe steht ein dicker, gemütlich wirkender Wirt wie eine deutsche Eiche hinter dem Tresen. Davor ein paar Truckdriver und Aborigines, die meisten von ihnen stark betrunken. Zunächst bestellen wir Milch. Zwei der Schwarzen suchen offenbar Kontakt. »Milch ist nur für Kälber gut«, lallt einer. Wir ignorieren sie.

»Sieh mal hinter dich!«, sage ich und weise auf die verräucherte, speckige Wand der Wirtsstube. Zwischen Bierdeckeln, Dollarscheinen, auf die Witzbolde ihre Namen gekritzt haben, hängt eingerahmt ...

»Das darf doch nicht wahr sein«, entfährt es Juliana. Es ist aber wahr. An der Wand hängt ein riesiger staubtrockener Kuhfladen. Falls es einer Erklärung bedarf, bietet sie das Hinweisschild darunter: *genuine northern bullshit* – echte Bullenscheiße aus dem Norden. »Wie habt ihr denn das gemacht?« Ich zeige auf das Bullenprodukt und sehe zum dicken Wirt rüber.

»Morgens vom Bullen ausgekackt, tagsüber mumifiziert, abends schon an die Wand genagelt«, ist die knappe Erklärung. Grölend schlägt er sich auf die Schenkel. Noch so ein Witzbold.

Roadhouses und Kneipen im Outback sind nichts für zartbesaitete Gemüter. Um nicht die abschätzenden Blicke der Männer auf mich zu ziehen, wechsle ich schnell von Milch zu Bier. Ich lese Genugtuung in den Augen des dicken Wirtes.

»Hier im Raum ist noch jemand mit deutschem Stammbaum«, meint Juliana. Der Blick dafür schärft sich beim Reisen. Zum puren

Zeitvertreib hatten wir oft unbekannte Mitreisende nach ihrem Erscheinungsbild bestimmten Ländern zugeordnet. Selten lagen wir dabei falsch.

Nach einer Weile kommt der Mann auf uns zu und spricht uns an – auf Deutsch: »Ich habe ein D an euren Rädern gesehen. Sorry, ich hab vergessen, mich vorzustellen. Ich bin Kurt.« Er streckt uns die Hand entgegen. Zwei, drei Bier lang erzählen wir ihm von unserer Radtour, dann er von sich und seiner Familie und davon, dass er in der Nähe von Tennant Creek arbeitet. »Vor gut 20 Jahren bin ich aus Österreich ins Outback gekommen.« Jetzt ist Kurt mit einer Deutschen verheiratet. Bei der fünften *beercan* drückt er mir seine Adresse in die Hand: »Morgen müsst ihr uns unbedingt in Tennant Creek besuchen.« Es geht auf Mitternacht zu, als wir ein kleines Stück hinter dem Roadhouse todmüde ins Zelt fallen.

Tennant Creek ist nur ein kleiner Ort mit knapp 3000 Einwohnern, doch da es weit und breit keine andere Ansiedlung gibt, kann er für sich in Anspruch nehmen, die einzige Stadt in dieser Gegend zu sein.

In einem trockenen Land ranken sich alle Gedanken und Geschichten um Feuchtigkeit – wen wundert es da, dass in den Kneipen eine Story erzählt wird, nach der die Existenz von Tennant Creek darauf zurückgeht, dass hier einst ein Biertransport liegen geblieben sein soll. Lange ist das her. Bevor Flugzeuge den Kontinent überflogen, lange bevor man Australien in vier Tagen von Süd nach Nord auf durchgehenden Asphaltbändern durchqueren konnte. Hilfe war in der fatalen Situation damals nicht zu erwarten. Was also machten die Bierkutscher? Da sie als richtige Aussies natürlich auch einen phänomenalen Durst in die Wiege gelegt bekommen hatten, bedienten sie sich an ihrem Bierwagen. Dabei kamen sie zu Kräften, fanden die Gegend plötzlich gar nicht mehr so öde und bauten eine kleine Stadt um den Wagen herum. So entstand Tennant Creek.

Mit allem Vorbehalt ist das eine Kneipenlegende. Doch auch ohne sie ist die Geschichte Tennant Creeks recht abenteuerlich. 1932 wurde hier Gold gefunden, aber das war nur ein kurzer, wenn auch heftiger Rausch. Später brachte die Förderung von Kupfer für einige Zeit wirtschaftlichen Wohlstand. Heute ist Tennant Creek ein moderner Ort mit einer von Bäumen gesäumten Durchgangsstraße, Einkaufszentren, Verwaltungsdienststellen, einigen Hotels und Motels.

Als wir durch den Supermarkt bummeln, kommt eine Frau geradewegs auf uns zu und fragt, ob wir die beiden Deutschen seien, die gestern Abend mit ihrem Kurt im Roadhouse gesessen hätten.

»Ich bin Sigrid, ich habe schon nach euch beiden Ausschau gehalten«, stellt sie sich vor.

Im Laden wird es voll, es ist Zahltag. Kurt kommt auch bald, und die beiden kaufen viel ein. Die Spuren der gestrigen Kneipentour sind bei Kurt nicht zu übersehen.

»Das erste Mal seit Monaten, dass ich mal wieder im Roadhouse war«, sagt er. Kurt hat einige bewegte Jahre in Australien hinter sich, zunächst als Opalsucher, dann als Känguru- und Krokodiljäger, später hat er als Stockman Rinder getrieben. »Aber die wilden Zeiten sind vorbei«, erklärt er. »Sobald wir genügend Dollars für ein eigenes Häuschen zusammengekratzt haben, werden wir an die Küste ziehen, nach Townsville.«

Drei Tage bleiben wir bei Kurt und Sigrid. Ich habe in meinem Leben nie zuvor so viele kalte Softdrinks in mich reingekippt wie bei den beiden. Draußen klebt die Quecksilbersäule an der 40-Grad-Marke.

Da weekend ist und Kurt nicht arbeiten muss, fährt er uns mit seinem großen, alten amerikanischen Straßenkreuzer, der selbst Bodenunebenheiten weich wie mit Samtpfoten nimmt, zu ihrem 20 Kilometer entfernten Pferdestall. Wir satteln eines von seinen

Pferden. Ich steige drauf und reite ins Abendrot hinein. Da werden auf einmal Jungenträume wach ...

Den nächsten Tag besuchen wir Freunde der beiden. Da ist zunächst Hans, der einen Privatzoo hat, mit Emus, Kängurus, die man streicheln kann, Kakadus, die sprechen, und einem Riesenschwarm Wellensittiche. Ihm geht es wirtschaftlich nicht schlecht. Anders als Rolf, den wir nachmittags besuchen. Seit 20 Jahren lebt er zwischen viel Grünzeug in einem Wohnwagen, der wie eine Laube im Schrebergarten wirkt. Hier und da Gemüsebeete, Bäumchen mit Früchten. Seine Behausung selbst ist dicht von Weinreben umrankt. Neben seinem Kleingärtner- und Eremitendasein pflegt Rolf ein Hobby, das ihm ein paar Extradollars einbringt: Er schneidet und poliert Opale.

»Möchtest du so leben, mutterseelenallein? Nur Hitze und Staub um dich herum?«, meine ich zu Juliana.

Abends liegen wir in den Gästebetten. Die Klimaanlage rauscht, es ist angenehm kühl. Stimmen dringen durch die Holzwände zu uns. Dann wird es ruhig.

Überlegungen, ob wir wie die Menschen in den Ländern, die wir durchreisen, leben könnten oder möchten, kommen immer mal – besonders bei mir – an die Oberfläche. Ich bin nicht bis ans Ende meiner Tage auf Deutschland fixiert. Es ist mir zu eng dort. Von dem Druck, den Enge erzeugt, spüre ich hier im Outback nichts. Die alte Frage, ob wir nach der langen Reise wirklich einen Schlussstrich ziehen und auswandern sollten, haben wir an diesem Abend natürlich wieder mal nicht zu Ende diskutiert. Ich höre nur noch wie Juliana sagt: »Wenn du von morgens um sieben bis nachmittags um vier in einem Bergwerk oder im klimatisierten Büro malochen müsstest, würdest du bald merken, dass auch in Australien nur mit Wasser gekocht wird.«

Wir wissen, dass unsere Standpunkte in dieser Hinsicht zu weit auseinander driften. Juliana spricht mehr als ich von der Familie, möchte sich wieder mal mit guten Freunden treffen, nett angezogen in die Oper oder ins Musical gehen. Mir ist es wichtiger, blauen Himmel über mir zu haben, am Lagerfeuer zu sitzen und tief durchatmen zu können, wenn die Sonnenaufgänge das weite, stille Land in Flammen setzen.

Natürlich weiß ich, dass es etwas anderes ist, als ungebundener Globetrotter ständig auf der Suche nach Neuem durchs Land zu rollen, anstatt jahrein jahraus hier zu leben, im selben Trott zu arbeiten, sich vor der Hitze von einem klimatisierten Raum in den anderen zu flüchten. »Manchmal«, so hatte Kurt gesagt, »wenn uns in Tennant Creek der Himmel vor dörflicher Einsamkeit auf den Kopf fällt, retten wir uns ins Auto und fahren zum Schwof in den Nachbarort – Mount Isa. Das liegt 700 Kilometer entfernt.«

Mag sein, dass mich drei Tage des Faulenzens aus dem Tritt gebracht haben, vier Stunden nach unserem Aufbruch von Kurt und Sigrid stoße ich mit meinem Vorderrad gegen Julianas Hinterreifen. Der Rest geschieht im Zeitraffer: Ich strauchele und stürze der Länge nach bei hoher Fahrtgeschwindigkeit auf den rauen Straßenbelag.

Juliana stoppt, kommt mir zu Hilfe und führt mich in den spärlichen Schatten eines Baumes.

»Verflixt, wochenlang radeln wir nun schon durch Australien und jetzt so was ...«, fluche ich. Ich bin sauer auf mich selbst: »Hab mich benommen wie ein bloody Anfänger.« Neun Verletzungen zählt Juliana. Die Haut in meiner linken Handfläche ist fast gänzlich weggeschürft. Unterhalb meiner linken Achsel zieht sich ein tiefer Riss über die Rippen. Mir wird weich in den Knien.

Was wäre, wenn du jetzt allein wärst, geht es mir durch den Kopf. Juliana säubert die Wunden, verklebt und verbindet mich.

Zwei Stunden nach dem Sturz fühle ich mich schon wieder ganz fit, als auf der Straße ein Auto hält. »Hey, you Blokes, how about a beer?«, ruft uns der Fahrer zu.

Ohne unsere Antwort abzuwarten, stellt ein Typ mittleren Alters zwei Dosen Bier an den Straßenrand. Boy, was würde mein Hausarzt dazu sagen? Hitze, eben noch ein Kreislaufkollaps und jetzt ein eiskaltes Bier? Nun, wir haben es ausgetrunken, und mir ging es danach blendend.

An diesem Tag sind wir weitere 60 Kilometer gefahren, vorbei an den Devils Marbels, bizarren Erosionsformen, die wie überdimensionale Murmeln des Teufels in der Wüste liegen, bis zum Wauchope Roadhouse.

Unsere täglichen Fahrstrecken richten sich von nun an ausschließlich nach der Möglichkeit, Wasser zu bekommen. Im Schnitt radeln wir mehr als 100 Kilometer pro Tag, immer auf der Suche nach Plätzen, an denen wir am nächsten Morgen Wasser für den kommenden Tag bunkern können. Nach Art der Kamele füllen wir unsere Körper mit so viel Flüssigkeit, wie sie fassen können. In Spitzenzeiten trinken wir zu zweit über 30 Liter Wasser pro Tag.

Meine Verletzungen machen mir noch längere Zeit zu schaffen. Ich fühle mich schlapp und müde, von den Schmerzen gar nicht zu reden. Juliana nimmt mir in dieser Zeit viele körperliche Arbeiten wie Feuerholz suchen und das Heranschleppen von Steinen fürs Lagerfeuer ab. Gelegentlich aber gibt sie mir auch einen Klaps auf die Schulter mit einem ermunternden »Come on, you guy!«, wenn ich die Ohren etwas zu tief hängen lasse.

Zu zweit reisen hat Vorteile. Ich sage das aus Erfahrung, denn ich habe in Nordamerika über viele Monate lange und abenteuerliche Alleingänge unternommen. Ich spreche damit nicht die technische Seite des Unternehmens an, die hilfreiche Aufgabenteilung, den Sicherheitsaspekt. Genauso wichtig ist mir die Intensität des Erlebens zu zweit. Gemeinsam am Lagerfeuer zu sitzen, Erfahrungen auszutauschen, Pläne zu schmieden, Großartiges, aber auch Schmerzhaftes miteinander zu teilen. Und dann jene Stunden zu Hause, in denen man die Reise bei einem Glas Wein gemeinsam Revue passieren lässt ...

Die nächsten Tage bin ich wegen meiner Handverletzungen auch nicht in der Lage, Tagebuch zu schreiben. Neben ihren hausfraulichen Tätigkeiten am Lagerfeuer und dem Packen nimmt Juliana es mir ab, die leeren Zeilen unseres kleinen roten Tagebüchleins mit dem in Melbourne aufgeklebten blauen Bumerang mit Leben zu füllen. Mit all den Ereignissen, die unser Leben schön, manchmal schwer, aber immer einmalig machen.

Julianas Tagebuchaufzeichnungen
vom 15. bis 17. November

15. November – Nachtlager bei Barrow Creek Roadhouse –
Tagesleistung 109 Kilometer

Ein kräftiger Wind pfeift morgens um unser Zelt. Alles geht heute extrem langsam vor sich. Es ist, als hätte Dieters Unfall unser psychisches Fundament erschüttert. Nach schneckengleichem Start geht es um neun Uhr los. Überraschend ist, dass uns zunächst das Fahren umso leichter fällt. Das ändert sich. Wäre die Straße ihrer Richtung nach Südwesten treu geblieben, hätte uns der Wind sicher nicht so tyrannisiert, doch kurz vor Stirling knickt die Fahrbahn aus Gründen, die wohl nur die Straßenbauer wissen, nach Osten. Jetzt packt uns der Wind von vorn. Wir stehen in den Pedalen, über die Lenker gebeugt, keuchen. Dieter sagt, seine Hände würden teuflisch schmerzen. Unter der Bräune seiner Haut sehe ich, wie blass er ist. Er fühle sich schlapp, sagt er. Wir machen mehr Pausen als sonst. Sechs Kilometer vor Barrow Creek Roadhouse hat er starke Kreislaufprobleme.

»Bleib hier im Schatten eines Baumes, ich fahre los, um Wasser zu besorgen«, sage ich und radle allein nach Süden.

Gegen 20 Uhr komme ich im Roadhouse an. Dunkelheit hat sich über das Land gelegt. Als ich, schwer mit Wasser bepackt, zurückradeln will, kommt Dieter mir bereits entgegen. In der Nähe des Roadhouses bauen wir unser Zelt auf. Anthony, ein junger Bursche aus Melbourne, der vor dem Pub in seinem Geländewagen übernachtet, bietet an, uns morgen 40 Kilometer mit dem Auto bis dorthin mitzunehmen, wo die Staubpiste zu seiner Station führt. »Danke, nein, es geht mir schon wieder besser«, lehnt Dieter ab. Wir duschen mit je einer Kanne Wasser, dann wechsele ich seine Bandagen und die Pflaster auf dem großen Riss über den Rippen. Er ist heute sehr schwach. Zum Glück geht jetzt ein frischer Wind.

16. November -Nachtlager hinter Ti Tree Roadhouse –
Tagesleistung 107 Kilometer

Als hätten wir Treibanker an den Beinen! Irgendwie scheint seit dem Unfall die Luft aus uns raus zu sein. Die Straße kann hinführen, wo sie will, nach Westen oder Osten, der Wind kommt heute für uns immer von vorn. Und doch – um ehrlich zu sein – kommen wir flotter voran, als ich das nach dem Sturz erwartet hatte. Gestern gut 100 Kilometer! Wenn wir Glück haben, schaffen wir es heute bis zum Ti Tree Roadhouse. Mal sehen …

Landschaftlich ist es wieder etwas abwechslungsreicher geworden. Das heißt hügelig. Entsprechend ist auch die Straße. So manches Mal stehen wir in den Pedalen.

Gegen 19 Uhr erreichen wir Ti Tree Roadhouse, das haufenweise von ausgesoffenen Bierdosen und Weinflaschen umgeben ist. »Die Zechplätze der Aborigines«, erklärt uns ein Stockman, der selbst kartonweise Bier in seinem Truck verstaut. Kistenweise schleppen auch die Aborigines den Stoff aus dem Pub. Wir begnügen uns mit zwei Tüten Kartoffelchips und fassen Wasser.

Weites, schönes Land – Australien. Manche betrachten es als Müllkippe. Ein halbes Dutzend ausgeschlachteter Autos zählen wir im Busch neben der Straße.

17. November – Nachtlager bei Alice Springs – Tagesleistung 180 Kilometer

Nur nicht hängen lassen, hatten wir uns gestern Abend gegenseitig bestärkt.

Kurz entschlossen stehen wir vor sechs Uhr auf. Die frühe Sonne ist ebenso weiß wie gestern Abend beim Untergang. Feine Schleierwolken driften über den Himmel. Soll uns recht sein, so brennt die Sonne gefiltert auf uns nieder. Ich bin überrascht, dass die Landschaft hier im trockenen Zentrum zu dieser Zeit so grün ist, nicht so wüstenhaft, wie ich vermutet hatte. Im Aileron Roadhouse erhalten wir eiskaltes Trinkwasser.

Kurz darauf stoppt ein kleiner Truck mit zwei Burschen, die uns einen *smoke* anbieten. Vermutlich haben wir verdattert dreingeschaut. Uns klebt die Zunge am Gaumen ... und dann rauchen? Dieter fragt, was es denn sei. Der Typ verdreht die Augen: »Hashish, man!«

»Nein ... Nein danke, wir sind Nichtraucher!«

»Donnerwetter, heute ist aber was los auf dem Highway«, stelle ich fest, als bald danach das dritte Auto hält. Ich schaue hoch und blicke in das Gesicht von Hans aus Tennant Creek. Nie werde ich diesen Moment vergessen. Sagt der doch: »Was – weiter seid ihr noch nicht?«

In solchen Augenblicken schießen einem Gedanken durch den Schädel wie: Ist bei dir wirklich noch alles in Ordnung? In den vergangenen vier Tagen haben wir seit Tennant Creek trotz Dieters Verletzung rund 400 Kilometer geschafft. Hans aber hat sich vor vier Stunden ins klimatisierte Auto gesetzt, zwischendurch noch Zeit für eine Tasse Kaffee gehabt und uns ganz locker gegen Mittag eingeholt. Einen Herzschlag lang denke ich, auch du könntest jeden Monat dein Gehalt kriegen, abends die Füße hochlegen, dir saubere Kleider aus dem Schrank holen, und um einen guten Tropfen Cabernet Sauvignon als Schlummertrunk brauchtest du dir auch keine Sorgen zu machen. Es muss ja nicht immer brühwarmes Wasser sein ...!

Hans bietet an, unsere Fahrräder auf der Ladefläche seines Pickup-Trucks zu verstauen und uns die restlichen Kilometer mit nach Alice Springs zu nehmen. Okay. Eine halbe Stunde später sind wir dort. Das Herz des fünften Kontinents ist erreicht.

Ab durch die Mitte – von Alice Springs zum Uluru

Alice Springs ist der Nabel Australiens, daran gibt es nichts zu deuteln, auch wenn Darwin die Hauptstadtehren des Northern Territory trägt, in dem auf der dreieinhalbfachen Größe Deutschlands gerade mal 220 000 Einwohner leben. Doch für die Besucher ist The Alice schlichtweg der Mittelpunkt.

Genau dort setzt Hans uns ab. Ich zurre gerade meine Packtaschen am Gepäckträger fest, als uns ein angetrunkener Stockman anpöbelt. Das Intermezzo dauert keine zwei Minuten. Ein vorbeikommender Polizist zieht den Burschen wortlos am Arm fort und führt ihn in ein geschlossenes, am Straßenrand wartendes Polizeifahrzeug. Nach diesen ersten Impressionen und dem Kauf von vier Litern Eiscreme, die wir an Ort und Stelle niedermachen, radeln wir aus der Stadt hinaus.

Zwischen roten Felsen finden wir einen lauschigen Nachtplatz. Halbmond blinzelt durch die Zweige über uns, eine zauberhafte Stimmung, die wie eine Belohnung dafür ist, endlich die Mitte Australiens erreicht zu haben.

Als wir vor Wochen in Bourke die Zufallsbekanntschaft eines jungen Burschen machten, der uns spontan die Anschrift seines Bruders in Alice Springs gab, konnten wir nicht ahnen, wie nützlich uns dieser kleine Zettel werden würde.

Wir fragen uns am nächsten Tag zum Büro von Russel Patterson durch. Er ist Anfang 30, schlank, sportlich, trägt ein weißes Hemd und trotz der Affenhitze draußen eine sorgfältig gebundene rote Krawatte. Aus seinem gebräunten Gesicht mustern uns interessiert blaugraue Augen: »Wo wohnt ihr?«

»Im Zelt, ein paar Kilometer außerhalb der Stadt.«

»Ich habe noch Platz in meinem Haus ...« Er drückt mir seine Visitenkarte in die Hand.

Die Klimaanlage lässt mir den Schweiß auf dem Rücken erstarren. Der metergroße Ventilator rotiert, quirlt die Luft, suggeriert Kälte, während die Straßen glühen, die Luft gebacken ist und das Old Alice Inn unten am Todd River an diesem Tag Rekordumsätze an eiskaltem Bier verzeichnet.

»Wie viel Zeit habt ihr für Alice Springs eingeplant?«, will Russel wissen. Ich zucke die Achseln und antworte: »Das hängt davon ab, ob wir noch in die Western MacDonnell Range kommen – eine Woche denke ich.«

Es werden noch ein paar Tage mehr. Aber das konnten wir an diesem Nachmittag noch nicht wissen.

Russel schiebt mir einen auseinander gefalteten Stadtplan zu und meint: »Verfahren könnt ihr euch in Alice Springs nicht. Bei uns ist alles ziemlich rechtwinklig und überschaubar angelegt.« Er tippt mit dem Zeigefinger auf die Karte: »Hier, die alte Telegrafenstation ist der Geburtsort von Alice Springs. Das wäre ein guter Einstieg, um die Stadt kennen zu lernen. Bis gegen 17 Uhr bin ich heute im Büro. Wenn ihr dann hier seid, fahren wir gemeinsam zu meinem Haus«, er schmunzelt, »ihr mit dem Fahrrad und ich mit dem Auto.«

Aber Russel nimmt sich auch noch einen Moment Zeit, uns einen kurzen Blick in die junge Geschichte von Alice Springs zu verschaffen: »Sie begann 1871, als ein gewisser William Mills auf der Suche nach der optimalen Route für die geplante Telegrafenverbindung nach Darwin an den staubtrockenen Todd River kam, den er nach seinem Boss, dem Generalpostmeister Charles Todd, benannte. Er entdeckte auch eine Quelle, der er den Namen von Todds Frau verpasste: Alice Springs. Das war der Anfang ...«

Unsere Entdeckungstour durch The Alice beginnt an der Todd

Cowboytempel: die Hall of Fame in Longreach

Tony Robinson von der Lorraine Station auf dem Weg zur Viehtränke

Prost mit Aussie-Bier im Deutschen Club von Mount Isa

Linke Seite: Ein Typ wie aus dem Film »Crocodile Dundee«

»Meilensteine« auf dem weiten Weg durchs Land: australisches Bier

Lauwarmes Wasser literweise

Linke Seite: Wie ein Spielplatz des Teufels: Devils Marbles

Noel Fullerton in seinem Element

Touristenattraktion Ayers Rock. Für die Aborigines ist er ein heiliger Berg.
Sie nennen ihn Uluru.

Crocodile Harry fürchtet weder Tod noch Teufel, aber er hasst Krokodile.

Hier beginnt ein neues Farmgebiet. Das Vieh schreckt vor diesen Abgrenzungen zurück, und für den Radler sind sie ein Graus.

Mall, ebenfalls nach dem Postchef der ersten Stunde benannt. Nach einer Stippvisite in der alten Alice Springs Telegraph Station radeln wir spätnachmittags ins Stadtzentrum zurück. Einige Aborigines sind bereits vor uns dort, lümmeln sich im Schatten von Parkbäumen, reißen zischend Bierdosen auf, entkorken Weinflaschen und kippen das Zeug wie Wasser in sich rein. Das bleibt nicht ohne Folgen. Sie kugeln wie Kinder über den Rasen, stoßen wirre Schreie aus. »Wie Blinde, die sich zwischen zwei Welten bewegen, einer seit 50 000 Jahren fast unveränderten und jener Welt, in die sie der Sog einer nur 200-jährigen Entwicklung hineingerissen hat«, sage ich zu Juliana.

Russel, dem wir abends zu seinem Haus hinterherradeln, betreut im Auftrag der Regierung im Outback Aborigines. Er ist einer der relativ wenigen, die mir begegneten, die ein offenes Ohr für die Ureinwohner und ihre Anpassungsprobleme haben.

»Der Weg vor uns ist noch weit«, räumt Russel ein. »Erstmals 1976 gab es mit dem Aboriginal Land Rights Act für die Aborigines die Möglichkeit, Land auf Grund ihres traditionellen Bezugs zum Boden zurückzuerlangen.« Russel wirkt nachdenklich. »Viele Aborigines zogen es allerdings vor, auf den Schwellen weißer Siedlungen dahinzuvegetieren, einige aber gingen zurück in ihre Homelands. Er lächelt grimmig. »Doch stammesmäßige Bindungen und traditionelle Lebensformen sind hier wie dort kaum noch existent.«

Als wir am nächsten Morgen in Russels Haus aufwachen, durchziehen bereits verführerische Düfte von gebratenen Lammkoteletts die Zimmer. Da Wochenende ist, schauen ein paar Freunde ganz zwanglos vorbei und sagen Hallo. Einer legt die Füße auf den Tisch, ein anderer durchforstet den Kühlschrank nach Foster's Beer. Mit Erfolg. Derweil klettert die Quecksilbersäule draußen gnadenlos nach oben. Mittags gesellt sich ein junger Bursche namens Glen zu uns. »In ein paar Monaten werde ich mit dem Pferd entlang der alten

Bahntrasse des Ghan von Alice nach Port Augusta in South Australia reiten«, schwärmt er. Doch erst einmal bewölkt sich der Himmel, Sturm kommt auf, schlagartig prasseln dicke Tropfen nieder. Wie eine betörende Gewürzmischung liegt der Duft von feuchter Erde und Blüten in der Luft.

Glen und seine Freundin laden uns für den Spätnachmittag zum Tea ein, was sich bei genauem Hinsehen als komplettes Abendessen mit Rindersteaks, größer als die Teller, auf denen sie liegen, entpuppt. Dazu fließen Wein und Bier. Keiner hat an diesem Abend auch nur am Tee genippt.

»Ich habe die nächsten paar Tage dienstlich in Hermannsburg und der Siedlung Docker River zu tun«, erklärt Russel und setzt sich zu uns. »Wenn ihr Lust habt, könnt ihr mitkommen.«

Was für eine Frage! Noch spät am Abend packen wir.

Alice Springs am frühen Morgen, das ist, als hätte jemand über Nacht versehentlich die Klimaanlage laufen lassen: Es ist kühl. Wer weiß, dass der Ort schon Spitzentemperaturen von 46,7 Grad erlebt hat, glaubt kaum, dass 1976 einmal minus 7 Grad gemessen wurden.

Stunde um Stunde rollen wir mit Russels Wagen auf dem gut ausgebauten Larapinta Drive nach Westen Richtung Hermannsburg – nicht etwa zum gleichnamigen Dörfchen in der Lüneburger Heide, sondern nach Hermannsburg, Australien. Die alte Missionsstation liegt tief im Herzen des Outback. Den Namen entliehen sich allerdings in der Tat deutsche Missionare von eben jenem Heideort.

Ein Abenteuer für den Herrn war es, was 1877 die deutschen Missionare Kemp und Schwarz auf den fast zweijährigen Treck von Südaustralien hierher zum Finke River trieb. Zwei Aborigines, 30 Pferde, 2000 Schafe, 20 Rinder, fünf Hunde und jede Menge Hühner waren bei ihnen. Schon bald lebten 100 Aborigines in Hermannsburg. Theodor Georg Heinrich Strehlow, Sohn eines der Missionare, wurde später sogar Ingkata, Aranda-Zeremonienhäuptling.

»Seine Fotos, Studien und Hinterlassenschaften bilden den Grundstock für das Strehlow Research Centre in Alice Springs«, erklärt uns Russel, während er seinen Geländewagen im Schatten einiger Gum Trees einparkt.

Wir gehen in das Missionshaus hinein. Gemütlich ist es. Dort, wo Strehlow wohnte, wird heute Gästen leckerer Apfelstrudel – stilgerecht nach deutschen Rezepten – mit Sahne gereicht. Und über der Tür der trutzigen, weißen Missionskirche steht wie vor 130 Jahren in Deutsch: »Selig sind, die Gottes Wort hören und bewahren.« Drinnen ist es erstaunlich kühl. Auf dem Altar entdecke ich ein paar lose Seiten eines Gesangbuchs in Aboriginesprache, ansonsten liegt Stille über dem Ort, auch die Orgel ist schon lange verstummt.

Palm Valley im Finke Gorge National Park liegt – für australische Verhältnisse – kaum mehr als einen Steinwurf von hier entfernt. Der Nationalpark verdankt seinen Namen ein paar tausend Red Cabbage Palms, die das Kunststück fertig brachten, in dieser scheinbar wasserlosen Wüste zu überleben. Eine Sensation. Tausend feine Sonnenstrahlen blitzen bei unserer Ankunft durch gefächerte Palmwedel, deren Grün in sanftem Kontrast zum makellosen Blau des Himmels und dem tiefen Rot der Felsen steht. Wie können Eukalyptusbäume hier an senkrechten Felswänden überleben, frage ich mich. Da ist für das Auge keine Krume Erde, nur feine Risse im Gestein, in die sie ihre Wurzeln zwängen.

»Ich setze euch hier ab, morgen Nachmittag bin ich aus Hermannsburg zurück«, sagt Russel und lenkt seinen Geländewagen auf den Parkplatz einer kleinen Campsite.

Wir laden Zelt und Gepäckstücke aus. »Bis morgen, Russel«, verabschieden wir uns. Er winkt uns durch das offene Fenster zu. Staub wirbelt auf. Dann tasten sich die Räder seines Four Wheel Drive über Felsen. Wir sind allein, keine Menschenseele außer uns ist zu sehen. Sorgsam jeden Schattenzipfel nutzend, bauen wir unser Zelt auf. Dann besteigen wir einen der durch die Erosion vergangener Zeiten zerbröselten Felshänge und rasten in einer Höhle, so wie Aborigines 10 000 Jahre vor uns. Ich lausche in die Stille über den Fragmenten verflossener Jahrmillionen – wann hat man schon einmal Gelegenheit, am ältesten Fluss der Welt, wie der Finke River genannt wird, zu liegen? Seinen Verlauf behielt er bei, auch als sich durch Hebung der Erdoberfläche die Topographie veränderte. So sägte, biss und leckte er sich in unvorstellbaren Zeiträumen durch das Land, formte verzauberte Schluchten und modellierte das Outback.

Doch bald schon werden meine Träume unterbrochen. Der Abend beschert uns zunächst einen Sandsturm, dann folgt eine Fliegeninvasion von ungeheurem Ausmaß. Wir flüchten ins Zelt, schmoren im eigenen Saft. »Ein Königreich für eine kalte Dusche!«, notiere ich ins Tagebuch.

Das war es wirklich nicht, was du wolltest, als du von der großen Freiheit des fünften Kontinents schwärmtest!

Staub fressen. Sand in den Augen, Dreck in den Haaren. Du setzt dich in den Staub des Bodens, trägst den Staub ins Zelt. Mit deiner kleinen Taschenlampe im Mund, Zähne fest darauf gebissen, gehst du auf Insektenfang. Wobei du die Auswahl hast zwischen Wüstenfliegen – die summen nur, mit Vorliebe kriechen sie in die Ohren, manchmal auch in deine Nasenlöcher – oder Moskitos, die stechen. Zum Glück übertragen sie in Australien wenigstens keine Malaria.

Manchmal, wenn du nicht schnell genug den Zelteingang hinter dir schließt, hüpfen drei, vier oder fünf Grashüpfer hinter dir her. Ein Tierparadies. Ich liebe das Outback! Plop! Plop! – Ihre Sprünge klingen gegen die gestraffte Zeltwand. Fünf oder zehn Minuten werden sie dich noch auf Trab halten, dann kehrt Ruhe im Zelt ein, die Plagegeister sind erledigt, bis auf ein paar Meister der Tarnung – mit denen du dich arrangierst.

Dir läuft derweil der Schweiß in Sturzbächen das Rückgrat runter, unter den Achseln weg. Gern würdest du noch mal rausgehen, in der Hoffnung auf ein kühles Windchen. Du wirst es sein lassen.

Stattdessen legst du dich auf deinen dünnen Leinenschlafsack, lauschst dem Summen einiger Hartleibiger, die partout nicht begreifen wollen, dass eine Zeltwand auch für einen Fliegenschädel ein undurchdringliches Hindernis ist. Nach und nach geben die Biester auf. Es wird still. Wunderbar.

Irgendwas scharrt im Sand. Vielleicht Mäuse? Nicht mal Vögel sind diese Nacht zu hören. Gern würdest du in den Sternenhimmel schauen – aber zum Blick auf das Kreuz des Südens führt der Weg unweigerlich über die Insekten. Nein, danke! Morgen, sagst du dir, morgen ist auch noch ein Tag und ein Abend – vielleicht sogar einer ohne diese bloody Insekten. Darüber schläfst du ein.

Wie wohl Ludwig Leichhardts Verhältnis zu den Quälgeistern des Outback war? Viel finde ich nicht darüber in seinen Journalen. Vielleicht waren sie 1845 noch nicht so schlimm. Es war ja erst der Beginn der Epoche, die den Fliegen eine Bevölkerungsexplosion bescherte. Bis dahin beherrschten australische *dung beetles*, die Mistkäfer des fünften Kontinents, souverän all das, was Kängurus, Wombats, Emus und Opossums so ins Land kleckerten. Doch damit war es aus, als Rinder und Schafe des weißen Mannes das Outback dominierten. Die großen, breiten Fladen, der Northern Territory Bullshit, verhießen traumhafte Expansionsmöglichkeiten. Und Fliegen nutzen sie bis heute.

»Schläfst du schon?«, frage ich Juliana.

»Nein«, antwortet sie.

Vor Schweiß triefend, stemme ich mich auf die Ellbogen.

»Ich glaube, die himmlischen Plagen sind vorbei.«

Vorsichtig öffne ich den Reißverschluss des Zeltes. Kühle Luft dringt in das stickige Innere. »Komm, lass uns noch ein wenig nach draußen gehen. Die Luft ist klar, keine Fliegen und Moskitos!« Ich schichte etwas Laub und dürres Reisig übereinander. Für einen Moment erhellt der Schein des Streichholzes unsere Gesichter. Herrlich, dieser Duft des Feuers! Juliana wäscht sich mit einem Liter brühwarmem Wasser aus der Flasche. Dann bin ich dran.

»Die Welt ist wieder in Ordnung. Wie dicht doch beim Reisen Höhen und Tiefen beieinander liegen«, sagt Juliana und zaubert unsere kleine schwarze Pfanne aus der Packtasche.

»Wie sonst im Leben. Die Schönheiten – auch beim Reisen – empfindest du umso intensiver, je tiefer du zuvor im Schlamassel gesteckt hast. Ich gebe zu, die Fliegen sind mir heute extrem auf die Nerven gegangen«, pflichte ich ihr bei.

Juliana legt zwei vor unserer Abfahrt in Alice Springs gekaufte saftige Steaks in die Pfanne und sieht zu mir rüber: »Wie ging eigentlich die Leichhardt-Story weiter, nachdem John Gilbert so kurz vor dem Ziel von Aborigines ermordet worden ist?«

»Kurz vor dem Ziel ist gut. Immerhin war der Angriff im Juni 1846. Erst im Dezember erreichten die Männer Port Essington.«

Und wieder bin ich in Gedanken bei Leichhardt:

Nur langsam und mühsam kam die Leichhardt-Expedition voran. Der Tod von Gilbert lastete schwer auf den Männern. Besonders auf Leichhardt. Sie hatten John zwar begraben, sicherheitshalber aber über der Grabstelle ein großes Feuer entfacht, um alle Spuren zu verwischen und zu verhindern, dass die Aborigines den Toten ausgraben. Die Männer des Teams aber waren zunehmend skeptisch gegenüber ihrem Führer geworden. Leichhardt schreibt in sein Tagebuch: »... war die Mehrzahl meiner Begleiter augenscheinlich

166

misstrauisch gegen mich geworden, ob ich fähig sein würde, sie zum Ziel der Reise zu bringen, und der verzweifelte Ausspruch: ›Wir werden Port Essington nie erreichen‹, wurde von mir während ihrer schwermütigen Unterhaltung zu oft gehört, als dass er als Scherz gelten konnte.« ...

»Die Steaks sind übrigens fertig!« – Julianas Lockruf bringt mich blitzschnell in die Gegenwart zurück. Hungrig sind wir beide. Die Köpfe über die Pfanne gebeugt, essen wir.

»Von so etwas konnte Leichhardt nur träumen«, erinnere ich mich. »Seine Fleischvorräte waren aufgebraucht. Es war kein Wild in Sicht. So schlachteten die Männer einen der letzten kleinen Stiere.«

»Gab es eigentlich noch weitere Angriffe von Aborigines auf die Expedition?«, will Juliana wissen.

Ich hatte darüber nichts in den Journalen gefunden. »Nein, zum Glück nicht, aber die beim Überfall Verletzten – vor allem John Roper – hatten noch lange unter den Folgen der Attacke zu leiden. Doch die Männer waren jetzt umsichtiger als vorher. Jede Nacht wurden Wachen eingeteilt. Übrigens kam ihnen zugute, dass die Eingeborenen keine Pferde kannten und sie für große Hunde hielten. Woraufhin sie zumeist auf große Distanz gingen.«

Ein paar Funken spritzen in die Nacht, als ich Holz ins Feuer schiebe. Leichhardt damals, wir heute ... Leicht war das Reisen bei ihm nicht, leicht ist es auch bei uns nicht. Manchmal ist es keine Traumzeit. Wir hatten uns auf dieser Australienreise bisher noch nicht unter Palmen gerekelt. Leichhardt auch nicht bei seiner. Und als er am 7. Oktober 1845 Teile seiner mühsam getragenen Pflanzensammlung fortwirft, ist ihm das wie ein Schlag ins Gesicht. Er erlebt Reisen als permanenten Anpassungsprozess an die veränderten Gegebenheiten, auch, als er notgedrungen einen weiteren Lastochsen notschlachten muss. Dessen Last verteilt sich nun auf die anderen. Das aber ist zu viel für sie.

»Ich finde es sowieso erstaunlich, dass Tiere diesen Marathon-
marsch durch fast wasserloses Buschland überhaupt durchhalten
konnten«, meint Juliana.

»Schon, aber es gab ja auch Tiefschläge«, wende ich ein. »Ich erinnere mich, mit welch warmen Worten Leichhardt die Beziehung zu
seinen Tieren, vor allem zum Expeditionshund Charley, beschrieb.
›Da wir, wie es natürlich ist, die Tiere sehr liebten ... so wurde unsere
Zuneigung zu ihnen umso stärker, wenn sie nicht allein unsere Ent-
behrungen mit uns erduldeten, sondern dazu beitrugen, sie uns zu
erleichtern ... Meine Leser werden sich daher meine große Betrübnis
leicht vorstellen können ... als unser armer Hund starb, auf welchen
wir alle unsere Hoffnung bauten, dass wir durch ihn im Stande sein
würden, das Ziel unserer Reise zu erreichen.‹

Ein weiterer Tiefschlag kam für Ludwig Leichhardt, als am 21. Oktober drei seiner stärksten Pferde im Roper River, einem Fluss, den
er zwei Tage zuvor nach seinem Reisegefährten benannt hatte, er-
tranken. ›Unfähig, die Ladung meiner Ochsen zu vergrößern, sah
ich mich genötigt, den Teil meiner botanischen Sammlungen, welcher von einem der Pferde getragen worden war, zurückzulassen‹,
schrieb er. ›Mir traten Tränen in die Augen, als ich sah, wie eines der
interessantesten Resultate meiner Reise in Flammen aufging.‹ Das
passierte auch mit einer kleinen Pflanzensammlung des getöteten
John Gilbert. – Ich denke, es ist charakteristisch für diesen Burschen
aus der Mark Brandenburg, dass er fast trotzig an seiner Vision von
der ersten erfolgreichen Durchquerung Australiens festhielt und
nicht alles hinwarf.«

»Vielleicht wollte er sich selbst beweisen, dass er den Sprung von
der Torfstecherhütte zu den ersten gesellschaftlichen Kreisen Australiens schaffen würde«, gibt Juliana zu bedenken.

Ich mache es mir neben dem Feuer bequem, strecke mich lang
aus. Die Wärme ist angenehm, mir kommt es so vor, als sei die Glut

des Tages in den Weltraum gewichen. Gänsehaut, genieße sie. Vergessen ist die Fliegeninvasion, das Schmoren im eigenen Saft vor ein paar Stunden noch.

»Es war für Leichhardt ein Höhepunkt, als er Mitte Dezember seine kleine Gruppe wohlbehalten in den Militärposten Port Essington führte«, hebe ich an weiter zu erzählen, doch Juliana unterbrbricht mich: »Lass uns ins Zelt kriechen und schlafen, morgen früh um sechs brennt uns die Sonne wieder raus.«

Juliana ist aufgestanden. Ich weiß, sie ist vernünftiger als ich. Aber diese Nacht ist zu schön. Und es war ja auch nicht die reine Vernunft, die uns rund um die Welt hierher gebracht hat. Vernünftig wäre es gewesen, schon vor Jahren einen Bausparvertrag abzuschließen. Im Job zu bleiben. Nur so gibt es Prozentpunkte für die Versorgung später. Vernünftig wäre es auch für Leichhardt gewesen – nachdem er schon mit viel Glück den Sprung aus der heimischen Enge und Kleinkariertheit geschafft hatte – eine akademische Laufbahn einzuschlagen. Und was macht er? Er zieht durch den Staub Australiens.

»Nur noch so viel, Schatz ...«, wende ich mich wieder an Juliana, »in Melbourne wurde Leichhardt groß gefeiert. Er erhielt eine stattliche Belohnung und hohe Auszeichnungen. Die Zeitung ›Sydney Herald‹ pries ihn als Doktor Leichhardt, obwohl er nie promoviert hatte.«

»Und was geschah mit ihm nach diesem Triumph?«

»Komm, lass uns schlafen gehen. Der Leichhardt-Story fehlt leider ein Happy End. Ich erzähle dir den Rest ein andermal«, ist meine Antwort. Mit dem Fuß scharre ich in der roten Erde, kratze jahrmillionenalte Steinchen zusammen und bedecke damit die Glut. Fast keine Spur des Feuers bleibt zurück. Ein Hauch kalten Rauchs wabert durchs Camp.

Wenn es mir doch nur nicht so schwer fallen würde, ins Zelt zu kriechen und zu schlafen. Ich höre Juliana drinnen schon rascheln. Dafür wird sie morgen früh gewiss die Erste draußen an der Feuerstelle sein. Eine Sternschnuppe zuckt über den Himmel, ganz kurz nur, nicht mal ein Augenzwinkern lang. Vielleicht war ihr in Sekunden zurückgelegter Weg dort oben Tausende von Kilometern lang. Ein Vielfaches von dem, was wir über Monate hier schwitzend abstrampeln. Und du liegst auf dem Boden und bewunderst den gleichen Himmel wie den zu Hause, hier allerdings mit dem Kreuz des Südens. Doch das sind Peanuts, Verschiebungen nur im Detail, angesichts der unermesslichen Weite über dir, die daheim zumeist von grauen Wolkenpuffern bedeckt ist.

Ich muss schmunzeln. Daheim. Wo ist das? »My home is my castle«, sagen die Engländer. Für uns beide ist zu Hause dort, wo immer unser Zelt, unsere Packtaschen, unsere Rucksäcke stehen. Noch einmal durchfährt, wie ein Irrlicht, sekundenlang nur, eine Sternschnuppe den Himmel. Ein Aufglühen, dann ist sie erloschen. »Du darfst dir was wünschen«, hatten wir als Kinder gesagt, »es wird in Erfüllung gehen.« Ich wünsche mir, bis ans Ende der Welt zu reisen. Auch wenn Reisen nicht immer nur Traumzeit ist.

Vermutlich bin ich über diesen Träumereien eingeschlafen. Als ich morgens um drei wach werde, liege ich vor dem Zelt im Staub. Zusammengekauert, steif. Die Nachtkühle steckt mir in Mark und Bein. Reumütig krieche ich zu Juliana ins Zelt und unter die Decke.

Sie sagt mir am Morgen, dass sie schon um halb sechs Uhr das Holz fürs Lagerfeuer zusammengetragen hat. Als ich gegen sieben Uhr wach werde, dampft der Tee.

Russel, der die Nacht in Hermannsburg verbracht hat, ist am frühen Nachmittag zurück. Wir verstauen unser Gepäck in seinem Auto und steigen ein.

Auf der Mereeni Loop Road fahren wir mit ihm zunächst Richtung

Westen, danach geht's stramm gen Süden. Virtuos meistert Russel die grobfurchige *dirt road*, vorbei an Gosse Bluff. »Vor 130 Millionen Jahren schlug hier ein riesiger Meteorit mit solcher Vehemenz ein, dass die Ränder des Einschlaglochs wie ein Krater aussehen«, übertönt er das Dröhnen und Geschepper des über Unebenheiten hinweghopsenden Geländewagens. Der Uluru ist das Ende unseres Trips. Allerdings nur für uns, denn kaum haben wir ausgepackt, sitzt Russel bereits wieder hinterm Steuer.

»Bis Docker River sind es noch 230 Kilometer. Macht's gut, ihr beiden. Morgen Nachmittag bin ich wieder hier«, ruft er uns zu. Wir sehen hinter ihm her, bis die Konturen seines Wagens im Flimmern über der Asphaltstraße verschwimmen.

Es ist etwas anderes, ob man Australiens berühmtesten roten Felsen im Rahmen eines Vierwochenurlaubs sieht, man vom klimatisierten Auto ins airconditioned Motel wechselt oder ob man monatelang im Busch gelebt hat. Der erste Eindruck vom Uluru, allgemein auch noch als Ayers Rock bezeichnet, ist jedoch sicher für jeden überwältigend. Er ist ein Farbwunder. Wir erleben, wie er je nach den wechselnden Licht- und Witterungsverhältnissen seine Farbe verändert; mal rot ist, dann braun, tiefblau, rosa und bei Regen silberfarben. Den Aborigines ist der viel fotografierte Fels heilig, und er heißt in ihrer Sprache Uluru, 348 Meter ragt er über das Land wie der flache Panzer einer Schildkröte.

Bis vor gut 100 Jahren drangen nur wenige Weiße bis hierher vor, allenfalls Abenteurer wie jener Lasseter, von dem wir schon wiederholt gehört hatten, oder vereinzelt Dingojäger auf der Jagd nach Kopfprämien. Die Fremden aber wurden immer mehr. Auseinandersetzungen mit rücksichtslos vordringenden Viehzüchtern waren verhängnisvoll für die Aborigines. Doch das ist Historie, das Land um den Uluru wurde den Urbewohnern rückübereignet. Im Cultural Centre des Uluru National Park lernen wir sie kennen.

»Pukul ngalya yanama Ananguku ngurakutu« und »Pukulpa pitjama Ananguku ngurakutu« – Willkommen im Aborigineland – lese ich dort in Yankunytjatjara und Pitjantjatjara, den beiden Hauptsprachen der *traditional owners* des Ayers Rock. »Nganana Tatintja Wiya« – Wir gehen nicht hinauf – steht da weiter, gemeint ist die Besteigung des Ayers Rock.

»Was für euch Besucher hier nur *the climb*, der Aufstieg, auf den Gipfel des Uluru ist, war einst ein heiliger Weg, der von unseren Vorfahren bei der Ankunft am Uluru begangen wurde. Dieser Pfad ist daher für uns von größter spiritueller Bedeutung: Wir besteigen Uluru nicht«, erklärt uns die kleine, rundliche Aboriginebedienstete mit den wuscheligen Haaren im Cultural Centre.

»Na, wie gefällt euch der Ayers Rock?«, fragt Russel, als er wieder bei uns eintrifft.

»Großartig, Supershow – aber dies ist ein anderes Australien als das, das wir auf dem Fahrrad erlebt haben«, antworte ich ihm.

Ich sehne mich schon lange nach der Stille der menschenleeren Halbwüste zurück, nach der Einsamkeit und dem Gefühl, dass wir die einzigen Menschen auf dem weiten, roten, staubigen Erdboden sind.

»Heute Abend lernt ihr einen Mann kennen, der jahrelang im entlegensten Busch gelebt hat. Ihr werdet ihn mögen. Er liegt auf eurer Linie. Ein toller Bloke. Noel Fullerton passt ins Outback wie kein anderer«, verkündet Russel. Er hatte uns schon gesagt, dass wir die kommende Nacht auf Noels Kamelfarm verbringen werden.

Die Virginia Camel Farm liegt eine gute Autostunde südlich von Alice Springs. Damit soll aber auch schon Schluss mit den Vergleichen sein, denn schnelle Autos sind Noel Fullertons Sache nicht.

»Morgen reite ich mit ein paar Gästen ins Rainbow Valley.« Der Mann mit dem langen weißen Bart, dessen Bild bereits in diversen Zeitschriften und Büchern wie ein Logo des Outback prangt, über legt einen Moment, fixiert mich, sieht dann zu Juliana rüber, hebt sein Glas mit Ice Tea, prostet uns zu. »Russels Freunde sind auch meine Freunde. Wenn ihr Lust habt, uns zu begleiten, seid meine Gäste. Reitkamele habe ich genug.«

Manchmal, denke ich, musst du nur den Dingen ihren Lauf lassen. Ich hätte nicht mal davon zu träumen gewagt, auf einem Kamel das Outback zu durchqueren.

Spuren im Sand: Kamelsafari

Es ist ein klarer Morgen, an dem sich unsere kleine Karawane in Richtung Rainbow Valley in Bewegung setzt.

Sandy, mein Reitkamel, hat einen Holzpflock in der Nase. Das ist bei ihm nicht etwa ein Modegag, sondern zum Führen so wichtig wie für Michael Schumacher das Lenkrad an seinem Ferrari.

»Hey, Noel – mit Kamelen haben wir wenig Erfahrung!«, rufe ich.

»Macht nichts«, grinst der schelmische Weißbart. »Sag nur husch, husch, und schon geht Sandy in die Knie.« Den zweiten Befehl, *a libra*, das bedeutet Galopp, sollten wir uns allerdings so lange aufsparen, bis wir sattelfest seien.

Unsere Wüstenschiffe heißen Muffler, Mick, QI, Bundy, Colonial, Charcoal, Jiddah, Siggi, Mercury, Tabu und Sandy. Fast weiß sind die einen, dunkelgrau die anderen. Alle sind Individualisten – besonders du, Muffler, der du deinem Namen Auspuff alle Ehre machst, wenn du die Zunge 30 Zentimeter aus dem Maul hängen lässt und wie ein Taucher unter Wasser blubberst!

»Warum tut er das?«, frage ich.

»Alles nur, um die Kameldamen zu betören«, schmunzelt Noel.

Nach dreistündigem Ritt erreichen wir Minnies Water Hole. Erste Rast im Schatten großer Eukalyptusbäume. Aromatischer Rauch liegt in der Luft, Flammen lecken über einen schwarzen Billy, in dem Teewasser summt. Die eben noch sauberen Hosen der anderen Teilnehmer haben bereits das farbechte Rotbraun des Outback angenommen.

»Eine nette internationale zahlende Mannschaft, die hier für ein paar Tage Wüstenluft schnuppern wird«, hatte Noel uns gesagt. Da sitzt Glen, der pensionierte neuseeländische Arzt, neben Janet, die Krankenschwester auf jenem Forschungsschiff war, das die gesunkene »Titanic« entdeckte, während Carl, der in Südafrika geborene Ingenieur, von seinem Leben in Hongkong schwärmt.

»Kommt bitte mit...«, fordert uns Noel auf.

Wir folgen ihm zu einem länglichen Steinhaufen. »Das Grab eines 1870 von Aborigines ermordeten Telegrafenarbeiters«, ist Noels knapper Kommentar. Der Weißbart sieht in die Runde. »Es war der traurige Gipfel des alten alltäglichen Problems – hier ist eine Wasserstelle, die seit ewigen Zeiten von den Schwarzen benutzt wurde. Doch dann kamen die Rinder der Weißen und soffen das Wasserloch leer. Was blieb den black fellows anderes übrig, als weiterzuziehen. Der weiße Farmer schoss aber auch ihre Kängurus ab, weil sie zu Futterkonkurrenten für seine gefräßigen Rinder wurden. Also stahlen sich die Aborigines von ihm, was sie zum Leben brauchten. Manchmal erschlugen sie auch Newcomer wie diesen ... Es war eine Spirale der Gewalt.«

Unser Ziel, das Rainbow Valley, übertrifft meine Erwartung. Eine bizarre Gesteinsformation, die wie eine Festung aus dem flachen Buschland ragt. Ganz in der Nähe ist Noels Safaricamp. Im Handumdrehen sind unsere Kamele entschirrt, Bettgestelle werden unter freien Himmel geschleppt und swags, Schlafsäcke, entrollt.

»Kommt jemand mit mir zum Holzfällen?«, fragt Noel.

Offenbar ist das kein Witz. Noel steigt in den zum Camp gehörenden Wagen mit der großen Ladefläche. Mit einem Sprung bin ich auf dem Toyota, und schon hopst der alte Geländewagen wie ein übermütiger Ziegenbock über Bodenwellen, totes Buschwerk und Karnickellöcher zu einem Landstrich, in dem vor Jahren ein Buschbrand gewütet hat. Vorsichtig drückt Noel die *bullbar* gegen tote Stämme und bricht so einen nach dem anderen ab – Holzfällen auf Australisch!

Warmes Licht durchflutet das Buschland und erhellt den schmalen Pfad, auf dem unser mit Feuerholz beladener Toyota entlangkriecht. In sattem Rotbraun leuchten die Felsen des Rainbow Valley, rot züngeln wenig später die Flammen unseres Feuers.

Brian, Noels Safariguide, legt den Finger an den Mund: »Pssst. Dingos!«

Unheimlich dringt ihr Heulen durch die Nacht. Aber Noel ist schon wieder bei seinem Lieblingsthema: Kamele.

»Australiens Kamele zählen zu den zähesten und unverbrauchtesten auf Erden. Das hat sich auch bei den Scheichs in Saudi-Arabien herumgesprochen, die sie heute importieren«, erzählt er.

Ich reiche ihm den heißen Billy und frage verwundert nach: »Warum – haben die nicht selbst genug?«

»Schon, aber sie verwenden unsere zur Blutauffrischung.«

»Wieso gibt es überhaupt Kamele in Australien?«

»Man führte sie ein, um das Land zu erschließen. Kamele waren auch dabei, als 1860 die Expedition von Burke und Wills aufbrach. Allein im Northern Territory gab es während der Spitzenzeiten 19 000 Kamele. In den frühen Tagen wurde Alice Springs fast ausschließlich von Kamelkarawanen versorgt.«

Der rote Schein des Lagerfeuers huscht über Noels Gesicht. »Ein Outback-Typ wie im Bilderbuch«, klingen mir Russels Worte im Ohr.

»Als ich vor rund 30 Jahren nach Alice Springs kam, war es in doppelter Hinsicht Liebe auf den ersten Blick – einmal für The Alice, zum anderen für die camels«, erinnert sich Noel. Bald war er *cameleer*. Für Lord Snowdon, den Fotografen, der in die britische Königsfamilie einheiratete, trieb er sie kameragerecht durch Sümpfe. Und bei der Verfilmung der Tragödie von Burke und Wills waren seine Tiere die Stars.

Aus dem Hobby von einst ist schon längst ein solides Geschäft geworden. »Kürzlich kam eine Filmgesellschaft«, Noel ist jetzt in seinem Element. »Die Burschen wollten von mir eine gute Show. Okay, die sollten sie haben. Wir verfolgten wohl ein Dutzend wilder Kamele mit Geländewagen. Ich dirigierte zwei Fahrzeuge so, dass sie sich seitwärts immer dichter an eines der Tiere heranschoben und es auf diese Weise in die Zange nahmen.« Er schaut wie ein Schelm in die Runde.

»Könnt ihr euch das vorstellen? Da steht ein Kerl vorn auf der Stoßstange, wirft ein Lasso oder greift den Schwanz des dahinrasenden Tiers ...«

Der lausbübische Weißbart lacht. »Für die Fahrzeuge ist das eine elende Belastung. Einmal verreckte uns ein Getriebe, am anderen Tag ging eine Achse drauf.«

Funken fliegen in das Schwarz der Nacht, mischen sich mit dem Flimmern der Milchstraße. Ein Reiter nach dem anderen zieht sich in seinen *swag* zurück.

Noel rückt zu mir. »Der harte Kern am Lagerfeuer«, grinst er, »schätze, die anderen sind kaputt vom Reiten.« Mit einem gebogenen Stock angelt er nach dem Griff des Billy, zieht ihn zu sich und gießt uns beiden Tee nach.

»Wo kamen die ersten australischen Kamele denn her?«, frage ich ihn.

»Von den Kanarischen Inseln.« Noel zupft nachdenklich an seinem Bart, über den der rote Schein des Feuers tanzt. »1846 lebte nur noch eines davon, Harry mit Namen. Ein John Ainsworth Harrocks nahm es im selben Jahr mit auf seine Expedition in den Norden von South Australia. Harrocks war bereits gut zwei Monate unterwegs, als er eines Tages einen interessanten Vogel entdeckte, den er seiner botanischen Sammlung einverleiben wollte. Er glitt vom Kamel und lud seine Flinte. In diesem Moment aber trat Harry zur Seite, stieß gegen Harrocks, der Schuss löste sich, riss ihm ein paar Finger und

Teile des Kiefers weg. Harrocks starb wenige Wochen später. Auch Harry starb – man erschoss das Tier nach Harrocks Tod.«

Ich hatte die Story bereits gehört.

»Als Juliana und ich in Melbourne ankamen, sahen wir das Denkmal von Burke und Wills – waren die beiden nicht auch mit Kamelen unterwegs?«, frage ich ihn.

»Die Expedition von Burke und Wills war sogar Australiens aufwendigste und teuerste Expedition. Neben zwei Dutzend Pferden hatte sie 25 Kamele dabei. Ein Heldenepos hatte die Expedition werden sollen«, sagt Noel. »Für die Hauptdarsteller endete sie als Drama.«

Ich erinnere mich an das, was ich über die Expedition von Burke und Wills gelesen hatte:

Am 20. August 1860 hatte alles begonnen.

Langsam entschwindet die Karawane den Blicken der Melbourner. In der Zeitung »Age« ist am nächsten Morgen zu lesen: »Alle Gesellschaftsschichten waren anwesend, um den Pionieren Lebewohl zu sagen – manche von ihnen kehren vielleicht nie zurück.«

Die Expeditionstiere sind überladen, nur schwerfällig kommen die Pioniere voran. 120 Spiegel für den Tauschhandel mit Aborigines haben sie dabei sowie Zelte, viele Waffen, sogar eine Bibliothek mit Expeditionsbüchern und Lebensmittel für fast ein Jahr. Nach drei Wochen befiehlt Burke, die Hälfte ihrer Zelte, Zucker und ein paar Flaschen eines Zitronenkonzentrats zurückzulassen.

Gerade diese Entscheidung macht das Ausmaß seiner Unerfahrenheit deutlich. Später, wenn Vitamin- und andere Mangelerscheinungen den Körper auszehren, wird Burke Gelegenheit haben, über diese Dummheit nachzudenken.

Bald kommt es zum Bruch zwischen Burke und seinem Vertreter Landells, der sich von der Gruppe trennt. An seine Stelle rückt der

26-jährige Landvermesser William John Wills. Auch der deutsch-stämmige Arzt Dr. Beckler hält das Tempo für selbstmörderisch und verlässt die Expedition. Eine immer kleiner werdende Schar zieht nach Norden. Der November vergeht, der Dezember – und damit die heißeste Jahreszeit – beginnt.

Wie mögen Burke die Beschwörungen des Expeditionskomitees in den Ohren geklungen haben: »Die Ehre des Staates Victoria liegt in Ihren Händen!« Die Vorstellung, John McDouall Stuart, der beim Wettrennen gegen die letzten weißen Flecke auf der Karte Australiens zeitgleich von Adelaide aus nach Norden aufgebrochen war, könnte das transkontinentale Wettrennen erfolgreich vor ihm beenden, martert ihn.

Am 16. Dezember 1860 trifft Burke am Ufer des Cooper Creek eine schicksalsschwere Entscheidung: Mit nur drei Männern wird er weiterziehen, während die restlichen vier an Ort und Stelle bleiben und einen Schutzwall gegen mögliche Aboригineattacken bauen sollen. Zum Chef des Camp 65 bestellt er den Deutschen Wilhelm Brahe, der den Auftrag erhält, drei Monate lang auf Burkes Rückkehr zu warten.

Knapp zwei Monate nach ihrem Aufbruch vom Camp 65 erreichen sie den Gulf of Carpentaria – ihr Ziel. Doch das Schicksal ist gegen sie.

Undurchdringlicher Mangrovendschungel versperrt den Zugang zum Meer. Die Männer sind nervös. In gut einem Monat wäre Brahe berechtigt, Camp 65 zu räumen und sich zurückzuziehen. Zudem sind ihre Vorräte bis auf ein Drittel verbraucht. Dann setzt auch noch Regen ein. Der Boden wird schlammig und schwer begehbar. Einer der Kameraden ist bereits tot. Auch von den anfänglich sieben Tieren leben nur noch zwei Kamele. »Mit nahezu gelähmten Beinen«, notiert Wills in sein Tagebuch, »erreichen wir am 21. April abends gegen 7.30 Uhr das Camp 65.«

Totenstille empfängt die Männer. Entsetzt laufen sie hierhin, dorthin, suchen, rufen. Vergeblich. Am Stamm eines Coolabah-Baumes finden sie eine mit der Axt blank geschlagene Stelle mit der Inschrift:

DIG 3 Ft N.W.

APR. 21 1861

Erschüttert werfen sich die drei in den Staub. Nach 126 Tagen Warten hatte Wilhelm Brahe neun Stunden vor ihrer Rückkehr das Camp geräumt. Was Burke und Wills letztlich fehlte, war jenes Quäntchen Glück, das manchmal zwischen Desaster und Glorienschein entscheidet. Am 21. April 1861 hatte sich das Schicksal um lächerliche 540 Minuten gegen sie entschieden.

»Im letzten Winter war ich am dig tree«, erzählt Noel. »Die letzten rund 140 Jahre hat er unbeschadet überstanden. Die Inschrift DIG 3 Ft N.W., Brahes Aufforderung, drei Fuß nordwestlich nach Vorräten zu graben, ist allerdings zugewachsen.

Doch das Zeichen LXV für Camp 65 ist gut auszumachen. Dort hatten sich Burke, Wills und King an jenem Abend des 21. April auf den Boden geworfen und verzweifelt im Sand gewühlt. Sie finden einen halben Zentner Haferflocken und 27 Kilo Zucker, dazu Reis, Kakao und Trockenfleisch. ›Es gab ein prächtiges Abendessen mit Haferflocken und Zucker‹, schwärmt Wills in seinem Tagebuch. Die Männer sind durchaus hoffnungsvoll. Sie wissen, dass sich 240 Kilometer entfernt der Polizeiposten von Mount Hopeless befindet.

Es kommt anders: Kamel Linda versinkt im bodenlosen Treibsand des Cooper Creek. Zwei Tage lang kämpfen sie um Lindas Rettung. Vergeblich. Durch das restliche Gepäck hoffnungslos überladen, stirbt auch das letzte Kamel. Sie erkennen, dass sie allein nicht durchkommen und schließen sich freundlichen Aborigines an. –

Jetzt beginnt die wahre Ironie des Schicksals.« Noel stochert in der Glut. »Inzwischen sind Wilhelm Brahe Bedenken gekommen: Sollten Burke und die anderen den dig tree vielleicht mittlerweile erreicht haben ...?

Mit einem Begleiter prescht er in Rekordzeit 120 Kilometer zum Camp 65 zurück. Er entdeckt nichts Auffälliges. Hätte Brahe in dem ausgeräumten Lebensmitteldepot nachgeschaut, wäre die Expedition anders ausgegangen. Er ahnt nicht, dass die drei völlig verzweifelten Männer nur 50 Kilometer entfernt sind.

Unfähig, allein in der Wüste zu überleben, wird das Expeditionstrio von Tag zu Tag schwächer. Am 22. Juni fehlt Wills die Kraft zum Gehen, er bleibt zurück. Eine Woche später kritzelt ein völlig geschwächter Burke auf einen an das Expeditionskomitee adressierten Zettel: ›Ich hoffe, man wird uns gerecht beurteilen. Wir haben unseren Auftrag erfüllt.‹ Er stirbt am Morgen des 30. Juni 1861. Wills ist bereits tot. King überlebt mit Hilfe von Aborigines. Vier Tage vor Burkes Tod war in Melbourne eine Rettungsexpedition aufgebrochen.« Noel schaut in den klaren Sternenhimmel. »Im September findet sie King. Wenig später auch den von Dingos angefressenen Burke. Er wird in den Union Jack gewickelt und unter der Krone eines Eukalyptusbaums am Cooper Creek begraben. Auch Wills' Körper ist von den Wildhunden zerrissen, doch seine Tagebücher blieben zum Glück unversehrt.«

Ich kenne das Ende der Tragödie, weiß, dass ein Jahr später die Überreste der beiden Forscher nach Melbourne überführt worden sind. Am 21. Januar 1863 fand das erste Staatsbegräbnis in der Geschichte des Staates Victoria statt. 40 000 Menschen nahmen Abschied von ihren Helden des Outback.

»Es ist spät«, Noel sicht auf die Uhr. »Heavens – Mitternacht!« Er rollt seine Decke aus. Noch einen Moment raschelt es. Dann wird es still. Das Feuer ist niedergebrannt. Ein paar nur leicht angebrannte

Zweige schiebe ich unter die Glut. Die Schnaufer der Kamele sind die einzigen Laute in dieser Nacht. Gierig lecken kleine Flammen über die nachgeschobenen Holzstücke.

Merkwürdig, denke ich, als Ludwig Leichhardt 1846 sein Expeditionsziel Port Essington erreichte, zogen am anderen Ende der Welt Tausende von Siedlern in Planwagen über den Oregon Trail in den Westen Amerikas. Weltbekannte Fakten, Vorlagen für Westernmovies, Jungenträume und Romane. Wer aber kennt die Geschichte Leichhardts?

1860, im Jahr der Tragödie von Burke und Wills, jagen erstmals die Reiter des legendären Pony Express quer durch den Wilden Westen nach San Francisco – später ungezählte Male verfilmt. Wer aber kennt die Geschichte von Burke und Wills – allenfalls Insider oder Australier.

Ich stehe auf, nehme den Billy vom Boden, gieße den Rest des Tees auf die Glut. Weißer Qualm steigt auf, beißt mir im Hals. Das Wasser zischt, brodelt in der erlöschenden Glut. Dann ist es wieder still.

Schätze im Rainbow Valley

Um fünf Uhr morgens weckt mich das Jubilieren eines Vogels. Gut so, denn sonst hätte ich den Anblick des blutroten Horizonts versäumt, vor dem sich die Zweige eines weißen Ghost-gum-Baums fast theatralisch in den Himmel recken. Nach diesem Zauber klingt Noels Weckruf eher ernüchternd: »Get up, girls and boys!«

Wir bekommen langsam Routine. Um acht Uhr sitzen wir auf unseren wiederkäuenden und rülpsenden Kamelen.

Rainbow Valley, das Tagesziel, gräbt sich tief in die Erinnerung ein. Landschaften wie im Westen der USA, rotes, von Jahrmillionen dauernder Erosion bizarr geformtes Gestein – wie Kuppeln eines Kirchengewölbes oder faustgroße runde Steine, die auf nur zentimetergroßen Spitzen von Steinzylindern zu balancieren scheinen.

Noel hebt die Hand, stoppt, steigt vom Kamel und bückt sich: »… eine Speerspitze.« Er reicht uns den scharfkantigen, bearbeiteten Splitter.

»Steigt ab und bindet die Kamele an.« Wir folgen ihm zu Fuß.

»Vor Jahrtausenden war dies ein von den Aborigines bevorzugtes Lagergebiet«, erklärt er.

»Wie konnten sie in dieser Wüste überleben – ohne Wasser?«, wundert sich Juliana und sieht fragend zu ihm rüber.

»Wart's ab«, erwidert Noel.

200 Meter weiter stoßen wir auf wannenartig ausgewaschene Felsen, die das vor Monaten gefallene Regenwasser speichern.

Noel kniet sich hin, wischt mit der Hand mehrere Dutzend Fliegen zur Seite und trinkt.

»Solange Insekten sich auf dem Wasser tummeln, kann man es

trinken, wenn nicht, lasst die Finger davon! Lauscht der Natur ihre Geheimnisse ab – wie die Aborigines.« Er nimmt einen langen Schluck. Gebückt folgen wir ihm in die kaum mehr als 1,50 Meter hohe Höhle.

»Hier lagen sie am Feuer und schliefen. Sie hatten trotz all ihrer körperlichen Aktivitäten eine beachtliche Speckschicht um die Hüften. Nachts scharrten sie ein längliches Loch und legten sich hinein – die wärmenden Pölsterchen zum Schutz nach oben.«

Abends am Lagerfeuer holt Noel uns in die Gegenwart zurück: »Es kann nicht gut gehen, Aborigines in Reservate zu stecken, auch wenn man sie heute land trusts nennt, sie mit Geld vollzupumpen und sie in einer künstlichen Welt – einer Mischung aus Steinzeit und Hightech – zu isolieren.«

Er berichtet, wie Aborigines nicht selten aus den ihnen vom Staat zur Verfügung gestellten Häusern die Wände rausreißen, um Pferdeställe zu schaffen. Sie selbst schlafen lieber draußen.

»Kürzlich bekam eine Aboriginegemeinde vom Staat drei 60 000-Dollar-Geländewagen. Blackfellows versammeln sich mit Vorliebe in trockenen Flussbetten. Sie nahmen die Fahrzeuge dorthin mit, ließen sie aber stehen. Nach der Regenzeit hatten die Autos nur noch Schrottwert.«

Noel, wie immer unermüdlich, entweder beim Beladen, Packen oder Kochen, geht zu den Kamelen. »Morgen früh um fünf Uhr ist die Nacht vorbei«, ermahnt er uns.

»Erzähl uns noch eine Geschichte, Noel«, bittet Juliana.

Noel setzt sich wieder zu uns ans Feuer und fährt fort: »Ein Mensch, den dieses Land nicht mehr losließ, war Robyn Davidson, eine Frau aus Alice Springs.« Und so wurde es dann doch nichts mit dem Früh-in-die-Schlafsäcke-kriechen. Dafür ist Noel ein viel zu begeisterter und guter Geschichtenerzähler.

»Als Robyn gerade mal 28 Jahre alt war, brach sie mit vier Kamelen in Alice Springs auf. Allein, wohlgemerkt. Sie nannte ihre Tiere Dookie, Bub, Zeleika und Goliath. Ihr Hund Diggity war auch dabei. Robyns Ziel war die Westküste. Aber wie ihr wisst, liegt dazwischen ein halber Kontinent.

Nach 21 Tagen Ritt erreicht Robyn den Ayers Rock. Aber sie fühlt sich deplatziert. Inmitten vollklimatisierter Fahrzeuge mit angereisten Kurzurlaubern kommt sie sich wie eine Fremde vor.«

»Kenne ich«, werfe ich ein.

»Schon wenig später wird Robyns Treck zum gefährlichen Abenteuer: Wilde Kamelbullen greifen sie an. Zum Glück findet sie Aufnahme bei Aborigines. Sie folgt dem Gunbarrel Highway und der alten Canning Stock Route. Nach 195 Tagen erreicht sie erschöpft, aber zufrieden ihr Ziel – die Westküste.«

Auch unsere Tour geht zu Ende. Als wir in Richtung Virginia Camel Farm zurückreiten, stoppt Noel an einer verlassenen Hütte. »Hier wohnte jener Bloke, der den toten Lasseter fand.«

»Wer ist eigentlich dieser Lasseter? Überall höre ich seinen Namen«, will ich wissen.

Wir steigen von den Kamelen, binden sie an.

»Macht's euch bequem«, sagt Noel. »Ich erzähle euch die Lasseter-Story.«

Keiner hat etwas einzuwenden.

»Setzt einer von euch Tee auf?« Noel sieht in die Runde.

Brian und ich holen Holz, Juliana gießt Wasser in den Billy. Noel nestelt am wüstenrot gefärbten Vorratsbeutel herum:

»Lasseters Geschichte beginnt 1897: Er lebte als Prospektor in der MacDonnell Range und stolperte dort quasi, wie er später immer wieder beteuerte, über ›Goldklumpen, so groß wie Pflaumen im Pudding‹. Ich denke, sie hielten ihn alle für einen Spinner. Jedenfalls dauert es 33 Jahre, bis sich ein Expeditionstrupp in drei Gelände-

Eine Nachbildung von Lasseter ist sein eigener Grabstein auf dem Friedhof von Alice Springs

wagen, einem Lkw und einem Flugzeug auf die Suche nach dem Lasseter-Schatz macht. Lasseter selbst ist mit von der Partie. Doch das Glück ist ihnen nicht hold. Ihr Begleitflugzeug geht zu Bruch. Die Stimmung ist mies, alle – bis auf Lasseter – kehren um. Der Dickschädel zieht allein mit seinem Kamel weiter.«

Noel blickt in die Runde:

»Dann reißt der Film. Man findet Lasseter später – tot. Neben ihm sein Tagebuch. Und da Papier geduldig ist, kann man nachlesen, dass Lasseter seine Goldader 1930 wieder entdeckt hat. Pech für ihn, dass sein Kamel durchging und er verdurstete. Sein Grab könnt ihr übrigens auf dem Friedhof von Alice sehen.«

»Hat man das Gold später gefunden?«, fragt Juliana.

»Nein. Die meisten beurteilen seine Geschichte deftig als bullshit.

Aber es gibt immer wieder Verrückte, die ein Vermögen für die Suche seines gold reef berappen.«

»Wenn ich genug Geld zusammengekratzt habe, kannst du mich auch zu den Verrückten zählen – ich sehe die Sache anders als Noel«, meldet sich Brian zu Wort. »Es gibt handfeste Hinweise dafür, dass Lasseter das Gold wieder fand. Dass es bisher keiner entdeckt hat, ist mein Glück ...!«

Er schmunzelt in Noels Richtung: »Noel will ja lieber Leichhardts Fährten folgen – ich bin da mehr fürs Materielle.«

Alle mögen Brian und seinen unnachahmlichen nasalen Slang. Er stammt aus Südaustralien. »Aus einer Kamelzüchterdynastie«, wie er sagt. »Erst hatte mein Großvater mit Kamelen zu tun, dann mein Vater.« Nun auch sein Bruder und er.

Buschwerk kratzt an meinen Schuhen, piekst in die Beine. Über mir in den Bäumen gurrt und tiriliert es. Entlang riesigen Desert Oaks folgen unsere Kamele einem Flussbett. Im Laufen zupft Sandy an einem Zweig. Über mir schwingen Rosenkakadus, rotweißgraue Farbtupfer in der Unendlichkeit dieser weiten Wüste.

Neben mir reitet Janet. Sie hat für ein Jahr Urlaub genommen, um sich diesen und andere lang gehegte Reiseträume zu erfüllen. Nach der Arbeit auf dem »Titanic«-Forschungsschiff fuhr sie jahrelang auf dem Karibikkreuzer »Norway«.

»Gefiel dir das Leben an Bord?«, frage ich sie.

»Zunächst war alles wahnsinnig aufregend, die große Besatzung, das riesige Schiff, die vielen Passagiere aus aller Herren Länder«, antwortet Janet. »Doch dann stellte ich sehr bald fest, dass die Leute sich eigentlich nichts zu erzählen haben. Die hatten ihre Koffer in New York, San Francisco oder Miami eingecheckt und wussten, dass sie genau an der gleichen Stelle Wochen oder Monate später wieder abgesetzt würden. Da war nichts Aufregendes an diesem Leben.« Sie schmunzelt: »Doch, einmal – wir hatten ein junges Paar an Bord, das sich auf der Kreuzfahrt trauen lassen wollte. Am Abend der Hochzeit waren die beiden so betrunken, dass die Frau ihrem frisch Angetrauten das Nasenbein mit einem Hocker einschlug.«

Wie anders ist da doch unser Abenteuer. »Mit dem Kamel durchs Outback zu reiten ist das größte Naturerlebnis meines Lebens«, schwärmt Janet dann abends im Basiscamp. Augenzwinkernd fügt sie hinzu: »Bloody beautiful! Und stellt euch vor, den Fernseher habe ich gar nicht vermisst.«

Wie eine Trennlinie teilt der Stuart Highway Australien in zwei fast gleich große Hälften; von Darwin im Norden über Tennant Creek, Alice Springs, Coober Pedy und weiter bis Port Augusta im Süden. Ich wusste, dass die Straße, der wir nach unserem Kamelritt gen Süden folgen wollten, den Namen des größten Rivalen der Expedition von Burke und Wills trägt. Nicht nur das, über weite Abschnitte folgt sie sogar der Originalfährte von John McDouall Stuart – einem zähen Brocken, einem Outback-Kenner par excellence. 1862 hatte er nach 16 000 Kilometern im Sattel für South Australia das Rennen durch die Mitte des fünften Kontinents für sich verbucht. Südaustralien erhielt daraufhin die Kontrolle über das riesige Northern Territory. Der Forscher Stuart aber, ausgebrannt von der Tortur der Reise, überlebte deren triumphales Ende nur um vier Jahre.

»Der Kreis beginnt, sich zu schließen«, sage ich zu Juliana, während wir in Alice Springs zur Routine des Radfahrens zurückkehren. Reifen kontrollieren, Ketten ölen, Speichen nachspannen und Packtaschen flicken.

»Sollen wir uns als nächstes nach Western Australia durchschlagen?«, schlage ich Juliana vor. Für einige Zeit steht die Frage im Raum. »Auf dem Tanami Track rund 1000 Kilometer bis nach Halls Creek in Western Australia, dann könnten wir auf dem Great Northern Highway nach Süden Richtung Perth radeln«, lege ihr meinen

Plan zurecht. Doch Julianas Nein ist energisch und kompromisslos. Abstecher eingerechnet, wären es allein auf direktem Weg rund 3000 Kilometer zurück bis nach Melbourne, argumentiert sie. »Und außerdem freue ich mich schon jetzt auf Tasmanien – endlich mal wieder Grün –, und ehrlich gesagt fände ich es schön, wieder mal eine Gänsehaut zu haben.« Sie lächelt: »Weißt du noch, dass wir vor Monaten auf dem Gippsland Highway nicht schnell genug in die Wärme radeln konnten ...!«

Noch lange sitzen wir an diesem Nachmittag in Russels Garten, studieren Karten, machen Zeitpläne und verwerfen sie wieder. »Bei unserem Tasmanien-Abstecher sollten wir nicht zu weit in den Februar reinkommen«, gebe ich zu bedenken und breite die Neuseelandkarte aus. Wenn alles klappt, könnten wir im Anschluss rüber auf die Inseln der Kiwis, nach Neuseeland, fliegen.

»Natürlich mit Fahrrädern«, sagen wir beide wie aus einem Munde, als wir uns darüber mit Russel unterhalten. Auf Neuseeland müssen wir allerdings an den Winter denken. Während einiger Winterwochen kann die Südinsel durchaus schon mal mit Schnee und Eis aufwarten. Unvorstellbar an diesem Abend in Alice Springs. 33 Grad zeigt das Thermometer.

»Willst du zur Kühlung ein kaltes Foster's?«, fragt Russel. Ich nicke, und er schiebt mir eine Dose zu.

»Bring du die Räder in Schwung, ich fahre mal zum Roadhouse und spreche mit den Truckern, vielleicht finde ich einen, der uns mit in den Süden nimmt. Eine Fahrt mit einem Roadtrain wäre doch eine tolle Sache«, sagt Juliana.

Das muss ihr ein Engelchen geflüstert haben. Auf einmal entwickelt sich alles mit unerwarteter Rasanz. Durch Zufall trifft Juliana auf Trucker Huck, einen Holländer, der seit gut 20 Jahren in Australien lebt. »Always up and down the country«, wie er sagt, pendelt er mit seinem 75-Tonner zwischen Darwin und Adelaide. »Ich bin ein moderner Abenteurer«, erklärt er, »ein Asphaltcowboy.« Mehrmals im Monat donnert er quer durch Australien: Von Adelaide, wo er wohnt, bis an die Nordküste sind es 3024 Kilometer.

Als wir nach herzlichem Abschied von Russel am Roadhouse ankommen, sitzt Huck noch beim Abendessen. »Geht raus und ladet schon mal euer Gepäck auf.« Wir packen unsere Fahrräder auf den Anhänger seines abenteuerlichen Trucks. Auf dem steht ein Lkw, der seinerseits einen Pkw huckepack geladen hat. »Die deutsche Straßenverkehrsordnung lässt grüßen«, witzele ich in Julianas Richtung.

Es ist 19 Uhr, als wir loskommen. Schwere Regenwolken hängen wie pralle Euter über dem Land, dann aber reißt der Himmel auf, und der nachfolgende Sonnenuntergang überzieht das Outback mit flammendem Rot. Zunächst sitzen wir beide im Führerhaus des Huckepack-Lkws. »Das ultimative Australienerlebnis!«, brülle ich Juliana durch den Lärm der rüttelnden und scheppernden übereinander geschichteten Blechteile zu. Hoffentlich haben die Burschen beim Verladen den Lkw auf der Ladefläche gut vertäut, jagt es mir im Stillen durch den Kopf. Ich sage aber nichts.

»Wenn ich heute Nacht den Roadtrain stoppe, kann ja Juliana im Pkw auf dem Lkw über dem Lkw schlafen.« Huck hatte bei den Worten gegrinst: »Dann könnt ihr es euch bequem machen und euch besser ausstrecken.« Mit entschuldigendem Lächeln hatte er hinzugefügt: »Leider gibt's auch im Outback ein paar Polizisten. Sobald ihr ein anderes Fahrzeug seht, müsst ihr schleunigst abtauchen.« Fahrgäste auf der Ladefläche zu befördern, sei streng verboten, meint er. »Macht aber gar nichts. Der König ist fern, es lebe der König …« Zwischendurch lässt der Tausendsassa uns immer wieder mal vorn bei sich in der Fahrerkabine sitzen.

20 Uhr. Tagesschauzeit in Deutschland. Mein Livefilm zeigt mitten auf dem Highway sieben prächtige, rotbucklige Rinder. Mein

Gott, Huck, willst du nicht bremsen, rast es mir durch den Kopf. Huck drückt in aller Seelenruhe die Hupe. Ein Horn wie eine Schiffssirene, es brüllt – das sollte Taube von der Straße fegen. Nicht hier! Großäugig glotzen die Hornträger in unsere Richtung.

Hucks Hupe röhrt ein zweites Mal. Da ..., sechs Tiere, die smarten – weibliche, wie ich später herausfinde – setzen sich in Bewegung, trippeln von der Fahrbahn. Nur der Bulle bleibt herausfordernd in der Fahrbahnmitte stehen. Der Macho. Der Irre ...! Noch einmal diese verdammte Hupe ... der Bulle glotzt. Was ist los, will der Kerl nicht in die Bremsen steigen? Hau ab, Bulle, lauf! Huck hält das Lenkrad fester.

Ein Aufschlag, ein leichtes Rucken, dann poltern 16 riesige Reifen über den Tierkörper.

Unser Fahrer flucht, bremst jetzt, schaltet, steigt aus, besieht sich den 1000-Dollar-Fleischklumpen, reißt einen Straßenbegrenzungspfahl mit Reflektoren aus dem Boden, wirft ihn über das tote Tier, befingert eine kleine Schramme an seinem Bullcatcher und flucht: »Damned bullshit!« Dann steigt er ein, schmeißt einen Gang nach dem anderen rein ... und dröhnt weiter nach Süden.

Hucks Verhalten befremdet mich. Während der nächsten Tage lernen wir ihn als freundlichen, durchaus empfindsamen Menschen kennen. Dass sein Verhalten kein Einzelfall ist, erkennt man unschwer an den hunderten Kadavern und mumifizierten Rindern und Kängurus am Rand des Highways.

Gegen 23 Uhr stoppt Huck in der Nähe von Kulgera. Wir legen uns schlafen; Huck in seiner Kabine hinter dem Führerhaus, ich mache es mir auf dem Vordersitz des Huckepack-Lkws bequem. Noch einen Moment höre ich Juliana über mir im dritten Stock unseres Roadtrain-Monstrums rascheln, dann wird es ruhig in der Wüste.

Da mich die Technik dieses röhrenden und Staub speienden 320-PS-Monsters fasziniert, sitze ich während der Weiterfahrt des

Öfteren mit im Cockpit. Mein Gott, dieser Lärm! Nicht auszuhalten! Deswegen hat Huck auch Watte in den Ohren. Er dreht den Kopf leicht zu mir: »Mein Roadtrain ist gut 35 Meter lang.« Rund 15 000 Kilometer fährt er jeden Monat, in der Regel zweimal die Strecke Adelaide – Darwin und zurück. Huck grinst: »Die Distanz Mond – Erde habe ich schon mehrfach abgespult.«

Etwa 80 Kilometer nördlich von Coober Pedy berührt der Stuart Highway den Dingo Fence, einen Zaun in Weltrekordlänge, errichtet, um die australischen Dingos daran zu hindern, in die Gebiete der Schaffarmer einzudringen und sich an zarten Lämmern gütlich zu tun: Der Zaun ist heute noch 5500 Kilometer lang, Grenzreiter dreier verschiedener Bundesstaaten kontrollieren ihn.

Kurz vor Sonnenuntergang erreichen wir Coober Pedy, die legendäre Opalstadt. Schon von weitem grüßen Häufchen gelben Sands – Abraumhalden neben Minenschächten, die wie riesige Maulwurfshügel über der Ebene liegen. Ungeachtet der sengenden Hitze und brutalen Trockenheit begannen Glücksritter hier um 1915 erste Schächte in den Boden zu treiben. Die Sache hat sich gelohnt. Rund 75 Prozent aller Schmuckopale werden aus dem Boden herausgebuddelt. Ein knochenharter Job in einer Backofenhitze. Verwundert's da, dass die Miner bald herausfanden, dass es sich auch nach der Arbeit unter der Erde angenehmer leben lässt als im stickigen, staubigen Camp an der Oberfläche. Sie bauten die Höhlen aus, die sich nach und nach zu kompletten Wohnungen mauserten. Heute gibt es Underground Motels, Läden, ein Museum, eine Jugendherberge und sogar Kirchen unter der Erde. Den Ortsnamen selbst steuerten die Aborigines bei. Er bedeutet so viel wie Loch des weißen Mannes in der Erde.

Coober Pedy ist ein Nest, in dem sich die Fantasie so richtig austoben kann, denn die Realität ist ziemlich öde: auf hunderten von Kilometern keine Nachbarn, egal ob du nach Süden, Norden, Osten oder

Westen blickst. Ein Landstrich, der bei der Verteilung der Natur-
schönheiten am Ende der Warteschlange stand. Ein Kaff mit um-
gewühlten Erdhaufen, Arbeitsmaschinen und Trucks, denen nach
Alter und Zustand eher ein geruhsamer Lebensabend auf dem Schrott-
platz als ein harter Einsatz an der Front der Opalmine beschieden
sein sollte. So sieht es in Coober Pedy aus, und eigentlich liegt es
nahe, einfach durchzufahren. Nur wenig gefällt hier auf den ersten
Blick. Eigentlich, sagst du dir, du solltest bald weiterfahren. Und was
machst du stattdessen? Du bleibst. So auch wir.

Drei zerlumpte Aborigines schlurfen zum Alkoholladen, drei gelb-
lich braune Köter schleichen hinter ihnen her. Ein alter Holden Stationwagon rumpelt durch den Staub. Bremsen greifen. Staub wirbelt
auf, legt sich als rotgelber Schleier über den Eingang des kleinen
Supermarkts, in dem struppige Aboriginekinder mit zusammenge-
knüllten Papiertüten bolzen.

Halt, wer jetzt schon sein Eintrittsticket für das Wüstennest zu-
rückgeben will, sollte einen Moment warten. Was hier aus dem Wüs-
tenboden gebuddelt wird, schmückt schließlich Handgelenke und
Finger von Frauen in aller Welt: Opale.

»Coober Pedy ist die Opal Capital of the World«, sagt Claus Wir-
ries. Wir treffen ihn hoch über den Höhlen und Dächern von Coober
Pedy. 170 frisch um sein Haus gepflanzte Bäume sollen »diesem
Staubloch« einen Hauch Leben verleihen. Allerdings verdankt er diesem Staubloch seinen flotten Wagen mit der Autonummer OPAL und
noch einiges mehr.

Ende der 1960er-Jahre war Claus auf einem Bananendampfer über
Südamerika nach Australien gekommen, »... und gleich nach Coober Pedy.« Heute besitzt er, ursprünglich aus der Gegend von Hannover, die unübersehbare Big Winch, einen der besten Shopping-
plätze in Coober Pedy.

»Damals, nach meiner Ankunft, habe ich eine Menge Tricks von einem deutsch-ungarischen Juden namens Alex Wittmann gelernt. Ein gewiefter Bursche! ›Jeder Trick ist gut genug, um ein gutes Geschäft zu machen. Und wenn der Trick noch nicht erfunden wurde, erfinde ich ihn‹, war seine Devise«, erzählt er.

Wir setzen uns neben Claus in den Schatten seines Hauses und tun das, was man in Coober Pedy am liebsten tut – trinken. Claus fährt fort mit seiner Story: »Damals wurden Opalgeschäfte in Hotels abgeschlossen, oft waren 40 bis 50 Händler gleichzeitig anwesend. Natürlich passte jeder wie ein Luchs auf, wer was bei wem kaufte. Eine von Alex' Ideen war, neben der Tür – wie beiläufig – einen Beutel mit Opalen stehen zu haben. Wenn die Händler nach dem Geschäft gingen, mussten sie förmlich über den Beutel stolpern. Sie wurden – und das hatte er beabsichtigt – neugierig. ›Frische Ware, die habe ich gerade für 10 000 Dollar gekauft‹, sagte Alex, der die Klunker vorher vorsorglich in Erde gewälzt hatte. Meistens wurde nach nur flüchtiger Betrachtung, aber langem Feilschen ein Preis gezahlt, der ein paar tausend Dollar über dem ›Kaufpreis‹ lag. Alex wurde Multimillionär und ging nach Tel Aviv.«

Während Reisende noch vor 20 Jahren einen weiten Bogen um Coober Pedy machten, ist es heute in. Die Besucher kommen aus aller Welt. Was allerdings nicht ganz unproblematisch ist.

»Hier in der Gegend gibt es rund eine Million Grabungsschächte«, weiß Claus zu berichten. »Meist sind sie nur eineinhalb Meter breit, oben durch Gras und Gestrüpp zugewuchert und nur schwer zu sehen, dafür aber oft 20 Meter tief. Einige Touristen haben ihren Entdeckerdrang schon mit dem Leben bezahlt.«

Er ist aufgestanden. »Ich muss euch was zeigen. Zückt schon mal die Kamera.« Momente später erscheint er mit einem schimmernden Prachtexemplar, einem Dreiviertelmeter langen Stein, in dem 250 opalisierte Muscheln stecken. »Beim Flughafenausbau wurde er von einem Bulldozer aus der Erde geholt.« Seine Augen glänzen dabei wie die Opale. »Sechs Monate fleißig polieren – und mein Beachcomber's Dream wird ein Dreiviertel-Millionen-Dollar-Schatz sein!«

Doch längst nicht alle hier leben auf der Sonnenseite. Gewaltige, wie selbst gezimmert wirkende Fördergeräte speien den Bodenaushub auf Geröllhalden, auf denen die Glücksritter Staub und Steine zwischen ihren Fingern zerbröseln. In stickigen Schächten schieben sie sich unterirdisch mit Pickhacken in den Bauch der Erde. »Lieber bei 40 Grad ohne Schatten auf heißer Asphaltstraße durch Australien radeln«, gestehe ich Juliana an diesem Tag. Aber andere sehen das nicht so.

Einen dieser Maulwürfe des Glücks, die in alten Minenschächten leben, lernen wir noch am selben Nachmittag kennen. Ein paar Kilometer vom Ortszentrum entfernt, erreichen wir seinen Hügel. »Und hier soll jemand wohnen?«, wundert sich Juliana.

Entschlossen gehen wir weiter, an einem alten mit Strohblumen geschmückten Auto vorbei, das nicht so aussieht, als habe sein Besitzer vor, es jemals wieder in Gang zu bringen. Vorbei an einer aus Gips geformten lebensgroßen Figur mit Tomahawk.

»Crocodile Harry ist anders«, hatte man mir den Kauz beschrieben. »Wenn du genau wissen willst wie – dann nimm mindestens zwei große Flaschen Guinness mit …!«

Er steht im Eingang seiner Wohnhöhle, schlank, grüne Jacke, weißgrauer Bart, wache Augen, leicht gebeugt und wartet auf uns.

»Kommt rein. Huck hat schon angerufen, dass ihr kommen würdet.« Ich reiche ihm die Bierflaschen. Wortlos wandern sie auf den Tisch.

»Habe ich alles selbst ausgegraben«, erklärt er stolz. Er folgt meinem Blick, während er ohne Umschweife und routiniert die erste Flasche öffnet.

Künstler von Coober Pedy hatte man ihn mir beschrieben. Nun, das mit der Kunst sei mal dahingestellt. Seine Wohnung ist ein geräumiges, weit verzweigtes labyrinthartiges Loch am Rande des Ortes, wo er früher selbst nach Opalen gegraben hat. Die Innenwände zieren Kitsch und Kunst.

»2703 Frauen haben sich hier verewigt«, sagt der Schwerenöter schmunzelnd. Richtig heißt er Baron Arvid von Blumental und stammt aus lettischem Adel mit deutschem Stammbaum. Er war zunächst Wehrmachtsoffizier. Dass er später Krokodiljäger und Opalgräber werden würde, diese abenteuerliche Kombination hatte keiner vorausgesehen.

Kaum einer in Coober Pedy kennt Crocodile Harrys richtigen Namen. Sein Crocodile-Nest war schon Schauplatz für Filmaufnahmen. Heute ist die Höhle auch Touristenattraktion.

»Was hat dich bewogen, damals nach dem Krieg nach Australien zu gehen?«, frage ich ihn.

Crocodile Harry setzt ein verschmitztes Lächeln auf: »Ich hatte mehrere Einreiseanträge gestellt. Brasilien, Venezuela, Neuseeland und Australien gaben mir letztlich Zusagen. Also holte ich mir eine Schachtel mit Streichhölzern, nahm vier raus, markierte sie, verband mir die Augen und zog eines ... so kam ich nach Australien.« Er jobbte als Anstreicher und Uran-Prospektor. Eines Tages kam er in den Norden von Queensland.

»Meinen ersten Kontakt mit Krokodilen hatte ich bereits in der ersten Woche: Eines fraß meinen Schäferhund!« Das sollte seine Beziehung zu *crocs* prägen.

»Überall waren diese Biester, aber ich wusste natürlich nicht, wie ihnen beizukommen war. Aber nach und nach lernte ich es. Ich bekam Aufträge von zoologischen Gärten und privaten Sammlern. Die berappten fünf australische Pfund pro 30 Zentimeter Länge, das war damals 'ne Menge Geld – und bis zu zwei Meter lange crocs kannst du sogar mit bloßen Händen fangen. Ich benutzte dazu ein Boot mit starker Lampe. Damit blendete ich nachts das Tier, das ich fangen wollte, fuhr langsam ran, sprang blitzschnell vom Boot auf seinen Rücken, hielt ihm die Schnauze zu, wickelte ein Seil darum und warf es ins Boot.«

Crocodile Harry angelt nach der zweiten Flasche.

»Ging immer alles glatt, oder gab es mal gefährliche Situationen?«

»Mehr als eine ... Ich hatte gerade einen Wasserbüffel geschossen und zerlegt, als ein Koloss von Krokodil unmittelbar vor mir auftauchte. Mein Gewehr stand zu weit weg. Blitzschnell warf ich mit dem Büffelschinken nach dem Mistkerl. Der war zufrieden und schob ab.«

Das Verbot der Krokodiljagd setzte dem wilden Treiben des Krokodiljägers ein Ende. Vorerst.

»Eines Tages traf ich alte Kumpels. Die schwärmten von Coober Pedy und sagten: ›Versuch's dort mal, vielleicht bist du in sechs Monaten Millionär.‹ Okay, sagte ich mir, ich werde zwölf Monate bleiben und es zum Multimillionär bringen. Doch schon nach einem Jahr war ich pleite. Nur mühsam kam ich wieder auf die Beine.«

Heute versteht er sich als Künstler. Er pflegt sein Image als Schwerenöter und Charmeur. In seiner Höhle grüßen überdimensionale aus dem Fels gehauene Frauenbrüste. Daneben lese ich: »G'day from Crocodile Harry«. Kaum eine Ecke des Crocodile-Nests ist unbemalt. Abertausend Grüße, Namen und Widmungen – vor allem von Frauen – stehen neben Gemälden an der Höhlendecke. Und dann springt es mir in diesem zerknautschten Wüstenkaff förmlich ins Auge – auf Deutsch: »Auf der schwäbsche Eisebahne ...«

Huck treffen wir beim Roadhouse wieder. Mit einem großen Hammer trommelt er auf die Reifen, prüft so den Luftdruck, er kontrolliert den Ölstand des Motors, wischt Fliegenreste von der Windschutzscheibe.

In Alice Springs war mir eine Broschüre über australische Roadtrains in die Hände gefallen. »Liest sich wie ein Auszug aus dem Buch der Rekorde«, staune ich an diesem Abend, während ich Huck zur Hand gehe. »Die maximale Länge eines Roadtrains ist 50 Meter. Sie sind bis zu 4,6 Meter hoch«, informiert er mich.

Man sagt, wenn ein Roadtrain auf unbefestigter Straße einem Pkw-Fahrer entgegenkommt, dass dieser optimal beraten sei, wenn er ruck zuck sein Fahrzeug von der Fahrbahn lenkt und anhält. »Geh mal davon aus, dass ein Trucker auf einspuriger Straße nicht einen Zentimeter von der Fahrbahnmitte weicht«, sagt Huck. »Das Recht ist dabei auf seiner Seite.« Und die Gewalt des Faktischen auch. Ein Roadtrain mit drei Hängern hat selten weniger als 52 Räder!

»Einsteigen, ihr beiden«, fordert er uns auf. Wir klettern in die hohe Führerkabine. Wie ein römischer Gladiator auf dem Streitwagen in der Arena fühle ich mich. Gleich wird der Tribun die Hand heben. Das Volk wird toben. Die Pferde schnauben ...

Stattdessen nagelt hart der Diesel. Gedröhn wie das von Schiffssirenen liegt einen Moment lang über dem Parkplatz am Roadhouse. Dann wird Coober Pedy im Rückspiegel kleiner, bis die aufziehende Nacht es ganz verschluckt. »Wie hat's euch gefallen?«, fragt Huck. »Verrückter Ort«, sage ich. »Gut zum Besuchen, zum Leben – nein«, meint Juliana. Über dem Stuart Highway stirbt das letzte Tageslicht. Kleine Spinnifexbüsche werfen lange Schatten. Eukalyptusbäume leuchten geisterhaft. Dazu klettert der Mond, bleich vor Anstrengung und riesengroß über den Horizont.

Meine Wahrnehmung reduziert sich auf das Lichteroval der Scheinwerfer. Bleibt, wo ihr seid, geht's mir durch den Kopf, als ich drei wonnige Kängurus neben der Fahrbahn frische Gräser zupfen sehe. Der Diesel hämmert. »So könnte ich bis ans Ende der Welt weiterfahren ...«, wende ich mich an Juliana. Sie hört mich nicht mehr, ist eingeschlafen. Huck nippt an seinem Thermosbecher. Kaffeeduft. Brüllend fliegt der Truck nach Süden. Räder singen. Ich lausche der Highway-Melodie, bis Huck kurz vor Mitternacht sagt: »Genug für heute.« Etwas tapsig kriechen wir aus dem Fahrerhaus. Juliana klettert hinten in den Pkw auf dem Lkw über dem Lkw. Ich mache es mir im Lkw auf dem Lkw bequem. Mir gefällt das Truckerleben. Bis morgen früh noch. Dann geht es mit den Fahrrädern weiter.

Im Land der flüssigen Mahlzeiten

Als wir Anfang Dezember durch die Innenstadt Adelaides radeln, liegt der heißeste Teil unseres Radabenteuers hinter uns.

Ein überdimensionaler Pappkamerad, in der für diese Breiten viel zu warmen Berufsuniform eines Weihnachtsmannes, grüßt von der Fassade eines Shoppingcenters. Bald ist Weihnachten, und das mitten im Hochsommer. Während wir durch Downtown-Adelaide bummeln, kommt Juliana mit einem Mädchen ins Gespräch, das gerade eine Passantenzählung im Fußgängerbereich vornimmt. »Ich wohne mit Freunden in einem hübschen, großen Haus, in dem noch viel Platz ist. Wenn ihr Lust habt, könnt ihr gern ein paar Nächte bei uns verbringen«, lädt sie uns ein.

Wieder mal eine dieser tollen Begegnungen beim Reisen. Wie oft hatten wir uns im Voraus den Kopf zerbrochen, wo wir die Nacht unsere Schlafsäcke ausrollen würden. Letztlich löste sich dann alles wie von selbst.

Juliana schlägt vor, erst noch schnell beim »Advertiser«, der örtlichen Zeitung, vorbeizuschauen. »Vielleicht haben die Interesse an einer Story über uns. Nino in Melbourne würde sich darüber freuen.«

Und ob man hat. Der Artikel mit der Überschrift »One long holiday« erscheint am nächsten Tag. Viele Male werden wir daraufhin in Adelaide und weit in der Umgebung von Passanten auf unsere Tour angesprochen. Kinder drücken uns Zettel in die Hand und bitten um Autogramme.

Als wir die Hauptstadt Südaustraliens verlassen, ist es kühl. Es weht ein leichter Rückenwind, das Land ist flach, und wir kommen flott voran. Von hier aus wollen wir durch das Weinanbaugebiet

Barossa Valley zur Küste in Richtung Zwölf Apostel radeln. Von dort aus soll es weiter nach Melbourne gehen. Allzu viel Zeit wird uns nicht mehr verbleiben, bereits in 14 Tagen wollen wir nach Tasmanien fliegen. Doch durchs Barossa Valley zu eilen, hieße, eine der charmantesten, gemütlichsten und weinseligsten Seiten Australiens nicht genossen zu haben.

Zwar trinken Aussies nichts lieber als Bier, doch sind sie stolz auf ihren Wein, der internationale Vergleiche nicht zu scheuen braucht. Und genau hier im Barossa Valley liegt das größte Weinanbaugebiet des Kontinents.

Seine Geschichte beginnt im Preußen des Königs Friedrich Wilhelm III., der die Protestanten in einer vereinigten Landeskirche zusammenfasst. Um dem zu entgehen, wandert 1838 ein Pastor Kavel aus Klemzig mit rund 200 Mitgliedern seiner Kirchengemeinde nach Südaustralien aus und gründet Klemzig, heute ein Vorort im Nordosten Adelaides. Schon bald folgen weitere Immigranten. Wenig später erwerben die Lutheraner im Barossa Valley Land, das sie Neu-Schlesien nennen. Bethanien entsteht als erstes Dorf. Von hier wird einige Jahrzehnte später der große Treck zur Errichtung der Missionsstation Hermannsburg bei Alice Springs starten. 1850 trifft der kapitalkräftige Joseph Seppelt aus Schlesien ein und beginnt mit Weinbau im großen Stil. Zu Beginn des 20. Jahrhunderts produziert Seppeltsfield jährlich fast zwei Millionen Liter eines guten Tropfens.

Doch dann kommt der Erste Weltkrieg, und es verändern sich Ortsnamen: Aus Schönborn wird Gomersal, aus Seppeltsfield Dorrien, aus Gnadenfrei Marananga und der Kaiserstuhl wird zum Mount Kitchener. Und doch begegnet man noch immer vertrauten Bezeichnungen wie Bernkastel, Kellermeister und selbst dem Kaiserstuhl, einer der bevorzugten Weinmarken Australiens.

Das Barossa Valley beginnt etwa bei Gawler, rund 40 Kilometer nordöstlich von Adelaide. Als wir dort ankommen, streift mein Blick ein Schlösschen inmitten von Weinbergen, bei dem ich mich wegen seines Baustils spontan frage: Stammt das aus dem Jahr 1720 oder 1750? Das allerdings wäre lange vor der Entdeckung des Landes durch Captain Cook gewesen. In Wirklichkeit ist das Château Yaldara erst einige Jahrzehnte alt und verkörpert die Geschichte eines deutschen Einwanderers und Selfmademans namens Hermann Thumm, Flüchtling aus den ehemaligen deutschen Ostgebieten. Ein Jahrzehnt später war der Weinbergbesitzer bereits Dollarmillionär. Heute ist sein Château eine Touristenattraktion voller Kunstschätze. Für eine Besichtigung sind wir zu spät dran. Aber eine Weinprobe haben wir noch mitgenommen. Der Alkohol steigt uns nach den Anstrengungen des Tages zu Kopf. Jemand schiebt mir ein zweites Glas zu: »Empfehlt den Wein weiter!« Was ich hiermit aus Überzeugung tue.

Der Ort Tanunda erscheint mir wie ein Spiegel von Good Old Germany am anderen Ende der Welt. Auf der Werbetafel eines Grundstücksmaklers prangt der Name Homburg, eine Schlachterei wirbt mit der Bezeichnung Mettwurst. Bei unserem Bummel über den Friedhof Tanundas, der sich vor der steinernen lutherischen Dankeskirche erstreckt, stoßen wir ausschließlich auf deutsche Namen: Nitschke, Auricht, Kernig, Schulz.

»Wenn wir schon mal in einem entfernten Ableger Deutschlands sind, dann gehen wir auch deutsch essen«, schlage ich vor. Das Restaurant, das wir gewählt haben, wirkt von außen wie eine bayerische Schankwirtschaft, weißblau die Gardinen, stilecht die Fensterläden und Blumenkübel. Auch der Name erscheint viel versprechend: The Bratwurst.

Die Wiener Schnitzel, die man uns serviert, hätten selbst in Wien nicht besser sein können, doch dass es auf Papptellern geschieht, die Bestecke aus Plastik sind und meine Gabel bereits nach dem zweiten Happen bricht, hat etwas von der Romantik genommen.

Von Tanunda radeln wir nach Angaston und von dort nach Swan

Reach. Es ist eine zauberhafte Tour an Steinwällen entlang, von denen hier die Felder anstatt Zäunen begrenzt sind. Kurz vor Swan Reach lassen wir uns über Australiens längsten und wegen seiner wirtschaftlichen Bedeutung wichtigsten Fluss, den Murray River, setzen. Bewässerungsanlagen haben mit seinem Wasser riesige Gebiete des früher toten, unfruchtbaren Hinterlandes zu einem endlosen Obstgarten gemacht.

Als wir die Flussfähre verlassen, stelle ich einen Platten an meinem Hinterrad fest, es ist der erste seit langem.

Schnurgerade, ohne nennenswerte Hindernisse, zieht sich die Straße nach Osten. So weit das Auge reicht, blicken wir auf Obstplantagen.

Tagebuchaufzeichnungen vom 3. bis 6. Dezember

3. Dezember – Tagesleistung 91 Kilometer

Nachts ist es kalt. Regentropfen klatschen aufs Zelt. Morgens geht ein Wind, der mir nach der langen Hitzezeit im Outback unter die Haut geht.

Wie gestern schon ist der Verkehr auch heute gering. Auf ein paar Kilometern ist die Straße unbefestigt. In der Mitte, wie der Geistesblitz eines Witzbolds, ein Schild mit der Aufschrift:»Men at work.« Keine Menschenseele. Stattdessen radeln wir an Farmen vorbei, die Namen wie Auricht und Schubert tragen. Gutes Land. Reiches Land hier im Süden. Der Murray River macht's möglich. Die Zweige der Orangensträucher wiegen sich unter der Last der Früchte.

Wir erkundigen uns nach der Möglichkeit, für ein paar Tage als Obstpflücker zu arbeiten. »Kommt Montag wieder«, sagt uns ein Alter an einem Obstverkaufsstand, »dann könnt ihr euch in die Liste der Arbeiter eintragen. Nächste Woche beginnt die Saison für Aprikosen.« Lust darauf, ein paar Tage oder Wochen mit den Menschen zu arbeiten und zu leben, hätten wir schon. Und eine Auffrischung unserer Reisekasse kommt immer gelegen. Aber bis Montag warten ...? Das Abendessen wird ein Fruchtcocktail vom Feinsten, die Früchte sind erntefrisch ...

4. Dezember – Tagesleistung 31 Kilometer

Was für ein herrlicher Fluss ist doch dieser Murray River. Angler treiben in Ruderbooten auf seinem lehmig braunen Wasser. Am Ufer trocknen sich ein paar majestätische Pelikane.

Schon bald nach dem Start stelle ich dicke Beulen an Julianas Vorderrad fest. Panne. Reifenflicken. Immer wieder fragen wir nach Möglichkeiten, als Apfel- oder Aprikosenpflücker jobben zu können. »Eine Woche zu früh«, heißt es. Juliana trifft auf einen alten Griechen. »Seit mehr als 30 Jahren lebe ich in Australien«, erzählt er. Sein Englisch ist holprig, seine Gesten, seine Mimik sind dafür umso lebhafter und bildreicher. »Ich fühle mich in Australien wohl«, schwärmt er. Und strahlt.

Heute traue ich meinen Augen nicht: Drei Radler rollen schwer bepackt an uns vorbei. Diese Irren!

5. Dezember – Tagesleistung null Kilometer

Wir haben es uns partout in den Kopf gesetzt, hier als Obstpflücker zu arbeiten. An einem herrlichen Platz in der Wildnis am Ufer des Murray River machen wir es uns bequem, um von dort aus auf Jobsuche zu gehen. Im steinharten Lehm des Ufers baue ich einen Backofen. Das Ding funktioniert sogar. Reisen fördert die Kreativität, selbst in den simpelsten Angelegenheiten. Manchmal sind wir froh dabei wie die Kinder. Nur bei der Jobsuche haben wir kein Glück. Stattdessen verwöhnt uns eine lauwarme Nacht mit dem schönsten Sternenhimmel des Südens.

6. Dezember – Tagesleistung 123 Kilometer

Du weißt, dass es vernünftig wäre, früh aufzubrechen. Die Hitze wird dir später das Hirn ausbrennen. Der Durst wird umso größer sein. Doch manchmal argumentiert die Schönheit des Lebens in der Wildnis gegen alle Rationalität – und gewinnt! So kommen wir erst gegen zehn Uhr vormittags los. Wie lange hatten wir doch Wasser vermisst! Jetzt haben wir es bis zum Abwinken.

Die gewundene Straße schlängelt sich am Murray River entlang, an dessen Ufern tausend bunte Vögel lärmen.

Mir ist, als sei heute die ganze Welt in Urlaubsstimmung. Selbst die Truckfahrer, zu denen wir sonst wegen ihrer halsbrecherischen Überholmanöver, dem Staub und den Steinen, die sie über uns abladen, eine gespannte Beziehung haben, lächeln und winken.

Ein Wohnwagengespann zieht an uns vorbei. In den Fenstern sieht man jemanden wuseln. Im nächsten Moment blitzen Bremslichter auf. Vier Türen öffnen sich gleichzeitig. Wie Orgelpfeifen quellen Kinder auf die Straße. Woher? Wohin? Wir geben Autogramme. Das jüngste, ein Piefke von rund sechs Jahren, bringt uns zwei Liter gefrorenen Orangensaft.

Hunderte dürrer, mickriger Kaninchen hocken und hopsen auf den Feldern wie eine biblische Plage. Der Boden ist staubig, dürr der Bewuchs. Kurz vor Mildura bricht mit kurzem, trockenem Knacks eine meiner Speichen. Mit dem Hinterrad in der Hand gehe ich durch den Ort auf der Suche nach einer Werkstatt.

Der Kerl hinter dem Werktisch einer Tankstelle sieht mich mürrisch an. Das Gesicht passt so gar nicht zum herrlichen Wetter, geht's mir durch den Kopf. Ob er mir Werkzeuge leihen könne, um das Rad zu reparieren. Seine Antwort ist kurz und bündig: »Werkzeuge werden hier nicht verliehen.« Einen Moment bin ich ärgerlich, aber nicht lange, denn dann finde ich doch tatsächlich einen kleinen Bastlerladen, hinter dessen Tresen ein erfrischend herzlicher junger

Mann mit strahlenden Augen steht. Im Handumdrehen hat er alles erledigt. Und dann tun Juliana und ich, was man in Mildura einfach tun muss, wir futtern Orangen, bis wir nicht mehr können. Unsere Radtour in dieser Gegend wäre sicherlich noch reizvoller gewesen, hätte das Wetter nicht wieder Kapriolen geschlagen: Das Thermometer zeigt 36 Grad im Schatten, dazu pustet ein heißer Wind – wie im Outback. Diese Hitze bleibt uns die nächsten Tage treu, genau wie dieser marternde Wind, der überflüssigerweise auch noch von vorn bläst.

Am 9. Dezember vermeldet ein fröhlich plappernder Radiomoderator, die Hitze läge um 20 Uhr noch bei 30 Grad. Während ich lausche, lässt mich eine leichte Bewegung zwischen meinen Füßen hochfahren. Ein Skorpion! »Sorry, you guy«, mit meiner Sandale dresche ich auf ihn ein, dann wandert er ins Feuer. Daran, dass stechende, saugende und beißende Zeitgenossen unsere Weggefährten sind, haben wir uns inzwischen dermaßen gewöhnt, dass ich die Begegnungen mit ihnen normalerweise nicht mal mehr im Tagebuch erwähne.

Südlich des Dorfes St. Arnaud, das wie ein Ort aus den Pionierjahren wirkt, bremst Juliana so abrupt, dass ich ihr nur mit Mühe ausweichen kann: »Heavens – das darf doch wohl nicht wahr sein«, rufe ich aus. Hängen da parallel zur Straße 19 mumifizierte Dingos. Das erste, was ich von den Wildhunden gehört hatte, war gleich zu Beginn in Melbourne der viel versprechende Werbeslogan eines Metzgers gewesen: »Esst mehr Lammfleisch! 100 000 Dingos können sich nicht irren.«

Genau das aber ist das Problem! Dingos reißen Schafe und Lämmer. Schaffarmer hassen sie daher wie die Pest, schießen sie ab, wo und wann immer sie der Hunde habhaft werden können, und hängen sie auch schon mal zur Abschreckung an ihre Weidezäune.

Während wir Richtung Port Campbell National Park entlang der Küste durch den Süden Victorias radeln, lebt der Staat mit der Feuergefahr. Wochenlang schon hat es nicht mehr geregnet, trockener Wind dörrt das Land aus. Täglich hören wir, ganz Victoria sei mit einem *total fireban* belegt worden. Wer trotzdem Feuer anzündet, wird von der Polizei mit einigen hundert Dollar zur Kasse gebeten.

»Ist es nicht zauberhaft, nach der Monotonie des Outback durch diese liebliche Landschaft zu radeln«, sage ich zu Juliana. Als wir abends unser Nachtlager aufschlagen, krächzen in den Bäumen über uns hunderte bunter Lorikiets. Erstmals seit langem registriere ich Schwärme weißer Kakadus. Es ist, als erwache das Leben in Küstennähe erneut.

Die Kleinstadt Terang erreichen wir an einem Sonntagvormittag. Im Schatten eines Baums schreiben wir Briefe, dann waschen wir uns in einem *public restroom*. Manchmal ist es das Leben von Tramps, das wir führen. Hier bitten wir um Trinkwasser, dort um eine Dusche. Und doch möchte ich diese Erfahrung nicht missen. Als ich zurück bin bei Juliana, spricht uns ein kleines Mädchen an: »Papi sagt, ihr seid bestimmt durch ganz Australien geradelt.« Wir geben dem Mädchen auf seine Bitte hin ein Autogramm, besteigen unsere Räder, winken und fahren weiter.

Kurz vor Port Campbell biegen wir zur Küstenstraße ab und finden einen bezaubernden Platz mit Blick auf die Steilküste. Der Sonnenuntergang ist umwerfend schön. Über eine Stunde lang glüht der Himmel. Leider müssen wir an diesem stimmungsvollen Abend auf ein Lagerfeuer verzichten. Noch immer besteht total fireban, so gibt es kaltes Abendessen.

Der durch Erosion modellierte Küstenstreifen bei Port Campbell gehört zu Australiens bizarrsten Uferregionen. Ein Paukenschlag der Natur, bei dem die Schöpfung alle Register gezogen hat. Sie modellierte Loch Arch Gorge, eine tiefe Schlucht am Meer, und dann die Zwölf Apostel, Felsen, die wie unumstößliche Säulen im Meer stehen.

Doch trotz des lang ersehnten Wassers ist uns beiden nicht mehr nach Baden zumute. Frischer Wind pfeift über die Südküste, treibt Grasbüschel vor sich her. Mein Blick schweift über die tanzenden Wellen nach Süden. »Ob es dort noch kälter wird?« Morgen oder übermorgen wollen wir Melbourne erreicht haben. Mit dem Flugzeug wird es dann nur ein Katzensprung nach Tasmanien sein. Ich bin gespannt auf das andere Australien.

Auf nach Tasmanien!

Melbourne. Mir erscheint die Stadt, die ich in unseren allerersten Wochen in Australien mochte und auch ganz gut zu kennen glaubte, auf einmal fremd. Sie ist lärmend, zu groß, Menschen hasten aneinander vorbei, Verkehr quält sich durch die Straßen. Wie man sich doch verändert, wenn man monatelang in der Natur lebt. Wie muss sich ein zerknitterter Outback-Bloke fühlen, der das erste Mal im Leben das Pflaster einer solch riesigen Großstadt betritt?

»Lass uns zuerst zu Walter Schäuble radeln«, schlägt Juliana vor. Großes Hallo, als wir dort ankommen. Walter sprintet zum Kühlschrank, reißt die Tür auf, holt eine Flasche Sekt raus und schenkt kräftig ein: »Australia is a bloody dry country – Prost!«

Manchmal verfällt er in seiner Begeisterung ins Englische. Noch am selben Abend ziehen wir bei Nick ein. Als vier Tage später unser Flug nach Tasmanien ansteht und Nick uns zum Airport bringt, hoffen wir, dass wir ohne Zusatzkosten davonkommen. 20 Kilo pro Person dürfen wir als Gepäck aufgeben, Fahrrad und Packtaschen als eine Einheit gerechnet. Trotz Julianas ausgefeilter Packkünste haben wir noch insgesamt acht Kilo zu viel. Mit einem Lächeln nimmt der Bedienstete der Airline unsere Fahrräder entgegen: »Have a good flight!«

Touristisch ist Tasmanien ein Neuling und in Europa als Reiseziel so gut wie unbekannt. Vielleicht ist das der Grund, weshalb wir nur ein paar Wochen Aufenthalt auf Small Island, der kleinen Insel zu Füßen von Big Island (dem großen Kontinent), eingeplant hatten. Schade eigentlich!

Unsere Flüge hatten wir schon vor Wochen gebucht. Es gibt aber auch Schiffsverbindungen zwischen Melbourne und Devonport auf Tasmanien, doch dafür waren wir zu spät dran gewesen.

Ich bin neugierig auf Tasmanien. Es heißt, herrlich blau könne der Himmel sein, die Temperaturen nicht zum Aushalten – und für den nächsten Tag schon mag der Wetterfrosch im Radio erfrischende Regenschauer, fürs Hochland sogar Schnee ankündigen. Nicht zu vergessen: Die nächsten Nachbarn im Süden sind die Pinguine in der Antarktis. Warme Jacken hatten wir im Gepäck, auch wenn Statistiker behaupten, nur die Hälfte der jährlichen Niederschlagsmenge Sydneys fiele auf Hobart und die Temperaturen seien so angenehm wie die von Madrid.

Ins Tagebuch notiere ich: »Häuser, Häuser, Häuser – ein Meer von grauen, roten und grünlichen Dächern, auf die ich aus dem Flugzeugfenster schaue. Langsam dünnen sich die Randgebiete Melbournes aus. Die Stewardess bringt Sandwiches und Orangensaft, als wir die Küste erreichen. Beim Tee blicke ich schon auf die Tasman Sea.

Tasman Sea, Tasmanien, alles erinnert hier an die Stippvisite des Holländers Abel Tasman. 1624 entdeckte er die Insel, die wie eine Bleikugel am großen Körper des Kontinents Australien zu hängen scheint. Vielleicht drängt sich dieser Bildvergleich aber auch nur dem auf, dessen Vorstellungskraft sich durch die Geschichte beeinflussen lässt. Ab 1803 wurde sie neben der pazifischen Norfolk Island die schlimmste, die gnadenloseste Sträflingskolonie im englischen Strafvollzug. Das will etwas heißen. So ging es für rund ein halbes Jahrhundert. Die einzigen, die noch schlimmer als die *convicts* unter der Knechtschaft der Kolonialherren litten, waren die Aborigines. Systematisch und erfolgreich eliminierte man sie.

Was ich sonst noch von der herzförmigen Insel weiß? Dass rund eine halbe Million Tassies diese Insel bevölkern, die so groß ist wie

Österreich. Ach ja – neben dem Staatsmaskottchen, dem Tasmanischen Teufel, zählen Apfelgroßmutter Granny Smith und Filmhaudegen Errol Flynn zu den bekanntesten Tasmaniern.

Wasser, nichts als Wasser, wenn ich aus dem Fenster sehe. In wenigen Tagen schon werden die Teilnehmer des prestigeträchtigen Sydney-Hobart-Jachtrennens hier durchpflügen. Es werden Hoffnungen hoch fliegen, Enttäuschungen niederschmettern. Dann mache ich Brandung aus, Küste, viel Grün und Weideflächen. Der Pilot geht in den Landeanflug über. Schafherden, helle Punkte so weit man sehen kann. Ich atme tief durch. Nach dem Rot des Outback streichelt das satte Grün das Auge. Ein kleines Stück folgt die Maschine dem breiten Tamar River, dann Bilderbuchlandung in Launceston. Jemand applaudiert. Die nach Hobart zweitgrößte Stadt der Insel ist erreicht.

›Welcome to Tasmania!‹, sagt die Stewardess mit einem Lächeln auf den Lippen.«

»Bezeichne nie einen Tassie als Aussie. Falls er dir eben noch ein eisgekühltes Bier spendieren wollte, zieht er seine Einladung schleunigst zurück, wenn du das tust«, hatte man uns gewarnt. An den Frotzeleien zwischen den beiden Inselvölkern ist nichts zu ändern. Dabei war Tasmanien einst Teil des australischen Kontinents. Doch lang, lang ist's her. Schon vor mehr als 10 000 Jahren zerbrach die verbindende Landbrücke.

Werbestrategen verpassten der herzförmigen Insel den Beinamen Holiday Isle. Doch jene, die zu den ersten weißen Ankömmlingen zählten, hatten keinen Urlaubsschein in der Tasche. Sie kamen in Ketten, abgeschoben über die Weltmeere, weil die morschen, zu Gefängnissen umfunktionierten Kähne auf der Themse zum Bersten voll waren und die sozialen Strukturen der Welt eines Oliver Twist die Möglichkeit begünstigten, straffällig zu werden.

Dann ging alles Schlag auf Schlag hier. 1804 schlägt die Geburtsstunde von Hobart. In rascher Folge entstehen große Sträflingslager für die renitentesten und gefährlichsten aller Deportierten: 1822 in Macquarie Harbour an der Westküste, 1825 auf Maria Island und fünf Jahre später in Port Arthur im Süden, das schon bald den Beinamen Hölle auf Erden führt.

Noch heute holt man sich in den Ruinen Port Arthurs eine Gänsehaut. Ich wusste, dass das nur ein Aspekt der Ferieninsel ist. Wilde, menschenarme, fast unberührte Gebirgsregionen im Westen brachten Tasmanien den Ruf als Land der *great outdoors* ein.

Als wir von Launceston aus parallel zur Küste Richtung Deloraine radeln, fällt mir gleich auf, dass hier vieles anders ist als auf dem roten Kontinent. Tasmanien wirkt auf mich wie Mitteleuropa: Grün ist es, hügelig, Eichen sehe ich, Pappeln und leuchtende Blumen. Es muss auch an den überschaubaren Größenverhältnissen liegen, dass ich mich hier gleich wohl fühle. »Nicht mehr diese bloody Fliegen«, knurrt Juliana. Kein roter, ausgedörrter Boden mehr, von Hitze und Trockenheit so spröde, dass er bei jedem Schritt unter den Füßen kracht.

»Sieh dir doch mal die Felder an!«, ruft sie aus.

»Das ist doch …«, ich lehne mein Rad an einen Baum und gehe dichter ran. »Mohn – so weit das Auge reicht.«

In der Nähe arbeitet ein Farmer, der sich uns mit »G'day, I am Jack« vorstellt. Ein fideler, freundlicher Typ, der auf unsere Fragen bereitwillig Auskunft gibt: »Mohnanbau für medizinisch-pharmazeutische Zwecke.« Er grinst: »Nicht für den Drogenmarkt.« Dann sagt er noch etwas, das mir seit jenem Nachmittag nicht aus dem Sinn geht: »No worry, mate, bei uns ist die Welt noch in Ordnung.« Schön, wenn man so etwas von seiner Heimat sagen kann. Ich kenne Leute in Australien, die ihr Lebtag Haus und Wohnung nie abgeschlossen haben. Da staunt, wer zu Hause seine Wohnung mit

Sicherheitsschlössern und Alarmanlagen schützen muss. Ich war auch zu Gast abseits der großen Highways, wo immer dann, wenn der Lebensmittelhändler erwartet wird, Bestellzettel und Einkaufsgeld in eine kleine Hütte am Rand der entfernten Durchgangsstraße gelegt werden. Irgendwann kommt der *grocer*, packt die Ware rein, nimmt die Dollars und gibt das Wechselgeld zurück. Doch mit einem Anflug von Melancholie hatte der eine oder andere geseufzt: »Times are changing.« Die Zeiten ändern sich – auch am schönsten Ende der Welt.

Der Reiz Tasmaniens liegt in seinen romantischen Bergen – der höchste ist mit 1617 Metern der Mount Ossa –, den fruchtbaren Ebenen und dem äußersten Westen, nur von einer Durchgangsstraße berührt, einsam, wildromantisch, fast ein Kanada en miniature. Ach ja, und dann darf ich seine Karsthöhlen nicht unerwähnt lassen, einige Kilometer hinter dem Dörfchen Mole Creek. Ihretwegen und wegen des Cradle Mountain National Parks hatten wir uns bis hierhin vorgearbeitet. In eine der Höhlen wagen wir uns auf eigene Faust einige hundert Meter tief hinein.

Nur dann und wann fällt durch natürliche Schächte Licht von oben, die Wände der Höhle sind feucht und bemoost. Vielleicht haben sich Hänsel und Gretel ähnlich gefühlt, als sie sich durch den dunklen Märchenwald tasteten. Damit wir den Weg aus dem Labyrinth der sich verästelnden Gänge zurückfinden, lassen wir hier und dort Stücke unserer Ausrüstung zurück. Im Schein einer Petroleumlampe tasten wir uns so weit vor, bis ein kleiner Bach, der uns die ganze Zeit plätschernd begleitet hatte, in einem schwarzen Loch im Boden verschwindet.

Es ist schon dämmrig, als wir nach unserem Exkurs wohlbehalten in unser Camp zurückkommen.

Schwerer Geruch von frischem Grün liegt über dem Land, im Busch ringsum knistert, huscht und knackt es. Ich suche einige tro-

Truganini, die letzte tasmanische Aboriginefrau

ckene Blätter und Zweige zusammen und entzünde ein kleines Feuer. Würziger Duft von Eukalyptus steigt mit dem Rauch in die Luft. Plötzlich mache ich eine Entdeckung: »Da! Dreh dich mal um – aber ganz langsam.« Juliana, gerade dabei, Pfannkuchenteig fürs Abendessen vorzubereiten, blickt sich um – und schaut genau in die Gesichter von drei pummeligen, possierlichen Tieren, die bis auf zwei Meter an uns herankommen. Dunkelbraun sind sie, haben schwarze Schwänze. Unvermittelt verharren sie, sehen neugierig zu uns rüber und warten, bis der erste Pfannkuchen in der Pfanne goldgelb ist. »Vielleicht sind die scharf auf deutsche Backund Kochrezepte.« Ein junger Parkranger bei den König-Salomon-Grotten hatte uns augenzwinkernd gewarnt: »Das sind Brush-Opossums, äußerst zutrauliche Gesellen, die es hier wie Sand am Meer gibt. Gefräßige fellows. Passt gut auf, dass sie euch nicht die Vorräte plündern.«

Diese nicht, vorsichtig umkreisen sie uns, bestaunen uns mit großen Augen. Grund genug zur Neugierde bei Fremden haben sie.

»Ich hab gelesen, dass der erste Weiße vor rund 250 Jahren seinen Fuß auf Tasmanien setzte«, sage ich zu Juliana.

»Sein erster Schritt erscheint mir eher wie ein Fehltritt oder Fußtritt für die Urbewohner«, kontert sie. Sportlich wirft Juliana einen Pfannkuchen in die Luft, fängt ihn kunstvoll, mit der ganzen goldgelben Breitseite nach unten, in der Pfanne auf.

Schon 20 000 Jahre vor jenem Moment, in dem ein Lieutenant-Governor David Collins in einer seit je als Niberlooner bezeichneten Bucht den Union Jack in den Boden gerammt und behauptet hatte, sie hieße von nun an Sullivans Cove, lebten bereits Aborigines hier. Mit argwöhnischen Augen mögen sie die Weißen aus Verstecken beobachtet haben. Es half ihnen nichts. Sie wurden gejagt und wie tolle Hunde abgeschossen. Die letzten rund 250 Überlebenden von ursprünglich knapp 4000 Ureinwohnern wurden Mitte der 1830er-

Jahre auf Flinders Island nordöstlich von Tasmanien zwangsangesiedelt. 1863 lebten nur noch acht von ihnen.

Doch auch diese wurden sehr schnell weniger. Ich hatte in einem in Launceston gekauften Buch die Tragödie der letzten Aborigines verfolgt. Die Geschichte einer haarsträubenden Vernichtung.

Juliana ist an mich herangerückt. Das Moos unter uns duftet. Würziger Geruch von feuchtem Holz liegt wie ein Parfum der Wildnis über unserem Camp. Schwer, modrig. Bunte Libellen flattern mit aufgeregtem Schlag ihrer durchsichtigen Flügel zwischen uns und der Feuerstelle. Ein Rinnsal murmelt, gluckst, plätschert.

»William Lanne und Truganini hießen die letzten beiden tasmanischen Aborigines, wohlgemerkt die letzten von 4000 bei der Ankunft der Weißen. William Lanne hatte für sie sogar als Walfänger gearbeitet. Doch die wissenschaftliche Welt warf aus ganz anderen Gründen ein begehrliches Auge auf William«, erzähle ich ihr.

Ein kleiner Vogel hopst zu uns, zerwühlt mit flinkem Schnabel tote Blätter, pickt zielsicher nach Maden, Larven und Insekten. Erst als ich mich nach dem Taschenbuch in meiner Packtasche beuge, huscht er mit flattrigem Flügelschlag davon.

»Soll ich dir vom Ende der beiden letzten Aborigines vorlesen?«, frage ich Juliana. Sie blättert in dem Buch und meint: »Ich denke, die Geschichte gleicht der des letzten Mohikaners, des letzten Inkas in Südamerika oder der des letzten edlen Wilden. Sie erinnert mich an das, was der deutsche Prinz zu Wied auf einer Forschungsreise um 1835 von seinem Freund Mato Tope vom Stamm der Mandan in Montana zu hören bekam.« Und Juliana zitiert die Worte Mato Topes:

»Die weißen Männer respektieren die Ureinwohner so lange, wie nur wenige von ihnen ins Land kommen, indem sie vielleicht auch ähnlich leben wie die Ureinwohner. So wie der einsame Wolf in der nordischen Wildnis den Elch respektiert, seine Kraft, aber auch seine Überlegenheit. Das ändert sich, sobald das Rudel dem Wolf zu

Hilfe eilt. Er ist hungrig, und im Rudel ist er stark. Er tötet den Elch. Damit hat er bewiesen, wer Herr im Revier ist. Alle haben bekommen, was sie wollten, und sie lassen das ausgeweidete Skelett zurück. Es war ein mächtiger Bursche, ein schönes Tier. Schade, dass es nicht mehr lebt.«

»So ähnlich dachten die Weißen Tasmaniens auch über William Lanne und Truganini«, pflichte ich Juliana bei. »Hier – hör mal!« Ich blättere in dem Buch und lese vor:

»Truganini wird von Weinkrämpfen geschüttelt. Dem gerade verstorbenen William Lanne war noch in der Leichenhalle der Kopf abgeschnitten worden. Später verschwand auf mysteriöse Weise sein Körper aus dem Grab – er tauchte später als wissenschaftliches Objekt bei der Royal Society im fernen London auf. ›Wenn ich sterbe, steckt mich in einen Sack, beschwert ihn mit Steinen, und versenkt mich an der tiefsten Stelle des Meeres‹, bittet sie. Dann fährt sie leise fort: ›Denn das Tasmanische Museum will meinen Körper.‹

Doch noch wird Truganini – man nennt sie die schwarze Königin – wie ein exotisches Tier auf Partys herumgereicht. 1876 stirbt sie. Eine große neugierige Menschenmenge säumt Hobarts Straßen, als der Trauerzug zum Friedhof zieht. Der Sarg senkt sich ins Grab – nur wenige wissen, dass er leer ist. Heimlich hatte man Truganini die Nacht zuvor in der Gefängniskapelle bestattet. Zwei Jahre später gräbt man ihre Knochen aus, nummeriert sie, packt sie in eine Kiste und stellt sie auf einem Dachboden ab. Jahre später stößt jemand auf dieses makabre Päckchen und beschließt, das Skelett im Museum auszustellen. 50 Jahre steht Truganini – so wie sie es vorausgeahnt hatte – im Tasmanischen Museum. Erst 1976, 100 Jahre nach ihrem Tod, werden ihre Gebeine eingeäschert und dem Meer übergeben.«

Ein Gefühl wie Weihnachten

Am 23. Dezember radeln wir nach Deloraine zurück. Für die kommenden Feiertage hatte Juliana eine Einkaufsliste zusammengestellt, die sich wie der Wunschzettel eines Globetrotters zu Weihnachten liest: Kuchen, Wein, Kekse, Schokolade. Die Wünsche werden Realität.

Dass wir Naschkatzen sind, dürfte bekannt sein, seit wir im Outback, ohne mit der Wimper zu zucken, vier Liter Eiscreme als Nachtisch verdrückt haben. Ich weiß nicht, ob man es mir abnimmt, wenn ich sage, dass ich zu Hause selten Appetit auf Süßigkeiten verspüre. Eine Tafel Schokolade kann wochenlang unangetastet liegen. Nur bei körperlichen Anstrengungen kommen diese merkwürdigen Gelüste auf. Vielleicht liegt es daran, dass unsere Hauptmahlzeiten nicht so ausgewogen sind, wie sie bei dem harten körperlichen Einsatz sein sollten. Mehr als einmal – gerade in Extremsituationen – habe ich bei anderen bestätigt gefunden, dass wir mit der Naschhaftigkeit nicht allein sind.

Wenn schon naschen, dann aber auch richtig. So kaufen wir ein Fläschchen Sahne. Wie die nun frisch halten? Auf meinem Gepäckträger räume ich eine kleine, etwa zehn mal zehn Zentimeter große Stelle frei, lege das Fläschchen hinein und breite darüber einen feuchten Lappen aus. Jetzt liegt es an mir, was mit der Sahne geschieht. Je kräftiger ich in die Pedale trete, umso frischer bleibt die Sahne.

Als wir von Deloraine ins Central Plateau zu den großen Seen des Inlandes hochradeln, stehen wir wieder mal in den Pedalen. Auf einer abgeholzten Stelle im Wald finden wir einen schönen Platz mit

Fernsicht. Doch so einsam, wie wir dachten, sind wir nicht. Es raschelt hier, es knistert dort, kleine, pelzige Tiere sehe ich hinter den Blättern. Genaueres aber entdecke ich nicht. Hoffentlich sind es keine gefräßigen Opossums, es wäre schade um unsere schöne Schlagsahne! Mit diesem Wunsch schlafe ich ein.

Trotz des Heiligabends haben wir uns eine anstrengende Strecke durchs Gebirge vorgenommen. Nach wenigen Kilometern Asphaltstraße beginnt eine grobe, rutschige Schotterpiste, auf der wir Schwierigkeiten haben, die Räder gerade zu halten. Gut zwei Stunden sind wir unterwegs, als neben uns ein Stationwagon hält. Ein junges Paar bietet uns eine Mitfahrgelegenheit auf seiner Ladefläche an. Ich überlege kurz, ein Blick zu Juliana, dann sage ich: »No, thank you very much.« Man kann sich daran gewöhnen, immer dann eine Mitfahrgelegenheit zu akzeptieren, wenn Schwierigkeiten kommen. Schließlich soll dieser Trip auch ein sportliches Unternehmen sein.

Weihnachten scheint den Leuten ans Gemüt zu gehen. Mehr noch als sonst freundlich grüßend, fahren sie heute an uns vorbei. Ich sehe, wie eine Frau uns aus einem Auto heraus fotografiert. Kurz drauf überholen uns junge Leute mit einem fröhlichen Merry Christmas.

Das Fahren auf der Piste ist jetzt überaus schwierig, häufig rutschen die Räder zur Seite weg, besonders in ansteigenden Kurven müssen wir höllisch aufpassen, dass wir nicht stürzen. Die Bergsicht ist großartig, nur kleben unsere Augen meist auf dem Boden. Mein Hemd ist verschwitzt, unsere Gesichter sind graurot vom Staub, Schweiß und von der Erhitzung. Am frühen Nachmittag führt uns die Straße durch eine Geisterlandschaft, tausende toter Bäume auf den Berghängen – ein vernichtendes Buschfeuer hat hier gewütet. Wie um die gespenstische Atmosphäre zu vervollkommnen, streichen schwarze Kakadus grell kreischend über uns hinweg.

Wir steigen ab und beratschlagen. Von den abgestorbenen Bäumen einmal abgesehen, ist dies ein schöner Fleck, um Heiligabend zu verbringen. Gesagt, getan.

Während ich den Boden ebne und unser Zelt errichte, improvisiert Juliana einen Backofen aus großen Steinen. Nachdem die richtige Glut erreicht ist, backt sie zur Feier des Tages süßes und auch etwas salziges Knabbergebäck. Mittlerweile hat die Live-Weihnachtssendung von Radio Deutsche Welle aus Deutschland begonnen: Zwischen atmosphärischem Knistern und Krachen der Kurzwelle dringt »Stille Nacht, heilige Nacht« zu uns. Als ich zu einem nahe gelegenen Bach gehe, um Trinkwasser zu schöpfen, hüpft ein kleines, schwarzes Känguru fort. Noch lange liegt das dumpfe Plopp, Plopp seiner Sprünge über dem stillen Land.

Es ist nicht das erste Mal, dass wir Weihnachten gemeinsam in der Fremde verbringen. »Erinnerst du dich noch an unser erstes Weihnachtsfest auf einer Reise? In Nairobi war das, unter blühenden Jakarandabäumen«, fragt mich Juliana.

Natürlich erinnere ich mich. Ich hatte mich den ganzen Tag über die auseinander genommenen Teile unseres VW-Bus-Motors gebeugt und inständig gehofft, dass ich sie auch wieder zusammenbekäme. Rechtzeitig zum Festessen war der Motor wieder eingebaut, mit klopfendem Herzen startete ich, und er lief! Es war das erste Mal in meinem Leben, dass ich an einem Auto mehr gemacht hatte, als nur Stoßdämpfer auszuwechseln. Dass der Motor am Heiligabend auf Anhieb lief, war unser schönstes Geschenk.

Genau ein Jahr später waren wir im Mittleren Orient, nur wenige Kilometer unterhalb der russischen Grenze. Schnee lag in der Luft, Eis und bittere Kälte. Ein sehr ungewöhnliches Weihnachtsfest in einer Welt, die Allah verehrt.

Ich bin nicht sentimental, auf all meinen Reisen habe ich nicht eine Sekunde lang Heimweh gehabt, aber Weihnachten streifen meine Gedanken doch zurück zur Familie, lassen die Erinnerungen wach werden, auch an die Kindheit. Juliana hatte ein wenig nachgeholfen. Unsere gelbe Sitzmatte hat sie mit einem Kienapfel, den wir seit Tagen mit uns herumschleppen, dekoriert, daneben stehen ein tannenzweigartiger Ast, Weihnachtskärtchen, eine rote Blüte, eine Flasche Portwein und ein Kuchen. So naschen wir, trinken und lauschen dem Radioprogramm der Deutschen Welle. Zwischen Portwein und Käsehäppchen rege ich an, unsere Sahne zu schlagen. Dank der ausgetüftelten Kühltechnik ist sie tatsächlich frisch geblieben. Aber was tun ohne Mixer? Not macht bekanntlich erfinderisch: Mit unseren Gabeln schlagen wir zehn Minuten wild auf die Schlagsahne ein. Zum Schluss sind zwar unsere Armgelenke lahm, aber die Sahne ist steif. Dieser Tag erfährt noch einen weiteren Höhepunkt, als uns über die Deutsche Welle unerwartet Grüße meiner Familie aus 20 000 Kilometer Entfernung erreichen. Das geht unter die Haut.

Gegen Abend wird es kühl, ein bleicher Mond steigt auf und beleuchtet kurz die geisterhaften Baumstümpfe, bevor ihn die ersten Wolken verdecken.

Fünf kleine Felsbrocken begrenzen unsere Feuerstelle. Ich hatte sie extra klein gebaut, kaum mehr als einen halben Meter im Durchmesser. Flammenspitzen lecken über das Holz. Den Boden um die Feuerstelle hatte ich, so gut es ging, von dürrem Holz und spröden Blättern geräumt. Obwohl die Feuergefahr hier nicht so extrem ist wie im Outback, gilt den Flammen meine volle Aufmerksamkeit. Das Leben mit dem Feuer ist Teil meiner Buschroutine geworden, sei es in der Wildnis Zentralkanadas, in der im Sommer ein unkontrolliertes Fünkchen ausreicht, riesige Waldbrände auszulösen, oder hier auf Tasmanien.

Von einem toten Zweig breche ich spröde, pergamentartige Blätter, zerreibe sie zwischen meinen Fingern und zerbrösele die Reste über dem Feuer. Ein angenehmer Duft liegt über unserem Camp. Irgendetwas raschelt. Deutlich ist ein Scharren wahrzunehmen. Ich

»Tasmanischer Tiger« – heute ist der Beutelwolf ausgerottet

greife nach der Taschenlampe, stehe auf, leuchte in die Büsche. Das Scharren ist verstummt. Ich setze mich wieder. Das Scharren beginnt erneut.

»Tasmanische Tiger gibt es ja nicht mehr«, meint Juliana.

Ich gehe vorsichtig ein Stück in die Richtung, aus der das Geräusch gekommen ist. Es ist wieder still. Juliana schiebt einen Zweig ins Feuer. Einen Moment lang tanzt Lichtschein über Büsche und Bäume. Ich drehe mich zu ihr: »Darf ich dich korrigieren?«

»Wieso?«

»Weil es nie Tiger auf Tasmanien gegeben hat.«

Aus einem Buch von Professor Grzimek über die Tierwelt Australiens habe ich noch das Vorwort im Kopf: »Junge Völker unterschätzen meist den Wert des nicht vom Menschen Gemachten.« Hatte er dabei vielleicht an den Tasmanischen Tiger gedacht?

Ich gehe zum Lagerfeuer zurück. Der Mond blinzelt jetzt hinter der scharfen, von einem hellen Lichtkranz gesäumten Kante einer Wolke hervor. Einen Moment nur, schon schiebt sich eine andere davor und verbirgt ihn. »Es ist zum Verzweifeln«, schreibt Grzimek. »Wäre dieses größte Beutelraubtier von menschlichen Künstlern erfunden und geschaffen worden und nicht von der Natur in einer Jahrmillionenentwicklung, selbstverständlich würde man ihn retten.«

Ich wende mich Juliana zu. »Der eigentliche Name dieses Tieres lautet Beutelwolf. Man weiß, dass er nie einen Menschen anfiel oder ihm gefährlich wurde. Und doch zahlte man noch vor Jahren hohe Prämien, um ihn auszurotten. In den 30er-Jahren des 20. Jahrhunderts gab es keinen lebenden mehr.«

Juliana meint darauf: »Die einen drängen in ihrer Begeisterung für die Natur immer weiter vor, um sie zu erforschen. Schwärmen von ihrem gewaltigen Potenzial. Die aber, die ihren Spuren folgen, haben Giftköder dabei, Schlingen und Gewehre, um die Natur kurz zu halten, damit ja nichts ihren Interessen in die Quere kommt. Ob

Forscher wie Leichhardt das auch so gesehen oder gar geahnt haben?«

Sie blickt mich an: »Noch ein Schlückchen Weihnachtswein gefällig?«

Ich reiche ihr meinen Becher. Ganz kurz denke ich an unsere Batterien funkelnder Kristallgläser daheim. Eigene Gläser für Sekt, Wein, Bier oder Cognac. Hier ist ein Becher gut genug für Wasser, Tee, ab und zu für eine kalte Cola – falls sie nicht gleich aus der Flasche getrunken wird – oder einen seltenen Schluck Wein wie heute. Von Leichhardts Journalen wusste ich, dass sein Speiseplan zu Weihnachten auch anders ausgesehen hat als sonst. »Wir setzten uns zu einem Mahle von Pudding und gedämpftem Kakadu«, schrieb er.

»Wie wäre es mit einer Weihnachtsgeschichte?«, schlägt Juliana vor, dabei tanzt ein roter Feuerschein über ihr Gesicht. »Du hattest mir doch das Ende der Leichhardt-Story versprochen.«

»Der Wein schmeckt übrigens gut«, sage ich und setze den Becher ab. Im Radio dudelt »Waltzing Matilda«. Keck blinzelt der Mond durch die dürren, fast blattlosen Zweige eines alten Eukalyptusbaumes über uns. »Schenk mir bitte noch einen Schluck nach. Das löst die Zunge«, bitte ich sie. Juliana nimmt die Flasche und teilt den letzten Wein auf. Dann fange ich an zu erzählen:

»Der Erfolg der ersten Expedition nach Port Essington hatte Leichhardt beflügelt. Bereits im selben Jahr brach er mit acht Männern zur nächsten Expedition auf. Jetzt wollte er den großen Wurf schaffen – eine komplette Ost-West-Durchquerung. 20 Ochsen und fast 300 Schafe und Ziegen hat er dabei. Doch das Unternehmen ist vom Pech verfolgt. Starkes Fieber wirft die Männer zurück. Sie kehren um.

Im Dezember 1847 ist Leichhardt erneut mit der Mannschaft auf dem Weg nach Westen.«

Ich halte einen Moment inne. Der Mond über uns verschwindet

hinter den Wolken. Nur ein feiner Lichtschimmer bleibt, wo die bleiche Scheibe verschwunden ist. Dann fahre ich fort zu erzählen: »Es ist das Letzte, was man von Leichhardt weiß. Lange Zeit machte man sich keine Gedanken über ihn. Schließlich war er erfahren, genoss als Expeditionsleiter den besten Ruf. Im Übrigen hatte ja auch seine erste Expedition dreimal so lange gedauert, wie ursprünglich geplant.«

»Ist er verdurstet?«, unterbricht mich Juliana.

»Niemand kennt das Ende der Leichhardt-Expedition. Umso mehr Gerüchte gab es, aber auch aufwendige Suchexpeditionen. Die erste große vom Staat finanzierte Suchmannschaft segelte von Sydney aus nach Port Essington, von wo sie ins Innere Australiens vordrang. Man glaubte, sich der Leichhardt-Expedition so am schnellsten nähern zu können. Ohne Erfolg.

Große Zeitungen finanzierten Suchtrupps. Man stieß auf die in Bäumen eingeritzte Initiale Leichhardts. Das war alles. Es gab Spekulationen, dass die acht Männer von Aborigines ermordet worden seien. Um 1858 fand auch die Expedition des Landvermessers Gregory ein eingeritztes L. Danach verliert sich die Fährte. Gregory vermutete, dass Leichhardts Mannschaft in der Wüste verdurstet ist. Vermutungen und Spekulationen waren keine Grenzen gesetzt. Ein ernst zu nehmender Forscher entdeckte in einem Aborigineclan ein fast weißhäutiges Kind. Hatte einer der Expeditionsteilnehmer vielleicht bei den Urbewohnern überlebt? Nach der Version eines anderen Aborigine sollen die Männer an einem Wasserloch getötet worden sein. Man grub dort und fand dort Skelette von Weißen – allerdings nicht acht.

Hatte Leichhardt selbst möglicherweise überlebt? Dazu passte das Gerücht von einem Weißen, der wie ein Wilder im Busch leben sollte. Abenteurer wollen ihn sogar gesehen haben. Den Beweis blieben sie allerdings schuldig.«

»Wahrlich kein Happy End für den einstigen Einwanderer aus der Mark Brandenburg«, meint Juliana. Sie ist aufgestanden, reckt sich. »Aber immerhin hat er seine Träume gelebt. Das ist besser, als sie nur zu träumen statt zu leben.«

Der Mond zwängt sich durch einen Wolkenspalt, überschüttet uns für einen Moment mit einem Schwall weißen Lichts.

»Nach einer anderen Version lagerte die Expedition in einem trockenen Flussbett, während viele Kilometer entfernt ein Gewitter tobte. Die Flutwelle, die mit rasanter Geschwindigkeit heranrollte, traf Mensch und Tier gleichermaßen unvorbereitet und vernichtete sie«, füge ich noch zum Abschluss meiner Erzählung hinzu.

Und – was lernst du vom Schicksal Leichhardts, geht es mir durch den Kopf, als wir im Zelt liegen. Besser zu Hause bleiben? Viele Versicherungspakete abschließen, so einen Rundherumsorglos-Wall um dich aufbauen?

Ich muss schmunzeln. Sehr gut erinnere ich mich daran, wie wir vor Jahren von einer gefährlichen Abenteuerreise wohlbehalten und gänzlich ohne Blessuren nach Hause zurückkamen. Bald darauf besuchten wir Freunde in Hamburg. Es war auf der Heimfahrt, nahe der Anschlussstelle Soltau, als ein – wie ich später erfuhr – stockbetrunkener Autofahrer zum Überholen ansetzte, auf unserer Höhe die Leitplanke touchierte und sich neben uns mehrfach überschlug. »Noch mal dicht dran vorbeigeschrammt«, war Julianas Kommentar, als wir unversehrt aus unserem Wagen stiegen. Keines der Abenteuer während der damals gerade beendeten Reise war so unberechenbar, so unkalkulierbar gewesen wie dieser Moment auf der vertrauten Autobahn.

Am nächsten Tag ist der Himmel verhangen. Nebelschwaden wabern über uns hinweg. Dann und wann regnet es. So verbringen wir auch den ersten Weihnachtstag an diesem idyllischen Platz. Am

26. Dezember erreichen wir den Pass in 1209 Metern Höhe. Viele der an uns vorbeifahrenden Menschen sind immer noch in weihnachtlicher Stimmung. Sie winken, grüßen. Ein VW-Bus rollt dicht an uns ran, eine Hand kommt aus dem Fenster und streckt mir eine Flasche Bier entgegen. Ich lache: »No beer for breakfast.« Der Fahrer hupt, grüßt, fährt weiter. 20 Minuten später sehen wir ihn von einer Holzhütte neben der Straße auf uns zulaufen, er winkt jetzt mit einer Flasche Coca-Cola. Dieses Mal sagen wir nicht nein.

Auch den nächsten Tag bleibt es im Hochland kalt. Es schneit – mitten im Hochsommer –, ab und zu prasseln Hagelschauer auf uns nieder. Wieder mal ist es das D an unseren Packtaschen, das uns interessante Kontakte verschafft. Urs, ein junger Schweizer, hält mit seinem Auto, wir kommen ins Gespräch. Für einige Monate arbeitet er hier in Tasmanien als Praktikant auf einer Farm. »Es ist die größte Farm der Gegend mit 35 000 Schafen, 2000 Rindern. Die Größe des Besitzes liegt bei rund 15 000 Hektar«, erklärt er uns nicht ohne Stolz.

Am letzten Tag des Jahres erreichen wir Hobart, die Hauptstadt Tasmaniens. Um es vorwegzunehmen, Hobart ist zauberhaft. Das gilt für sein Ortsbild mit vielen hübschen kolonialen Gebäuden wie auch für seine Lage. Die City of Hobart liegt am Westufer des Derwent River, und die Tasmanbrücke verbindet es mit seinen östlichen Vororten. Über allem thront der 1270 Meter hohe Mount Wellington. Das rund 210 000 Einwohner zählende Hobart ist Australiens zweitälteste Stadt. Gegründet wurde sie 16 Jahre später als Sydney. Anders als Sydney ist Hobart ein sympathisches koloniales Überbleibsel, ein Hauch von Gestern. Hobart stellt aber auch den Schlusspunkt eines der berühmtesten Jachtrennen der Welt dar – des Sydney-Hobart-Race. Wir sind rechtzeitig zu dem Ereignis da.

Einer der Aushilfsranger bei den Grotten von Mole Creek hatte mir seine Anschrift in Hobart in die Hand gedrückt: »Da wohnen

Nach 10 000 Kilometern im Fahrradsattel endlich in Hobart, einer Stadt zum Wohlfühlen

noch 'ne Menge Freunde von mir, und Platz haben wir genug. You are most welcome.«

Wieder klopfen wir etwas zaghaft an eine fremde Tür. Fünf Minuten später sitzen wir im Kreis junger Leute, trinken Früchtetee, knabbern Müslikekse, hören Soulmusik und sind daheim.

Natürlich hätte es genügend touristische Ziele auf Tasmanien gegeben, die zu besuchen uns in den Pedalen warm gehalten hätte. Doch ich stelle fest, dass ich nicht mehr nur daran interessiert bin, der Reihe nach touristische Pflichtübungen zu absolvieren. So haben wir Port Arthur nicht besucht, die älteste Sträflingsfestung auf der Tasman Peninsula. »Später«, sage ich zu Juliana, »später.« Stattdessen hält, als wir auf dem Highway 3 Richtung Ostküste radeln, ein kleiner Pick-up-Truck neben uns. Drinnen sitzen einige Männer, lautstark und ausgelassen grüßen sie uns zum Jahresbeginn. Nach einem kurzen Gespräch bieten sie an, uns bis kurz vor Orford mitzunehmen. Wir sind beide von der ewigen Bergfahrt durchgeschwitzt, das Land ist hügelig – ein Moment der Schwäche. »Okay«, sage ich.

Tagebuchaufzeichnungen vom 1. bis 3. Januar

1. Januar – Tagesleistung 75 Kilometer

Stehen da doch am Ortsrand von Orford vor einem hübsch weiß gestrichenen Haus, von dem sich in knalligem Kontrast rote und gelbe Blüten abheben, drei Männer und prosten uns lautstark zu: »Happy New Year, folks!« Wir winken zurück. »Wenn ihr 'nen Drink und 'ne Dusche haben wollt, seid ihr bei uns goldrichtig«, ruft uns der Wortführer einladend zu. Kein Grund, nein zu sagen. Wir steigen ab. Ray, der Gastgeber, führt uns ums Haus. Was für ein herrlicher Blick über die Prosser Bay der Tasman Sea! Der Küste vorgelagert, zeigt sich malerisch die ehemals fürchterliche Sträflingsinsel Maria Island. Doch

Zeit für eine historische Nabelschau bleibt uns nicht. Ray drückt uns Biergläser in die Hand. Einige der anderen Gäste sind aus dem Haus gekommen. »Meine Freunde vom Rotary Club«, stellt Ray sie vor. Jemand füllt die Gläser: »Cheers!« Es sollte nicht bei dem einen Cheers bleiben. Immer, wenn die Gläser halb leer getrunken sind, findet sich ein Gast, der sie blitzschnell nachfüllt. »Alles Geschäftsfreunde aus der Umgebung«, sagt Ray. Einer von ihnen betreibt eine Motelkette, ein anderer ein Shoppingcenter, Ray selbst besitzt Tankstellen und Imbissstuben. Und wir? Das Einzige, was wir haben, sind unsere Fahrräder, und wir haben viel, viel zu erzählen. Genau das interessiert Ray und seine Gäste. Abends stellt sich ein Nachbar namens Ken mit seiner Frau Jean ein, ein älteres Ehepaar. »Ihr seid doch die Leute aus dem ›Mercury‹«, ruft er überrascht. Die beiden hatten den Zeitungsartikel über uns gelesen. »Ihr seid herzlich eingeladen, bei uns im Haus zu wohnen.« Das war gerade noch rechtzeitig, denn die Wirkung des Bieres macht sich bei mir schon bemerkbar.

2. Januar – Tagesleistung 90 Kilometer

Als ich morgens um sieben Uhr wach werde, liegt Ken noch im Bett. Jean serviert ihm den *morning tea*: »Do you want some more tea, darling?«

Draußen auf der Straße hält ein Auto. Jean zieht den Vorhang zur Seite. »Ah, der Zeitungsmann.« Sie geht zur Tür. George, der Hund, scheint auf diesen Moment schon den ganzen Morgen gewartet zu haben. Wie ein Blitz rast er schwanzwedelnd zum Zeitungsträger, reißt freudig erregt das Maul auf, lässt sich zwischen weiße, starke Zahnreihen die Zeitung stecken und trottet hoch zufrieden zum Haus zurück, wo er seine Beute bei Ken abliefert.

Die Weiterfahrt entlang der Ostküste nach Norden ist auch reizvoll und zauberhaft. Zweimal halten Fahrer kleiner Pick-up-Trucks, um uns eine Mitfahrgelegenheit anzubieten. Zweimal lehnen wir dankend ab. Pedalschlag für Pedalschlag sauge ich dieses Bild in mich auf: grüne Weiden mit unzähligen gelblichen Tupfern, die sich bei genauem Hinsehen als Schafe entpuppen. Hinter Mayfield folgt der Highway der lieblichen Küste im Schulterschluss. Ein unendlich weiter, blauer Teppich dahinter, in dem sich weiße Spitzen kräuseln. Rund 1500 Kilometer weiter östlich von hier liegt Mount Cook auf Neuseeland, geht's mir durch den Kopf. Und dahinter – nichts als blauer Pazifik, bis die Fantasie irgendwann nach langer, langer Reise an die Küsten Chiles stößt.

Auf einem Picknickplatz am Meer grillen wir frische Fische. Zufrieden lehnen wir uns zurück. »Einer der schönsten Tage auf unserer Radtour«, schwärme ich.

Das eigenwillige Schicksal verpasst uns allerdings heute noch einen kleinen Dämpfer. Mit trockenem Knacks bricht eine Speiche an Julianas Hinterrad, die neunte insgesamt, wie ich unserer unbestechlichen Radelstatistik entnehme. »Das muss bis zur Ankunft in Melbourne auch die letzte bleiben«, sage ich zu Juliana.

3. Januar – Tagesleistung 77 Kilometer

Morgens ist es kalt. Glitzernder Morgentau liegt schwer auf den grünen Gräsern. Ich werfe einen kurzen Blick zum Himmel: »Es wird sonnig und warm.« In Shorts und T-Shirts radeln wir an der tasmanischen Ostküste entlang. Vorbei am Nine Mile Beach (was für ein verheißungsvoller Name!), immer am Meer entlang, begleitet vom millionenfachen Blöken der Schafe. Ich lehne mein Rad neben das von Juliana. »Weißt du, Schatz, wenn der Song des amerikanischen Barden Willie Nelson ›Home is where you're happy‹ zutrifft, dann ist dies mein Zuhause«, sage ich zu ihr. Oft schon hatte ich so empfunden. An diesem Morgen könnte ich schwören, dies sei genau der richtige Platz für mich. Und doch holt mich dieser Tag wieder in die Realität zurück. Es ist nordwestlich des Ortes Lagoons, wo wir am

Elephant Pass feststellen, dass wir während der vergangenen Tage vielleicht doch etwas zu viel Festtagsspeck angesetzt haben. Als wir keuchend den Gipfel des Passes erreichen, stellt Juliana knapp fest: »Fitnesstest für die Pässe auf der Südinsel Neuseelands!« Nur noch wenige Tage sind es bis dorthin.

Nachmittags überholt uns ein Kleinmotorrad mit Einkaufskörbchen auf dem Lenker und Packtaschen auf dem Gepäckträger. »Hallo, sind das nicht Juliana und Dieter?«, ruft die Fahrerin.

»Hi, Peggy, was für eine Überraschung!«

Vor Monaten, während der ersten Tage unseres Aufenthalts in Australien hatten wir die junge Engländerin in der Jugendherberge in Melbourne kennen gelernt. Sie hatte schon damals vorgehabt, sich ein Moped zu kaufen und durch Australien zu knattern. Auch bei dieser Begegnung habe ich den Spruch »Mein Gott, wie klein ist doch die Welt!«, wie so manches Mal auf unseren Reisen bestätigt gefunden. Da war Günter aus Wien, mit dem wir vor Jahren in Luxor am Nil tagelang durch Pharaonengräber streiften und den wir – ohne Absprache – ein Jahr später auf Bali wieder trafen. Oder Herbert, ein junger Globi, mit dem wir an Malaysias Stränden faulenzten. Ziemlich genau vier Jahre später trafen wir ihn in einem Billighotel in Neu-Delhi erneut. Zufälle? Fügung? Wie dem auch sei, je mehr man reist, umso mehr stellt man fest, wie klein die Welt in der Tat ist und dass es auch fast immer die gleichen Routen sind, auf denen Weltenbummler, Abenteurer und Touristen sich bewegen.

Nach einer reizvollen Weiterfahrt mit überwältigenden Blicken auf die Berge finden wir abends im Nordostzipfel Tasmaniens einen lauschigen Nachtplatz. Diese Nacht wache ich mit einem Schrei und schweißgebadet auf. Meine Hand tastet sich zu Juliana rüber: »Du, ich habe geträumt, du seist von einer Schlange gebissen worden.« Gestern hatte man uns gesagt, fast alle Schlangen Tasmaniens wären giftig. Es ist das zweite, aber auch das letzte Mal auf dem gesamten

Australientrip, dass mir Schlangen, und sei es auch nur psychisch, zu schaffen gemacht haben.

Als wir Mitte Januar am Ben Lomond National Park, den ein schartiger Berg gleichen Namens überragt, vorbeiradeln, sehe ich eine Radfahrerin, die neben einem Landrover am Straßenrand Pause macht. Wir fahren rüber, wenige Minuten später stellen sich vier weitere junge Radler ein. Es sind Leute aus Hobart auf Radtour über die eigene Insel, allerdings so, dass ich ein Schmunzeln unterdrücken muss. Der Landrover ist ihr Versorgungsfahrzeug, etwa jede Stunde hält er, Begleitpersonal versorgt die Radler mit geschälten Orangen und kühlen Softdrinks.

Einer von ihnen, Michael aus Auckland in Neuseeland, hat sogar ein Walkie-Talkie, um mit dem Versorgungsfahrzeug Kontakt zu halten. Als Mike Stather hört, dass wir in wenigen Tagen von Melbourne nach Neuseeland fliegen wollen, gibt er uns spontan seine Adresse: »Schade – ich werde zwar nicht dort sein, aber ihr seid herzlich eingeladen, euch bei meiner Mutter zu melden und dort zu wohnen.«

Nach der Rückkehr in Melbourne haben wir wieder einmal die Sektkorken knallen lassen. Nino, der Fahrradhändler, Walter Schäuble und Nick, dessen sturmfreie Bude wir so manches Mal nutzen durften, sind dabei. Und was in die Schampuskelche floss, war eiskalt, perlte, löste die Zunge und gab dem Auge Glanz.

»Du hattest Recht, Nino, auf Australiens Straßen sind Radfahrer seltener als Kängurus an deutschen Autobahnen«, meint Juliana und hebt ihr Glas. »Endlich mal kein Wasser aus der Rindertränke!« Juliana grinst in Walters Richtung: »Australia is a bloody dry country. Ich weiß noch, wie wir heißes Leitungswasser am Frewena Roadhouse in uns reingekippt haben! Prost!«

»Sind denn all eure Reiseträume Realität geworden?«, fragt Walter Schäuble und tritt zu mir.

»Es war keine Traumzeit im Sinne eines Australienurlaubers, der in großen Flugzeug- und Geländewagensprüngen zwischen Sydney, Ayers Rock und Great Barrier Reef hin und her hopst. Für mich war es eher eine Traumzeit im Sinne der Aborigines, eine Begegnung mit der Seele Australiens: Götterdämmerung morgens, mittags die Hölle unter heißem Himmel, nachmittags das Fegefeuer, wenn der Rauch von Buschbränden dir die Augen blutrot färbte – abends aber war es ein Paradies unter Sternen«, antworte ich.

»Es war aber auch eine Begegnung mit Menschen, wie sie in ihrer Bandbreite kaum größer sein könnte«, fügt Juliana hinzu und lächelt einen Moment lang säuerlich. »Ich denke an die Alte mit dem Klapperschlangenblick im Middleton-Hotel, die Radler für geistesgestört hielt, oder jene Roadtrain-Fahrer, die mit leer gesoffenen Bierdosen Zielwerfen auf bloody Radfahrer machten – aber dann waren ja da Russel in Alice, Kamelfänger Noel und die Tassies mit ihrer herzlichen Gastfreundschaft. Kommt, lasst uns die Gläser auf das Wohl der Australier heben!«

Walter hat auf unsere Gegenwindprobleme im Outback als freundlichen Seitenhieb noch einen heißen Tipp parat:»Wenn ihr das nächste Mal durch Australien radelt, macht es entgegengesetzt, im Uhrzeigersinn. Dann sollte der Wind immer von hinten blasen! Cheers!«

Als Nino, Walter und all die anderen gegangen sind, ist es wieder ruhig in Nicks kleiner Wohnung.

Ich wende mich an Juliana:»Wohltuend diese Stille«.

»Ich sehe gerade in Gedanken Bilder, die ich wohl nie vergessen werde. Wie wir bei Sonnenaufgang durchs Outback rollen. Zwei schwarze Scherenschnitte vor glühendem Rot. An Ayers Rock, Palm Valley, an Sydney und all die anderen Highlights denke ich erst in zweiter Linie«, sagt Juliana.

Stimmt. Lag nicht die Einmaligkeit unserer Reise in der Monumentalität ihrer Monotonie, an einer Landschaft, die sich für den Radler tage- und wochenlang nicht änderte, die er dadurch aber umso intensiver erfahren hat. Ein Erleben, bei dem Zeit und Raum verschwimmen. Paukenschlagartige Highlights registrierte ich selten.

»Nie zuvor habe ich in meinem Leben so viele Details wahrgenommen. Ich denke, die Summe all dieser für sich unbedeutenden Details macht die eigentliche Größe unseres Trips aus.«

»Also doch bloody beautiful – trotz gelegentlicher Schwierigkeiten«, meint sie lachend.

»Möglicherweise waren gerade sie es, die das Auge für das Schöne und Einmalige schärften«, gebe ich zu.

Tage später hebt ein Jumbo der Air New Zealand von Melbournes Airport ab. Drinnen zwei, die ihre Nasen an den Scheiben platt drücken. Im Frachtraum zwei outbackgetestete Räder, Packtaschen, deren Gebrauchsspuren nicht zu übersehen sind. Der Südosten Australiens gleitet erneut unter uns dahin, dieses Mal mit 1000-Stundenkilometer-Rasanz. Schon bald wird der Jet unser nächstes Etappenziel erreichen. O nein, noch nicht die Philippinen, Hongkong oder die USA. Die Ansage der Stewardess klingt viel versprechend: »– zwei Inseln mit den mächtigsten Gletschern außerhalb der Antarktis, tropischen Regenwäldern, Hochgebirgssavannen neben blühendem Hibiskus und den schneebedeckten Southern Alps.«

Meine Hand tastet nach der Julianas: »Ein guter Fleck, um unsere Erfahrung der Langsamkeit fortzusetzen.«

Sie lächelt: »In den Bergen der Südinsel geht es vielleicht sogar noch langsamer als im Outback.«

In mir ist ein Knistern, wie es wohl der Sprinter vor dem Start fühlt. Schon zu viel Interessantes hatte ich von unserem neuen Reiseziel gehört.

»Neuseeland«, hatte mir einst ein weit gereister Kapitän versichert, »das ist, als ob du mit dem Schiff um Bayern fährst.«

Infos

Allgemeines über Australien

Größe: Ost/West 4025 km, Nord/Süd 3330 km

Fläche: 7,68 Mio. km². Australien (Festland, Tasmanien und kleinere Inselgruppen), sechstgrößtes Land der Erde und ihr kleinster Kontinent, hat etwa die Größe der Vereinigten Staaten.

Bevölkerung: Ca. 22 Mio. Einwohner – überwiegend europäischer Abstammung. Nahezu sechs Mio. Einwanderer, meist aus Europa, Asien und Ozeanien, haben sich nach dem Zweiten Weltkrieg in Australien niedergelassen. Etwa zwei Prozent der Bevölkerung sind Ureinwohner. Ca. 86 Prozent der überwiegend protestantischen Einwohner Australiens leben in den Städten.

Hauptstadt: Canberra, Australian Capital Territory

Staaten und Hauptstädte: Australien ist ein Zusammenschluss von sechs Staaten und zwei Territorien:

New South Wales – Sydney, Queensland – Brisbane, Victoria – Melbourne, Tasmania – Hobart, South Australia – Adelaide, Western Australia – Perth sowie Northern Territory – Darwin

Kurzer Überblick zur Geschichte Australiens

50 000 v. Chr. Aborigines wandern über die noch bestehende Landbrücke von Neuguinea nach Australien.

1642 Der Holländer Abel J. Tasman entdeckt Van-Diemen-Land, das später nach ihm Tasmanien genannt wird.

1688 Der englische Pirat William Dampier erreicht die Westküste Australiens.

1770 Captain James Cook nimmt die östliche Hälfte von Possession Island für den englischen König Georg III. in Besitz.

1788 Die First Fleet unter Kapitän Arthur Phillip erreicht mit 776 Sträflingen das heutige Sydney.

1789 Meuterei auf der »Bounty«. Der ausgesetzte Captain Bligh wird später Gouverneur der Kolonie New South Wales.

1797 Einführung von Merinoschafen vom Kap der Guten Hoffnung.

1814 Der Forscher Matthew Flinders gebraucht erstmals anstatt Neuholland den Namen Australien. Die Bezeichnung setzt sich durch.

1825 Sträflinge machen das heutige Stadtgebiet von Brisbane urbar.

1827 Die britische Krone dehnt ihren Besitzanspruch auf Westaustralien aus.

1829 Gründung der Stadt Perth an der Westküste.

1835 Melbourne wird gegründet.

1836 Gründung von Adelaide.

1840 Beendigung der Sträflingstransporte nach New South Wales.

1841 Neuseeland löst sich von Australien und wird eigene Kolonie. Erfolgreicher Abschluss von Ludwig Leichhardts Expedition.

1851 Goldfunde in New South Wales. Die neue Kolonie Victoria entsteht an der Bucht Port Phillip.

1858 Australien hat eine Million Einwohner.

1860 Aufbruch der Expedition von Burke und Wills. John McDouall Stuart beendet die Durchquerung Australiens auf der Zentralroute. Der heutige Stuart Highway folgt dieser Strecke.

1872 Mit der Verlegung des Telegrafenkabels zwischen Java und Darwin wird Australien an den Rest der Welt angeschlossen.

1876 Truganini, die letzte Ureinwohnerin Tasmaniens, stirbt.

1877 Zwei Millionen Einwohner.

1889 Drei Millionen Einwohner.

1901 Gründung des Commonwealth of Australia.

1905 Vier Millionen Einwohner.

1913 Canberra wird Hauptstadt.

1914 Norfolk Island kommt zu Australien.

1918 Fünf Millionen Einwohner.

1925 Sechs Millionen Einwohner.

1927 Der Parlamentssitz wird von Melbourne nach Canberra verlegt.

1928 Erster Flug des Royal Flying Doctor Service.

1932 Die Sydney Harbour Bridge wird eröffnet.

1939 Sieben Millionen Einwohner.

1948 Einführung der 40-Stunden-Woche in ganz Australien. Der erste Holden-Pkw wird im Land produziert.

1949 Acht Millionen Einwohner.

1951 Eröffnung der School of the Air, die über Funk die Schüler im Outback unterrichtet.

1956 Olympische Spiele in Melbourne.

1959 Zehn Millionen Einwohner.

1961 Riesige Eisenerzvorkommen werden in der westaustralischen Pilbara Region entdeckt. Ölfunde in Südwest-Queensland.

1962 Wahlrecht für Aborigines im Northern Territory.

1971 13 Millionen Einwohner.

1974 Der Zyklon »Tracy« zerstört Darwin.

1976 14 Millionen Einwohner.

1977 Verabschiedung des Aboriginal Land Rights Act, in dem erstmals Landansprüche der Ureinwohner rechtlich festgelegt werden.

1981 15 Millionen Einwohner.

1982 Wirtschaftliche Depression und Dürre im Osten.

1985 Der Ayers Rock (Uluru) wird den Aborigines als Eigentum zugesprochen.

1986 16 Millionen Einwohner.

1988 200-Jahr-Feier und Expo in Brisbane.

1990 17 Millionen Einwohner.

1992 Einweihung des Harbour Tunnels in Sydney.

1993 Nominierung Sydneys als Austragungsort der Olympiade 2000.

1995 18 Millionen Einwohner.

2000 Olympiade in Sydney. Nach den Spielen wird das Olympische Dorf mit rund 5000 Dauerbewohnern der größte mit Solarstrom versorgte Stadtbezirk der Welt sein.

2005 Australiens größter Abnehmer von Rohstoffen ist China.

2010 22 Millionen Einwohner.

2011 Jahrhunderthochwasser in Queensland. Auch Teile Brisbanes stehen unter Wasser.

Reisetipps allgemein

Anreise

Noch vor wenigen Jahrzehnten war Australien touristisches Neuland. Eine Vermarktung seiner Highlights fand im deutschsprachigen Raum kaum statt, dementsprechend gering war das Literaturangebot wie auch die Palette der Reisemöglichkeiten. Heute kann im heimischen Reisebüro von der Zugfahrt nach Alice Springs bis hin zur Great-Barrier-Reef-Kreuzfahrt jede organisierte Tour gebucht werden. Hobbyabenteurern und Geländewagen-Freaks steht eine ausgezeichnete Mietwagenflotte zur Verfügung.

Die Anreise wird in der Regel mit dem Flugzeug erfolgen. Das heißt, dass Sie in Sydney, Melbourne, Brisbane oder Cairns landen werden. Wer den Australienurlaub ohne Aufpreis mit einer kleinen Weltreise verbinden möchte, kann zum Beispiel von Frankfurt oder Amsterdam über Los Angeles (USA), Honolulu (Hawaii) und Nadi (Fidschi) nach Sydney fliegen. Die Flugzeit ist dabei zwar gegenüber der Europa-Asien-Australien-Route um einige Flugstunden länger, andererseits wird schon die Anreise zum Erlebnis.

Einreisebestimmungen

Für Touristen ist die Einreise unkompliziert. Voraussetzung für jeden, mit Ausnahme der Neuseeländer, ist ein Visum oder eine elektronische Einreisegenehmigung. Informationen für deutsche Australienbesucher erteilt die australische Botschaft in Berlin (Tel. 030/8 80 08 80, www.australian.embassy.de).

Die Einfuhr pflanzlicher und tierischer Produkte ist streng verboten. Schon der Apfel im Handgepäck kann zum Stolperstein auf der Schwelle zum Urlaubsparadies werden. Australier wollen ihren Kontinent von Tier- und Pflanzenkrankheiten frei halten.

Klima

Vergessen Sie nicht, dass Australien ein riesiger Kontinent mit erheblichen klimatischen Unterschieden ist. Zunächst einmal sind die Jahreszeiten anders herum als in Europa. Wenn hier der Winter Eisblumen an die Fenster malt, ist es im Outback sehr heiß. Die Jahreszeiten verteilen sich folgendermaßen übers Jahr: Sommer – Dezember bis Februar, Herbst – März bis Mai, Winter – Juni bis August, Frühling – September bis November.

Doch noch wichtiger im tropischen Norden ist die Unterscheidung zwischen *the wet*, der Regenzeit, von November bis April, und *the dry*, der Trockenzeit, von Mai bis Oktober. So kann die Planung einer Reise auf dem Cape York Track während *the wet* völlig unsinnig sein, da Regenfälle trockene Flussbetten zu reißenden Strömen machen. Generell schränkt *the wet* die Aktivitäten sehr ein. Durch Regen werden Buschpisten schlammig und gefährlich, Flüsse sind das Hauptrisiko, und giftige Quallen (*marine stinger/box jelly fish*) machen während dieser Zeit das Baden im Norden von Queensland lebensgefährlich. Im Landesinnern ist es von April bis Oktober sehr angenehm. Die Nächte können zwar kalt sein, doch die Tage sind warm, und der Himmel ist von einem betörenden Blau, dessen Intensität weder durch den Rauch von Buschfeuern noch den Dunst der Regenzeit getrübt wird.

Gesundheit

Lassen Sie sich rechtzeitig vor Reiseantritt vom nächstgelegenen Tropeninstitut oder -arzt zu Impfschutz und individueller Gesundheitsvorsorge beraten. Zum Beispiel im Internet: http://www.fit-for-travel.de über Impfschutz und Prophylaxe u. a. für Australienreisende.

Grundsätzlich ist man bei Ärzten und Krankenhäusern in Australien Selbstzahler. Die Leistung muss sofort bar bzw. mit Kreditkarte beglichen werden. Der Abschluss einer Auslandskrankenversicherung – meist recht preisgünstig – wird daher dringend empfohlen.

Sonnenschutz

In den Medien ist vielfach über das Ozonloch und die Intensivierung der UV-Strahlen in Australien berichtet worden. Deshalb sollten Sie grundsätzlich Sonnenschutzmittel mit hohem Lichtschutzfaktor verwenden.

Gefahren durch Tiere

In Australien gibt es einiges, was beißt und sticht. Das sollte zur Vorsicht, aber nicht zu Ängstlichkeit veranlassen. Rund 20 australische Schlangenarten sind für den Menschen gefährlich. Bei Wanderungen in grasigem und unübersichtlichem Terrain sollten Sie Stiefel und lange Hosen tragen, Geräusche machen, kräftig auftreten sowie mit einem Stock vor sich auf den Boden klopfen. Schlangen flüchten vor Erschütterungen. Für den Fall eines Schlangenbisses wird geraten, die Schlange nach Möglichkeit zu töten und dem behandelnden Arzt vorzulegen, damit er das zu verwendende Antiserum bestimmen kann.

Vorsicht auch bei Spinnen. *Funnel-web spider* (in der Gegend von Sydney) und *Red-back spider* zählen zu den gefährlichsten. Immer Schuhe vor dem Anziehen ausschütteln. Steine für den Lagerfeuerbau mit dem Fuß anstoßen, bevor man sie aufhebt. Abends sollte man sich möglichst nicht auf den Boden setzen. Neben der allgemeinen Aktivität von Kriechtieren ist das auch die Zeit der Skorpione.

Gegen Fliegen verschafft das Spray Aerogard für kurze Zeit Schutz. Wenn sie Buschwanderungen planen oder besonders empfindlich sind, sollten Sie sich schon zu Hause im Campingzubehörladen ein Gesichtsnetz besorgen, das Sie über Hut oder Mütze stülpen können.

Reisen im Land

Wer kein Auto mieten will, sollte sich den äußerst preiswerten Busgesellschaften anvertrauen, die auf allen Hauptrouten verkehren. Zahlreiche günstige Angebote und spezielle Pässe machen es möglich, Busreisen mit Übernachtungs- und sonstigen Tourenangeboten zu verbinden. Die größten Unternehmer sind Greyhound, Pioneer-Australia's Coachline und Bus-Australia.

Reizvoll sind Eisenbahnfahrten. Mit dem Austrailpass spart man

Kosten. Er ermöglicht unbegrenztes Reisen in der Ersten Klasse oder Touristenklasse auf dem gesamten Eisenbahnnetz, Stadtbahnen inbegriffen.

Es ist sinnvoll, große Distanzen mit einem Inlandflug zu überbrücken.

Mietwagen: Es ist ratsam, einen Mietwagen rechtzeitig zu reservieren und sich die Buchung bestätigen zu lassen. Das gilt besonders zu den Hauptreisezeiten: während der deutschen Sommerferien sowie zwischen Dezember und Januar, wenn die Aussies vom Reisefieber gepackt werden.

4WD steht als Kürzel für *four wheel drive* und wird in Australien groß geschrieben. Es ist nun einmal das Land für Geländewagenfreunde. Die Firma Britz: Australia hat das umfassendste Angebot an komfortablen und zuverlässigen Allradfahrzeugen. Wer nicht nur mit dem Fahrrad unterwegs sein will, kann sich an einem der zahlreichen Standorte ein Fahrzeug mieten und es an einem anderen abliefern. Es sind u. a. robuste, extrem geländegängige Toyota Landcruiser mit sparsamen aber kraftvollen Dieselmotoren. Mit großen Tanks kann man bis zu 1000 Kilometer, ohne nachzufüllen, unterwegs sein. Für alle, die Geländeabenteuer mit Komfort suchen, hat Britz Australia, den Allrad-Bushcamper, entwickelt. Vorteil: robust und leicht, dadurch bleiben die wichtigen Geländeeigenschaften erhalten. Schlafgelegenheiten, Gasherd und Kühlbox (Eis ist überall im Land erhältlich) sind vorhanden. Schlafsäcke, Bettlaken und Geschirr werden gestellt. Angebote von Britz: Australia sind im Reisebüro erhältlich. Eine Kreditkarte ist bei fast allen Autovermietern als Sicherheit unerlässlich.

Bei der Haftpflichtversicherung – auch für Schäden am eigenen Fahrzeug – sollte man nicht sparen. Fahrer unter 25 Jahren müssen in Australien evtl. einen erhöhten Versicherungsbeitrag zahlen.

Fahrerlaubnis: Neben dem nationalen ist der internationale Führerschein mitzuführen.

Im ganzen Land herrscht Linksverkehr. Ein kleines Schild »links fahren« oder ein nach links weisender Pfeil am Armaturenbrett hilft über die Umstellungsschwierigkeiten hinweg. Die Höchstgeschwindigkeit im Ortsverkehr beträgt zumeist 60 km/h und auf Land- und Fernstraßen, soweit keine andere Ausschilderung besteht, 100 km/h. Das Anlegen des Sicherheitsgurts ist Pflicht.

Australische Automobilclubs: Wer Mitglied eines heimischen Automobilclubs ist, kann bei Vorlage seiner Mitgliedskarte kostenlos Straßenhilfen, Reiseführer, Karten, Unterkunfts- und Campingplatzadressen beziehen. Informationen vorher z. B. beim ADAC einholen.

Unterwegs im Outback: Nachtfahrten sollten hier wegen zahlreicher Kängurus und Kühe unterbleiben. Unterschätzen Sie das Risiko nicht! Es kommt regelmäßig zu Zusammenstößen. Meistens enden sie für das Tier tödlich und für den Fahrer mit einem tiefen Griff in den Geldbeutel. Im entlegenen Outback sollte ausreichend Wasser und Benzin mitgeführt werden. Eine Trinkwasserreserve von mindestens fünf Litern pro Person und Tag ist das Minimum. Fragen Sie Ortsansässige, die Ihnen gern Hinweise zur Befahrbarkeit von Tracks geben. Auch Polizei und Automobilclubs sind hilfreich. Grundregel: Bei einer Panne in der Nähe des Fahrzeugs im Schatten bleiben!

Reisezeiten (in Std. und Min.)

Strecke	Flugzeug	Bus	Bahn
Sydney – Adelaide	1.40	24	26
Sydney – Canberra	35	4.15	5.25
Sydney – Melbourne (Inland)	1.10	14.30	13
Canberra – Melbourne	55	9.30	9.15
Melbourne – Adelaide	1.05	9.30	10.15
Melbourne – Broken Hill	1.50	19	12.45
Adelaide – Perth	3.05	35	38
Adelaide – Brisbane	2.15	33.30	36.45
Darwin – Alice Springs	1.50	19	–
Darwin – Kakdu	–	4.30	–
Alice Springs – Ayers Rock	45	6	–
Cairns – Brisbane	2.05	25	33.25
Brisbane – Sydney (Inland)	1.15	17	16
Brisbane – Sydney (Küste)	–	17	–
Brisbane – Melbourne	1.55	25	26.55

Zeitverschiebung

Da der fünfte Kontinent weit östlich von Mitteleuropa liegt, ist man dort zeitlich um einiges voraus (New South Wales = neun Stunden vor mitteleuropäischer Zeit). Es gibt drei unterschiedliche Ortszeiten: Eastern Standard Time (EST) in New South Wales, Australian Capitol Territory, Victoria, Tasmanien und Queensland. Central Standard Time (CST) in Südaustralien und Northern Territory. Western Standard Time (WST) in Westaustralien. CST ist eine halbe Stunde, WST zwei Stunden hinter der EST zurück.

Außer in Queensland, Northern Territory und Westaustralien gilt in allen Staaten von Oktober/November bis März die Sommerzeit, während der die Uhr eine Stunde vorgestellt wird.

Geld

Währungseinheit ist der Australische Dollar. Ein Dollar hat Cent.

Reiseschecks (Traveller Cheques/TC) werden akzeptiert. Sie sollten im Heimatland gekauft werden und auf Australische Dollar ausgestellt sein. Für das Einlösen von TC werden oft Gebühren erhoben.

Kreditkarten sind in Australien gebräuchlich. Man kann damit auch bei Banken Geld abheben. Das gilt auch für die EC-Karte mit dem Maestro-Symbol.

Telefonieren

Beim Telefonieren nach Europa sollte man die Zeitverschiebung berücksichtigen. Telefonieren ist preisgünstig, das Telefonsystem modern. Der Kauf einer *phone card* (Telefonkarte) ist ratsam. Sie ist in Papierwaren- und Zeitungsgeschäften erhältlich.

Unterkunft

Down under sind die Unterkünfte durchweg gut und preisgünstiger als in Deutschland. Selbst mittlere Preisklassen bieten gute Standards. Natürlich sind auch hier Hilton und Holiday Inn vertreten, doch volksnäher geht es in kleineren Hotels zu. Häufig werden Apartments mit Kochgelegenheit und Küchenutensilien vermietet. Sie werden von Selbstversorgern bevorzugt. Doch gleichgültig, ob die Wahl auf Hotel oder Motel fällt, in jeder Unterkunft findet man neben Fernseher und Kühlschrank den Wassererhitzer, auf dem man sich zwischendurch schnell einen Tee oder Kaffee zubereiten kann. Laundrys, Selbstbedienungs- Waschsalons mit Trockengeräten, gibt es in jedem Hotel.

Nicht nur bei jungen Leuten, die auf den Cent achten müssen, sind Backpacker-Unterkünfte beliebt. Was vor einem Jahrzehnt als billige

Bleibe für Rucksackreisende (*backpacker*) entstand, hat sich zu einer australienweiten Industrie entwickelt. In jeder Urlaubsregion findet man diese Unterkünfte, die manchmal sogar die breite Palette vom Gemeinschaftszimmer mit Bett für 25 Dollar bis hin zum komfortablen Apartment bieten.

Wer als zahlender Gast bei einer Familie übernachten will (vergleichbar dem heimischen Zimmer mit Frühstück), sollte Bed & Breakfast in Erwägung ziehen.

Beliebt sind Farmaufenthalte, da sie Einblick in den Farmalltag bieten. Es gibt luxuriöse und einfache Unterkünfte. Wegen der individuellen Gästebetreuung sind die Preise zumeist höher als für vergleichbare Hotelunterkünfte. Doch wo können Sie im Hotel schon bei der Schafschur zuschauen oder neben dem Rindermann im Geländewagen durch's Outback fahren?

Camping ist eine australische Leidenschaft. Es ist einfach großartig, abends am Lagerfeuer dem Lachen des Kookaburra zu lauschen und dabei einen dieser wunderbaren Sonnenuntergänge zu beobachten. Manche Nationalparks bieten naturnahes Camping. Daneben gibt es eine Vielzahl kommerzieller Plätze. Zu den Standardangeboten dort gehören Elektrizität, warmes und kaltes Wasser, Dusche, WC und Waschmaschinen. Faustformel für die Platzmiete: knapp halb so teuer wie in Deutschland. Auf fast allen Campingplätzen/Wohnwagenparks gibt es voll eingerichtete Mietwohnwagen oder Hütten, eine preisgünstige und beliebte Alternative zur Hotel-/Motelunterkunft. Im Voraus buchen – ggf. telefonisch.

Trinkgelder

In Australien sind Trinkgelder nicht üblich. Taxifahrer, Friseure und Kofferträger erwarten keinen *tip*, nehmen jedoch gern ein Trinkgeld. In besseren Restaurants gibt man gewöhnlich zehn Prozent des Rechnungsbetrags.

Getränke

Für kühle Erfrischungsgetränke sorgen die Bediensteten der bottle shops. In den lizenzierten Alkoholläden (Supermärkte verkaufen nicht einmal Bier) tragen sie Getränke sogar ans Auto. In Restaurants, die die Aufforderung BYO (*bring your own*) im Schild führen, kann man den eigenen Wein mitbringen. Viele Restaurants sind jedoch mittlerweile *fully licensed*, haben also eine Lizenz, Alkohol auszuschenken

Public Holidays – Feiertage

New Year's Day: 1. Januar

Australia Day: 26. Januar, Westaustralien: 1. Februar

Good Friday: Karfreitag

Ostersonntag und -montag. In Tasmanien zusätzlich Osterdienstag

ANZAC Day: 25. April in Victoria und Tasmanien. 26. April in den übrigen Staaten

Queen's Birthday: (Königin Elisabeth II.) 14. Juni. In Westaustralien wird Queen's Birthday am 4. Oktober gefeiert.

Christmas Day: 25. Dezember

Boxing Day: 26. (27.) Dezember

Spezielle Tipps für Radfahrer

Für Radler sind in den Küstenregionen die Versorgungsmöglichkeiten bestens. Die Landschaft ist reizvoll. Tiere, insbesondere Vögel, sind allgegenwärtig. Der Verkehr ist allerdings teilweise sehr stark. Radfahrwege sind praktisch unbekannt.

Eine Fahrt durchs Outback setzt Fitness und eine wohl durchdachte Ausrüstung (auch was die Wasserversorgung betrifft) voraus. In größeren Ortschaften ist Fahrradzubehör erhältlich, im Outback wird es Engpässe geben. Räder können auch in Zügen und Bussen mitgenommen werden. Bei Fluggesellschaften sollte man sich vorher erkundigen.

Straßenverhältnisse: Alle wichtigen großen Durchgangsrouten sind mit harter Fahrbahndecke versehen. Verglichen mit deutschen Straßen, handelt es sich dabei allerdings – wegen des groben Belags – um Reifenkiller.

Tasmanien ist als Eldorado für Radfahrer im Kommen. Landschaftlich reizvoll, mit weitgehend guten bis befriedigenden Straßenverhältnissen, bietet die Insel bei relativ geringem Verkehrsaufkommen interessante Radfahrmöglichkeiten in großartiger Landschaft auch während eines z. B. 14-tägigen Urlaubs.

Gesundheitsvorsorge

Wer sich wie wir auf eine lange Radtour begibt, sollte körperlich topfit sein. Empfehlenswert ist eine Zahnkontrolle vor der Abreise. Wir hatten eine kleine, handliche Reiseapotheke dabei. Sie enthielt etwa das, was sich daheim im Erste-Hilfe-Koffer im Auto befindet. Darüber hinaus hatten wir Wunddesinfektionsmittel, Schmerztabletten (auch spezielle gegen Zahnschmerzen) und Medikamente zur Stabilisierung des Kreislaufs dabei. Salben gegen Insektenstiche sowie ein Gel zum Auftragen auf die Haut, wie es bei Sportverletzungen verwandt wird, sollte man ebenfalls einstecken. Fragen Sie vor der Reise Ihren Zahn- und Hausarzt, wie Sie Ihre Reiseapotheke am besten bestücken.

Wo kauft man das Fahrrad?

Wegen der hohen Kosten sowie des Zeit-/Geldverlustes ist es nicht empfehlenswert, Fahrräder in Australien zu kaufen. Am besten, man nimmt das Fahrrad einschließlich Packtaschen etc. von Deutschland, Österreich oder der Schweiz aus im Flugzeug mit. Bei manchen

Airlines (informieren Sie sich z. B. bei Lufthansa oder Qantas) geht das sogar ohne Aufpreis. Holen Sie hierzu daheim unbedingt Vergleichsangebote ein. Die Airline informiert auch, wie das Fahrrad zu verpacken ist. Ideal ist eine Originalverpackung aus Pappe (erhältlich beim Fahrradhändler). Unsere Fahrräder überstanden mehrere Flüge ohne Schaden. Die einzige Bedingung der Airline, mit der wir geflogen sind: Pedale abnehmen, Luft rauslassen. Bei der Ankunft werden Reifen, Zeltheringe und manchmal sogar Schuhe desinfiziert. Denn möglicherweise mit Erde eingeschleppte Krankheiten gelten als Schreckgespenst.

Was die Radlerstatistik sagt

Die relativ hohe Anzahl gebrochener Speichen auf unserer Tour führe ich – zumal fast alle an meinem Fahrrad (Hinterrad) brachen – auf ein vor dem Start nicht korrekt durchgeführtes Justieren der Speichen (wegen des Einbaus hochwertiger Felgen) zurück.

Insgesamt 25 Reifenpannen sind nicht zu viel angesichts zweier schwer bepackter Räder, des oft sehr rauen Straßenbelags und des Umstands, dass wir – um den Verkehr zu umgehen – zweitklassige Straßen geradelt sind.

Ich gebe zu, dass wir mehr Ausrüstungsgegenstände dabei hatten, als notwendig gewesen wären. Aber wir sind nun mal gern unabhängig und mögen es, spontan (ohne Wasser- und Essensprobleme) an einem malerischen Platz unser Zelt aufzubauen. Daneben ist es auch das Vergnügen, am Lagerfeuer zu brutzeln und zu improvisieren. Eine größere Küchenausrüstung aber hat ihr Gewicht und kostet Platz.

Die Räder

Wir hatten beide hochwertige Tourensporträder der Marke Bianchi. Sie haben sich bestens bewährt.

Ersatzteile und Ausrüstung

Werkzeug für Notfälle hatten wir dabei, ebenso Reservespeichen, -schläuche und -reifen. In größeren Ortschaften Australiens gibt es Ersatzteile zu kaufen. Sollte einmal ein *breakdown* in entlegenem Gebiet eine Weiterfahrt unmöglich machen, bin ich sicher, dass sehr bald ein Autofahrer eine Mitfahrgelegenheit anbieten wird. Ein beruhigendes Gefühl ...

Am Lenker hingen Beutel für Dinge, die schnell parat sein mussten wie Geld, Kamera, Mückenschutzmittel, Sonnenöl u. a. Diese Beutel waren zudem ein gutes Gegengewicht zu den schweren Lasten auf unseren Gepäckträgern hinten. Obwohl ich sonst mit umfangreicher Kameraausrüstung reise, hatte ich auf der Radtour aus Platzgründen eine robuste Leica M6 sowie meine kleine, hoch geschätzte und in aller Welt mitgeführte Rollei 35 dabei.

Sonnenschutz

Auch wenn man nach sechs Wochen das Gefühl hat, die eigene Haut sei sonnenunempfindlich geworden, sollte man bedenken, dass die Sonnenintensität *down under* extrem hoch ist. Daher Radlerkappe (Schirmmütze) mit Sonnenschutz fürs Gesicht aufsetzen. Auch bei Hitze sollte ein Hemd getragen werden. Zu regelmäßiger Anwendung von Sonnenschutzmitteln mit hohem Lichtschutzfaktor wird geraten.

Wasserversorgung

In Spitzenzeiten schütteten wir das Wasser literweise in uns hinein. Und hätten wir mehr gehabt, hätten wir noch mehr getrunken als 30 Liter pro Tag zu zweit. An jedem Fahrrad waren zwei Trinkflaschen angebracht. Aus australischen Armeebeständen hatten wir uns mit Wasserbeuteln (je 2,5 Liter Fassungsvermögen) ausgerüstet, die ebenfalls am Rahmen der Räder befestigt waren. Ein normaler

Fünf-Liter-Kanister erhöhte unsere Wasservorräte auf insgesamt zwölf Liter.

Backen und Kochen am Lagerfeuer

Statt schicker Einbauküche roter Boden, anstelle der Mikrowelle ein Lagerfeuer. Wetten, dass Sie später gern daran zurückdenken. Zunächst einmal benötigen Sie einen *camp oven* (runder Gusseisentopf, der in Hardware- oder Campingstores erhältlich ist). Der *camp oven* wird auf der Glut erhitzt, danach gibt man den Brotteig bzw. das Essen hinein.

In ein 10–20 cm tiefes Loch im Boden wird die Glut aus dem Lagerfeuer gefüllt und der *camp oven* hineingestellt. Um Oberhitze zu erhalten, schaufelt man glühende Holzstückchen auf den Topfdeckel. Ein paar typische »Buschrezepte« für zwei Personen möchten wir Ihnen hier vorstellen:

Damper – Brot des Outback

Aus 750 g Mehl, 2 EL Backpulver, einer Prise Salz und warmer Milch einen weichen Knetteig fertigen. Bei richtiger Temperatur des *camp oven* (Papier muss sich im Topf in kurzer Zeit hellbraun färben) Teig einfüllen. Eine Stunde wie oben beschrieben backen.

Dumplings – Mehlklöße

500 g Mehl, 1 TL Backpulver, eine Prise Salz mit 1 EL Margarine unter Zugabe von lauwarmem Wasser verkneten. Tischtennisballgroße Teigbälle formen. Ins kochende Wasser im *camp oven* (oder aufs Gulasch) geben und 20 Minuten köcheln lassen. Schmeckt gut z. B. zu Gulasch oder als Süßspeise mit Sirup oder Trockenobst.

Kleiner Sprachführer für den Talk mit Aborigines und Blokes

In Australien gibt es rund 250 Aboriginesprachen. Nachfolgend eine Auswahl von Begriffen, die im Land geläufig sind und Einzug in die australische Umgangssprache gefunden haben.

Barramundi: großer Flussfisch der warmen Binnengewässer Westaustraliens, Queenslands und des Northern Territory

Billabong: Tümpel, kleine Lagune

Boomerang: Bumerang = Wurfholz. Wird als Waffe, Jagdgerät, aber auch als Schlagholz zum rhythmischen Begleiten von Gesängen benutzt

Bora: Beschneidungszeremonie, bei der Jünglinge zu Männern werden

Coolamon: Holzgefäß zur Aufbewahrung von Wasser

Corroboree: Tanzzeremonie

Didgeridoo: 90–150 Zentimeter langes zylindrisches Blasinstrument, ursprünglich aus Arnhem-Land

Gunyah: traditionelle Hütte aus Baumrinde

Nulla Nulla: Hartholzkeule, die auf der Jagd und im Kampf eingesetzt wird

Woomera: Holzstab zum Schleudern von Speeren

Die meisten Aboriginesprachen haben keine Wörter für bitte und danke. Förmliche Begrüßungen sind unbekannt. Beim Leben im kleinen Familienverband gab es dafür keine Notwendigkeit. Bitte seien Sie also nicht überrascht, wenn ein Aborigine Ihren Gruß nicht erwidert.

Es gab (und gibt noch heute) zudem den Brauch, seinem Gegenüber nicht in die Augen zu schauen.

Dead as mutton – Talk mit Blokes

Entlegene Regionen prägen die Menschen auf besondere Art, formen Lebensweise und Ausdruck sowie die Sprache. Das gilt auch für das Outback. Aussie-Englisch ist für den Neuankömmling harter Tobak. Es wird nasal, oft schnell gesprochen und ist nicht selten mit heftigen Kraftausdrücken gewürzt.

back-of-beyond: abgelegener Landstrich im Inland
back-of-Bourke: umgangssprachlich für »am Ende der Welt«. Eigentlich: jenseits von Bourke (Stadt im Nordwesten von New South Wales)
baitlayer: Bezeichnung für den Farmkoch. Wörtlich: Köderleger
billabong: Wasserloch
billy: Wassertopf mit Henkel zur Zubereitung von Tee
black tracker: Aboriginehilfspolizist, der zur Spurensuche eingesetzt wird
bloke: Gefährte, Kumpel
blow-in: unerwünschter Fremder
blue heeler: australischer Hirtenhund
boil the billy: Tee zubereiten
boomer: altes männliches Känguru
boundary rider: Grenzreiter für Zaunpatrouillen bei Besitzungen im Outback
brumby: wildes, frei lebendes Pferd
bulldust: feiner Staub des Outback. Umgangssprachlich für »Unsinn«

bush: Buschland. Vom holländischen *bosch*. Der Begriff kam über das Kap der Guten Hoffnung (Südafrika) nach Australien. Erstmals wurde er am 17. 4. 1803 von der »Sydney Gazette« verwendet. Ab 1820 hatte das Wort die Begriffe *wood* oder *forest* aus dem australischen Sprachgebrauch verdrängt.

bushed: sich verloren und müde fühlen

bush whacker: abfälliger Ausdruck für die Bewohner des Outback

catching rope: entspricht dem Lasso in Amerika

cuppa: Tasse Tee

clean skin: Schaf oder Rind ohne Brandzeichen

damper: Brot ohne Treibmittel wie Hefe

dead as mutton: mausetot

debbil-debbil: böser Geist

debbil-debbil country: gefährlicher, mit Löchern durchsetzter Boden

dinkum: wirklich, ernsthaft

doctor: Buschkoch

dogger: Dingojäger

drongo: dumme Person

drover: siehe overlander

gin: Aboriginefrau

grazier: Landbesitzer

jackeroo: junger, noch unerfahrener Farmverwalter

jacky Howe: bei Schafscherern beliebtes kurzärmliges Hemd

jumbuck: junges Schaf

mate: guter Freund

min-min light: geheimnisvolles Licht

muster: Rinder-/Schafzusammentrieb

overlander: ab ca. 1840 Bezeichnung für Männer, die Vieh zu neuen Weidegründen quer durch den Kontinent trieben

ringer: Oberschafscherer

squatter: Landbesitzer

sugar-bag: Honig von wilden Bienen

sundowner: Arbeiter, der gerade rechtzeitig zum Abendessen an der Station ankommt und keine Zeit mehr hat, eine neue Arbeit zu beginnen

station: für Rinder- oder Schafzucht genutzter landwirtschaftlicher Grundbesitz (entspricht der Ranch in den USA)

stock route: Pfad, auf dem einst Rinder von den Stations zu Bahn oder Schlachthöfen getrieben wurden

swagman: Wanderarbeiter, der seine Schlafrolle dabei hat

tucker: Essen

underground mutton: Kaninchenfleisch

waler: australisches Pferd. Ursprünglich aus New South Wales, daher der Name. Früher auf den Schlachtfeldern Europas eingesetzt, diente es auch in der indischen Kavallerie. Heute allgemein die Bezeichnung für das australische Pferd.